AF564968

·FOLIA·
·INTER·
·SEMPER·
·FRUCTUS·

In dankbarer Erinnerung an
Papst Benedikt XVI.

Gerhard Ludwig Kardinal Müller

Lothar C. Rilinger

Der Souverän der Kirche ist Gott

Gespräche über Kirche, Philosophie und Politik

Lepanto Verlag, Rückersdorf üb. Nürnberg

Bibliographische Information der Deutschen Nationalbibliothek:
Die Deutsche Nationalbibliothek verzeichnet diese Publikation in der Deutschen Nationalbibliographie; detaillierte bibliographische Angaben sind im Internet über ww.d-nb.de abrufbar.

Lektorat: Daniel Zöllner, Christoph Fackelmann
Gestaltung und Satz: werksatz-dresden.de
Gesetzt aus der Arno Pro

Druck: Mazowieckie Centrum Poligrafii, 05-260 Marki, Polen

ISBN 978-3-942605-30-4

Politik

Einleitung

Kennengelernt habe ich Kardinal Gerhard Ludwig Müller anläßlich der Vorstellung seines Buches *Der Papst. Sendung und Auftrag* (2017) in der Bibliothek des Päpstlichen Institutes *Santa Maria dell'Anima* in Rom. Der Präsident des Päpstlichen Rates zur Förderung der Einheit der Christen, Kardinal Kurt Koch, führte sehr luzide in das Werk des Autors ein, und danach hatten wir Gelegenheit, mit Kardinal Müller und den Gästen über das Buch zu sprechen. Später vereinbarten Kardinal Müller und ich einen Besuch in dessen römischem Appartement, um ein Interview über verschiedene Fragen, die sein Leben, seine Theologie und seine Philosophie sowie die Kirche betreffen sollten, zu führen. Teile dieses Gesprächs habe ich dann in meinem Buch über *Deutschsprachige Theologen in Rom. Eine Begegnung mit ihren Gedanken* (2021) aufgenommen.

Nach diesem Treffen kam mir die Idee, mit Kardinal Müller weitere Interviews über die Grundlagen der Kirche, der Theologie, der christlichen Philosophie und auch über politische Fragen zu führen, um diese dann auf verschiedenen Internetplattformen zu veröffentlichen. Die tagespolitischen Entscheidungen sowie Fragen, die aus einer kurzfristigen Mode heraus aufgeworfen wurden, sollten uns nicht berühren. Unser Gedanke war, nicht auf tagespolitische Probleme zu replizieren, sondern Wege aufzuweisen und Vorschläge aufzuzeigen, wie grundlegende Fragen beantwortet werden müßten, um zumindest den Versuch zu starten, Leitlinien für ein gelungenes Leben zu entwerfen.

Kardinal Müller möchte sich nicht von den flüchtigen Parolen des Tages leiten lassen, er versucht vielmehr, von den Grundsätzen her zu argumentieren, um auf diese Weise Kirche und Glauben von der Schrift und von der katholischen Lehre her zu denken und im Diskurs zu vertreten. Diese Prinzipientreue hat auch in der römisch-katholischen Kirche nicht nur Anhänger, ja, kann zumindest in einigen Ortskirchen nicht mehr als herrschendes Prinzip gelten. Gerade in der katholischen Kirche in Deutschland gibt man sich gerne dem vermeintlichen Fortschritt hin, sucht in der Überwindung der theologischen und philosophischen Tradition das Heil zu erblicken und vergißt dadurch, die Einzigartigkeit der Institution der Kirche Christi zu bewahren. In der Tat ist der Fortschritt das Gebot der Stunde. Das gemahnt an die Lehre von Auguste Comte, daß nur in der Zukunft die wahre Bedingung für das Sein gefunden werden könne; nur dieser Orientierung stelle den Cantus firmus jeglichen Fortschrittes dar. Wer diesem Fortschrittsglauben nicht folgt, wird vor dem »Gerichtshof der Geschichte« angeklagt, wobei die Ankläger sich auch gleich zu Richtern aufschwingen, um die Anklage in das scheinbar vernichtende Urteil umwandeln zu können.

Ich habe Kardinal Müller jedoch als jemand schätzen gelernt, der nicht bereit ist, sich diesem Diktat der Meinungen zu beugen und sich einer »Reform« zu unterwerfen, die das Eigentliche der Kirche, das Unverwechselbare einer zweitausendjährigen Institution – das geoffenbarte Wissen – über Bord werfen will, um sich den Glaubens- und Kirchenfernen anzudienen. Wenn die gegenwärtige »Reform« der Kirche in eine weitere »Reformation« ausufert und wiederum Wesentliches negiert bzw. verworfen wird, wenn die modernistischen Vertreter der Amtskirche bereit sind, sich dem göttlichen Recht zu widersetzen, wird die römische Kirche, wie der Kardinal betont, ihre Daseinsberechtigung verlieren und eine Glaubensgemeinschaft von jener Art werden, wie es Kirchen und kirchliche Gemeinschaften der Reformation bereits zu Tausenden gibt. Nur durch den ständigen Rekurs auf die Schrift und auf deren eigene, in vielen Jahrhunderten ausdifferenzierte Lehre konnte die Kirche Christi überleben und immer mehr Zulauf verzeichnen. Nur diese Prinzipientreue hat es ihr ermöglicht, über eine so lange Zeit hinweg präsent zu bleiben.

Von Papst Benedikt XVI. berufen, war Kardinal Müller fünf Jahre lang als Präfekt der Glaubenskongregation für die Einhaltung der Lehre und damit der Glaubensprinzipien verantwortlich. Die Umstände, unter denen der Nachfolger Benedikts, Papst Franziskus, ihn dieser Aufgabe schon nach Ablauf der ersten Amtsperiode wieder entbunden hat, thematisieren wir in dem Gespräch mit dem Titel »Die Kongregation für die Glaubenslehre und ihre Reform«. Die unerwartete und ungewöhnliche Entscheidung des Papstes hat Kardinal Müller indes nicht bewegen können, seinem historischen, priesterlichen und wissenschaftlichen Auftrag untreu zu werden. Auch als Theologe und Philosoph im Range eines Kardinals ist ihm eine Sendung und eine Pflicht übertragen worden. Dem fühlt er sich als Priester und als Wissenschaftler verpflichtet, und deshalb ist es ihm fremd, den Stimmungen der Zeit nachzugeben, um einen billigen Triumph in den Medien zu erhaschen. Die ihm auferlegte Aufgabe besteht auch nicht darin, aus Gründen der Karriere irgend jemand nach dem Munde zu reden. Ihr kann er vielmehr nur gerecht werden, indem er mit entschiedenen Worten das Geheimnis des Glaubens erläutert – auch wenn seine auf der Lehre und der Überlieferung fußenden Deutungen und Mahnungen auf Widerstand stoßen.

Im vorliegenden Band beleuchten wir das christliche Moment in unserem Sein und in unserem Denken von verschiedenen Seiten. Wir nähern uns dem Kern der christlichen Botschaft schrittweise und manchmal auf Umwegen. Immer wieder suchen wir neue und andere Ansätze, um die Lehre Jesu Christi aufzuspüren – um das Eigentliche unseres Lebens sichtbar werden zu lassen. Gott ist der Mittelpunkt im Denken von Kardinal Müller, jeder Gedanke ist von dieser Mitte her erfüllt. Ein Leben ohne Gott ist für den Kardinal undenkbar und unvorstellbar. Doch er kennt auch das Leben ohne Gott – nicht, weil er an Gott zweifelt, sondern weil er sich in die Gedankenwelt gottloser Personen hineinversetzen und ihre Argumentationsweise nachempfinden kann. Aus der Kenntnis beider Seiten schöpft er die Kraft, sich mit den Positionen der Gegenseite auseinandersetzen und diesen argumentativ entgegentreten zu können.

Für mich war es immer ein Vergnügen, mit Kardinal Müller zu diskutieren und einen Gedankenaustausch mit ihm zu führen. In ihm verkörpert sich noch einmal, was als Humboldtsches Bildungsideal von vielen zeitgeistigen Gelehrten als überholt abqualifiziert und verworfen wird. Doch durch dieses Bildungsideal läßt uns Müller einen Blick in eine Welt werfen, die in Gefahr zu geraten scheint, nur noch der Vergangenheit anzugehören. Was seine umfangreiche Privatbibliothek verrät, tritt in der Diskussion zu Tage. Die vielen Borde seiner Bibliothek ergeben ein herrliches Bild. Aber der Bücherschatz erfüllt beileibe keine dekorative Funktion. Er repräsentiert vielmehr den Geschmack und den Geist seines Besitzers. Er ist Ausdruck eines langen Gelehrtenlebens, auf das der Dogmatiker, Dogmenhistoriker und Ökumeniker zurückblicken kann. Dieses Wissen findet freilich nicht im Theologischen oder Philosophischen seine Grenze, nein, diese Gebiete hat es überschritten, um sich mit großer Offenheit auch in vielen weiteren Wissensgebieten umzutun. Auf meinen Einwand bezüglich der Vielzahl der Bücher meinte er mit der Bescheidenheit eines wahrhaft Gebildeten, daß er schließlich sechzehn Jahre Ordinarius in München gewesen sei, bevor er dann kirchliche Ämter übernommen habe, und auch diese hätten ihn nicht davon abgehalten, sich weiterhin den Wissenschaften zu widmen.

Der Gedanke, die Interviews zu sammeln und dann in einem Buch zu veröffentlichen, kam uns, als wir schon einige Gespräche publiziert hatten. Allmählich wurden sie in immer mehr Sprachen veröffentlicht, und deshalb bot es sich an, sie der Öffentlichkeit geschlossen zu übergeben. Die Lage der Kirche Christi – gerade im Westen – ist nicht einfach und wird auch dadurch erschwert, daß sie im Bewußtsein sowohl der Gläubigen als auch der Glaubensfernen und Atheisten allzuleicht mit den Mißbrauchsvorwürfen gegen einige Amtsträger in Verbindung gebracht wird. Dabei wird verkannt, daß die Kirche sich aus zwei Bereichen zusammensetzt, die einerseits strikt getrennt, andererseits aber gleichwohl verwoben sind: Die »unsichtbare Kirche« ist von Jesus Christus selbst eingesetzt worden und basiert somit auf göttlichem Recht. Doch diese Kirche wird von Menschen geführt, die zwar versuchen, dem göttlichen Recht zu genügen, aber in ihrer Menschlichkeit der Sünde verfallen sind. Nicht die von Jesus Christus selbst eingesetzte »unsichtbare Kirche« kann deshalb fehlen, nur die aus sündigen Menschen bestehende »sichtbare Kirche«.

Auch wenn die Geistlichen einer hohen Verantwortung für Seele und Leib der Gläubigen genügen müssen, so sind sie doch Menschen, die, wie jeder Mensch, mit der Erbsünde belastet sind und deshalb schlicht und einfach den Versuchungen des Bösen unterliegen können. Wenn sie den Versuchungen nicht widerstehen können oder sogar wollen, sind sie ungeeignet, als Geistliche das Wort Gottes zu verkünden. Doch diese mangelnde Eignung kann aus rein juristischen Gründen nicht ad hoc zur Entlassung aus dem priesterlichen Stand führen. Es ist ein Verfahren erforderlich, das dann auch zur Laisierung führen kann. Freilich ist diese mangelnde Qualifikation nicht von Anfang an bekannt, so daß jene Geistlichen ihr Unwesen treiben können, bis es ans Tageslicht kommt. Dabei zeigt sich, daß das Unwesen des Kindesmißbrauchs in der Gesellschaft leider durchaus verbreitet ist – gerade in den Familien. Es ist ein allgemeinmenschliches Problem, in der Kirche vor allen Dingen aber ein männliches, wobei auffällig ist, daß vor allem männliche Kinder und Jugendliche von Geistlichen mißbraucht worden sind. All diese Täter, gegen die schon der damalige Präfekt der Glaubenskongregation, Kardinal Ratzinger, mit aller Härte und Konsequenz vorgegangen ist, sind jedoch nicht im eigentlichen Sinne Teil der heiligen, »unsichtbaren Kirche«, sie sind vielmehr Teil der sündhaften »sichtbaren Kirche«. Das Verhalten der Täter ist demzufolge ausschließlich der Kirche in ihrer geschichtlichen Gestalt in einer gefallenen Welt zuzurechnen, so daß die Kirche des Heils, die »unsichtbare«, von all diesen Verwerfungen unberührt bleibt. Damit soll den Opfern nicht Hohn gesprochen werden, noch soll es die Täter aus ihrer schweren Verantwortung entlassen. Aber in der Erwägung des besonderen Seins der Kirche liegt ein gewisser Trost und eine überzeitliche Hoffnung für den Christen, der sich den Abgründen des Hier und Jetzt gegenübersieht – keine Ausflucht, sondern stärkende Zuversicht.

Bevor wir uns nunmehr den Themen der einzelnen Interviews zuwenden, soll ein kurzer Abriß des akademischen und kirchlichen Lebensweges von Kardinal Müller aufzeigen, auf welchen Gebieten er gearbeitet und sich hervorgetan hat, um den Fundus an Wissen und Erfahrung zu erwerben, von dem aus er sich in den wissenschaftlichen, kirchlichen und politischen Diskurs eingeschaltet hat. Dieser Fundus läßt auch erkennen, aus welchem Grund Kardinal Müller streng und stringent von der Theologie und von der Philosophie her argumentiert – auch dann noch, wenn ihm Gegenwind entgegenschlägt, weil ein vertiefendes Eindringen in die Sachverhalte gar nicht gewünscht wird und man das beabsichtigte Ziel lieber durch Oberflächlichkeit und Konformismus erreichen möchte. Dieser Rekurs auf den Mainstream macht das Argumentieren zwar leichter, da die Stringenz nicht eingehalten werden muß, doch er eröffnet nur den Weg in die Beliebigkeit. Und diese weicht nicht nur die Substanz der Kirche, der Theologie und der Philosophie auf, sondern ist auch geeignet, die Einzigartigkeit der von Jesus Christus selbst eingesetzten Kirche aufzulösen.

Nach seiner Dissertation mit einer Arbeit über die Theologie von Dietrich Bonhoeffer, die den Titel *Kirche und Sakramente im religionslosen Christentum. Bonhoeffers Beitrag zu einer ökumenischen Sakramententheologie* trägt, habilitierte Müller sich mit einer Schrift zum Thema *Gemeinschaft und Verehrung der Heiligen. Geschichtlich-systematische Grundlegung der Hagiologie,* die von der Albert-Ludwig-Universität zu Freiburg im Breisgau angenommen wurde. Im Anschluß an die Habilitation nahm er einen Ruf auf den Lehrstuhl für Dogmatik und Dogmengeschichte an der Ludwig-Maximilians-Universität zu München an. Dieser Universität ist er nach wie vor als Honorarprofessor verbunden. Er hat inzwischen über 700 wissenschaftliche Publikationen der Öffentlichkeit übergeben, wobei seine *Katholische Dogmatik. Für Studium und Praxis der Theologie* (1995) am weitesten verbreitet und inzwischen in der 10. Auflage erschienen ist.

Im Jahr 2002 wurde Müller zum Bischof von Regensburg geweiht und 2007 von Papst Benedikt XVI. zum Mitglied der Kongregation für die Glaubenslehre berufen. Darüber hinaus war er Mitglied im Päpstlichen Rat für die Kultur, im Päpstlichen Rat zur Förderung der Einheit der Christen, in der Kongregation für das Katholische Bildungswesen und im Päpstlichen Rat für die Gesetzestexte. Auch wurde er in die Kongregation für die orientalischen Kirchen berufen.

Papst Benedikt XVI. hat Professor Müller schließlich zum Präfekten der Kongregation für die Glaubenslehre ernannt. Darüber hinaus wurde er zum Präsidenten der Päpstlichen Kommission »Ecclesia Dei« der Päpstlichen Bibelkommission und der Internationalen Theologenkommission berufen. Papst Franziskus hat Müller zunächst als Präfekten der Kongregation für die Glaubenslehre bestätigt und ihm am 22. Februar 2014 die Kardinalswürde verliehen. Nachdem Müller auf Franziskus' Wunsch nach einer ersten fünfjährigen Amtsperiode als Präfekt der Kongregation für die Glaubenslehre ausgeschieden war, verlor er auch sämtliche anderen Mitgliedschaften. Franziskus hat ihn jedoch 2021 zum Mitglied der Apostolischen Signatur berufen.

Die »unsichtbare Kirche« kann uns das schenken, was das Leben erst lebenswert werden läßt. In ihr finden die Gläubigen Halt, Erfüllung und den Sinn ihres Lebens. Dieser »unsichtbaren Kirche«, die dem Gläubigen gleichsam eingepflanzt ist, wollen sich Kardinal Müller und ich nähern. Wir wollen aufspüren, inwieweit sie auf unser Leben Einfluß nimmt, ja, nehmen kann und sogar muß. Wir legen deshalb mit diesem Buch der Öffentlichkeit Fragen und Antworten vor, die gewiß alle Menschen in ihrem Innersten berühren können.

Noch ein Wort zu meiner eigenen Rolle: Ich danke Kardinal Müller, daß er sich bereit erklärt hat, sich meinen Fragen zu stellen. Es sind Fragen, die mich seit meinem postgradualen Studium der christlichen Philosophie berühren und nicht mehr losgelassen haben. Deshalb stellt dieses Buch auch eine Summe meines eigenen Denkens dar, soweit ich es in mein Fragen einfließen lassen konnte. Zugegeben, meine Ausführungen und Einwürfe spiegeln insgesamt meine Bildung und die Grenzen meiner Expertise wider. Deshalb ist der vorliegende Band trotz allem kein theologisches Buch, sondern eines, in dem wir vornehmlich philosophische, rechtsphilosophische und juristische sowie politische und kirchenpolitische Sachverhalte erörtert haben. Natürlich konnten wir die Probleme in ihrer Tiefe nicht vollständig erfassen, da der Umfang der Interviews den Rahmen einer solchen Textgattung nicht sprengen durfte. Doch hoffen wir, daß durch unseren Austausch eines sichtbar geworden ist, nämlich das, was uns durch Jesus Christus geschenkt worden ist: die Schönheit des Glaubens.

In diesem Buch ist eine Vielzahl von Interviews versammelt, die ich mit Kardinal Müller in den letzten Jahren geführt habe. Sie sind ursprünglich im deutschen Sprachraum erschienen, aber auch teilweise auf englisch-amerikanische, italienische, spanische, polnische und französische Foren übertragen worden. Dadurch, daß sie über einen längeren Zeitraum hinweg und aus verschiedenen Anlässen entstanden sind, kam es naturgemäß zu thematischen und inhaltlichen Parallelen und Wiederholungen. Für die Buchausgabe wurden die Gespräche überarbeitet. An wenigen Stellen, wo es unumgänglich schien, inzwischen erfolgte Entwicklungen miteinzubeziehen, ist das nachträglich, aber mit aller Zurückhaltung geschehen. Einzelne größere Wiederholungen und Überschneidungen, die im geschlossenen Rahmen eines Buches zur Last gefallen wären, wurden beseitigt, jedoch wurde darauf verzichtet, derart in das thematische Gerüst einzugreifen, daß die einzelnen Interviews ihrer inneren Schlüssigkeit beraubt würden. Deshalb haben wir mit Bedacht gewisse Redundanzen in Kauf genommen, die zugleich helfen mögen, die Kernanliegen der Gespräche zu unterstreichen.

Die Autoren hoffen, daß die Leser durch die Fragen und Antworten näher an die Probleme herangeführt werden, denen sich die Kirche und die Gesellschaft ausgesetzt sehen. Da nach einem Diktum von Dostojewski ohne Gott alles erlaubt sei, verfolgen die Autoren die Absicht, aufzuzeigen, wie notwendig der Glaube ist und daß nur durch ihn und durch das aus ihm entwickelten Naturrecht die Schranken sichtbar werden, die die Allmachtsphantasien der Menschen einzudämmen vermögen. Nicht der Mensch ist Herr über Leben und Tod und über die natürliche und geschichtliche Welt, sondern ausschließlich Gott. Nur Gott hat die Natur so geschaffen, daß sie dem Menschen ein lebenswertes Leben ermöglichen kann – ein Leben, in dem jeder Mensch als Kind Gottes in Seine Herrlichkeit eingehen kann.

In einem der Interviews äußerte Kardinal Müller voller Sorge um die Zukunft der Kirche: Zwar fürchte Papst Franziskus ein Schisma, das in der kirchenpolitischen Entwicklung – gerade im Bereich der Deutschen Bischofskonferenz – angelegt sein könne, nicht. Er, Müller, allerdings fürchte diese Entwicklung durchaus, auch wenn er hoffe, daß eine Kirchenspaltung nicht eintreten werde. Diese Sorge um die Kirche bewegt den Kardinal, läßt ihn immer wieder zur Feder greifen, um die Katholizität in Seminaren, Vorlesungen, Vorträgen und Predigten zu verteidigen. Was er über den Papst geschrieben hat, über dessen Sendung und Auftrag, ist auch für ihn die Triebfeder seines Handelns. Er spürt die Sendung in sich, diese ureigene Aufgabe der Mission, die uns Jesus Christus übertragen hat – die Aufgabe, die Lehre der Kirche, ihre seelsorgerischen, theologischen und philosophischen Facetten mit den ihm von Gott verliehenen Kräften der gläubigen, aber auch der profanen Welt zu verkündigen.

Auch wenn Kardinal Müller sich als Wissenschaftler auf den Gebieten der Dogmatik, der Dogmengeschichte und der ökumenischen Theologie hervorgetan hat – er ist als Priester der römisch-katholischen Kirche geweiht, und dieser Gottesdienst steht für ihn im Vordergrund. Mit den ihm von Gott geschenkten Gaben versucht er, diese priesterliche Sendung in allen Bereichen seiner Tätigkeit wirken zu lassen – immer im Dienst des Herrn, immer im Bemühen, das Wort Gottes in rechter Weise auszulegen, um die Gläubigen und auch diejenigen, die der Kirche fernstehen, auf den Weg zu Gott zu führen.

Die vielen Gespräche, die in diesem Buch versammelt sind, entpuppen sich als Zeugnisse dieser Sendung und dieses Auftrages. Angesichts des immer wiederkehrenden Rekurses auf die theologischen und philosophischen Grundlagen der Lehre der katholischen Kirche wird so mancher stutzen und verwundert sein, ja, er wird kritisch fragen, ob es denn notwendig sei, immer von den Grundlagen her zu argumentieren. Es könnte eingewandt werden: Jene Personen, die keine Kenntnisse mehr von diesen Grundlagen hätten, seien doch schon viel weiter in ihrem Denken, hätten die Begrenzungen der Lehre längst überwunden und mit Recht als vormodern abgetan. Doch sollten kritische Zeitgenossen, die diesen Einwand vorbringen, bedenken, welche Folgen das letzte Schisma hatte. Auch wenn die Reformation viele Mißstände in der »sichtbaren Kirche« angeprangert hat – dem Ideal einer »una sancta ecclesia« ist die Reformation nicht nähergekommen. Die römisch-katholische Kirche jedenfalls hat ihre Einheit im Grundsatz seit zweitausend Jahren bewahren können. Aus der Reformation hingegen sind über 4000 verschiedene Kirchen und kirchliche Gemeinschaften hervorgegangen.

Mögen die Kritiker von Kardinal Müller diese Entwicklung bedenken und in ihrer Auseinandersetzung mit seinen Ideen beachten, daß sein Bemühen vor dem Hintergrund solcher Befürchtungen zu sehen ist. Ja, mögen sie das in ihr Kalkül ziehen, was seit vielen Jahrhunderten als die Grundlage einer intellektuellen Auseinandersetzung gilt: »Audiatur et altera pars« – man muß stets auch die Gegenseite anhören, will man sich selbst eine Meinung bilden, die nicht auf Emotionen basiert, sondern Substanz aufweist.

Saint Bazile-Le Moulin Neuf, 6. Februar 2023

Lothar Christian Rilinger

Selig sind,
die das
Wort
Gottes
hören
und
dasselbe
beobach
ten
Luk

Kirche

Begegnungen mit Papst Benedikt XVI. (Joseph Ratzinger)

Papst em. Benedikt XVI. (Joseph Ratzinger) feierte am 16. April 2021 seinen 94. Geburtstag. Aus Anlaß dieses denkwürdigen Tages erinnerte sich der vormalige Präfekt der Kongregation für die Glaubenslehre, Kardinal Gerhard Ludwig Müller, an seine inzwischen freundschaftliche Verbindung mit dem emeritierten Papst. Ich habe mit Kardinal Müller den Weg nachgezeichnet, den er mit Joseph Ratzinger gemeinsam gegangen ist – zuerst als Student aus der Entfernung, dann als Wissenschaftler, später als Bischof und als Präfekt der Kongregation für die Glaubenslehre und damit als engster Mitarbeiter des Papstes, um jetzt als Herausgeber der Gesammelten Schriften des Jubilars zu fungieren, um das umfangreiche und herausragende Werk von Joseph Ratzinger der wissenschaftlichen Welt – und nicht nur dieser – zugänglich zu machen. Unser Gespräch ist als eine Hommage anzusehen, die die Dankbarkeit der Gesprächspartner ausdrücken soll: meine eigene Dankbarkeit, der ich Benedikt XVI. durch dessen Schriften aus der Entfernung schätzen und verehren gelernt hatte, und die Dankbarkeit Kardinal Müllers, der über Jahre hinweg das persönliche Gespräch mit dem Jubilar geführt hatte und von diesem in seinem eigenen Denken beeinflußt worden war. Das Gespräch sollte aber auch eine Gratulation zum Geburtstag ausdrükken, verbunden mit dem Wunsch, daß der Herr seine schützende Hand auch weiterhin über Papst em. Benedikt XVI. halten möge.

Als Ordinarius und Honorarprofessor in München

LOTHAR C. RILINGER: *Wann sind Sie auf Professor Ratzinger aufmerksam geworden?*

GERHARD LUDWIG KARDINAL MÜLLER: Ich meine, daß ich als Student Professor Ratzingers Vorträge über die Taufe in der Katholischen Akademie Bayern in München gehört habe. Wegen Überfüllung mußte alles auf die Straße übertragen werden. Professor Ratzinger war damals 1969/70 der große Stern am deutschen Theologenhimmel.

RILINGER: *Haben Sie mit ihm zusammen öffentlich diskutiert oder eine Schrift herausgegeben, bevor Ihnen die Aufgabe übertragen wurde, die Herausgeberschaft der »Gesammelten Schriften« Joseph Ratzingers (JRGS) zu übernehmen?*

MÜLLER: Die Herausgeberschaft begann 2008 mit dem 11. Band der *Gesammelten Schriften* zum Thema der *Theologie der Liturgie*. Es war der Wunsch des Papstes, daß die 16-bändige Gesamtausgabe mit der Liturgie, die ihrem Wesen nach Verehrung Gottes und Heilsvermittlung an die Menschen ist, beginnen soll. Vorher habe ich auch hin und wieder einige seiner Schriften besprochen und vorgestellt. Aber man muß bedenken, daß ich bei dem Altersabstand von zwanzig Jahren als Professor nie sein Kollege sein konnte.

RILINGER: *Gab es zwischen Ihrer eigenen Arbeit und der von Joseph Ratzinger Berührungspunkte?*

Müller: Mich hat immer beeindruckt, daß Joseph Ratzinger in seinem theologischen Denken ein waches Gespür für die tieferen Verschiebungen im Geistes- und Kulturleben hatte, die dann zu großen Diskussionsthemen in der Theologie geworden sind. Schon 1960 hat er die Gottesfrage im Horizont des Säkularismus in den Mittelpunkt gestellt, was man im 3. Band der gesammelten Schriften mitverfolgen kann. Ich erinnere auch an seinen großen Beitrag zu der damals heftigen Diskussion über die Eschatologie im 9. Band der *Katholischen Dogmatik*, die er zusammen mit Johann Auer im Jahr 1977 herausgegeben hat. Im Vergleich zur damaligen Neuscholastik hat er einen existentiellen Ansatz vertreten, wie er den großen Denkern Augustinus und Bonaventura, die sich im Stil auch von dem aristotelisch geprägten Thomismus unterscheiden, zu eigen ist. Man kann aber nicht sagen, daß damit der objektiv-sachliche Ansatz des hl. Thomas von Aquin abschätzig behandelt worden sei. Es gibt in der Theologie die legitime Pluralität der Stile und geistigen Wahlverwandtschaften, die den Reichtum des katholischen Geisteslebens ausmachen. In diesem Konzert kommt es auf die Harmonie des Zusammenspiels der verschiedenen Stimmen an.

Rilinger: Sind Sie durch die theologischen und philosophischen Schriften von Joseph Ratzinger in Ihrem Denken beeinflußt worden?

Müller: Als Zwanzigjährigem hat mir am Anfang meines Studiums sein Buch *Einführung in das Christentum* aus dem Jahr 1968 die Tür zum Verständnis der Offenbarung als der geschichtlich präsenten Wahrheit Gottes geöffnet – einer Wahrheit, die von uns im Akt des Glaubens und im sakramentalen Ereignis der Taufe in unsere gesamte Existenz aufgenommen wird. Wer glaubt, lebt nicht mehr von sich her und in sich eingeschlossen, sondern von Christus her und in ihm. Der auf den Tod und die Auferstehung Christi Getaufte sagt von sich: »Ich lebe im Glauben an den Sohn Gottes, der mich geliebt und sich für mich hingegeben hat.« (Gal 2,20)

RILINGER: *Gab es theologische oder philosophische Fragen, die zu einem öffentlichen Disput mit Joseph Ratzinger geführt haben?*

MÜLLER: Ich selbst habe keinen öffentlichen Disput mit ihm in seiner Professorenzeit geführt, was schon – wie gesagt – vom Altersabstand her unmöglich war. Ich kam zwar von der Rahner-Lehmann-Schule her, aber ich habe mich auf keine Schuldiskussionen eingelassen. Ich erinnere mich aber an die Kontroversen mit Walter Kasper, Hans Küng oder Gisbert Greshake, die allerdings jeweils andere Themen und Methoden der Theologie betrafen.

RILINGER: *Hat sich Ihr Verhältnis zu Joseph Ratzinger auf den wissenschaftlichen Bereich beschränkt, oder kamen Sie sich auch persönlich näher?*

MÜLLER: Persönlich habe ich ihn erst näher kennengelernt, als ich 1998 in die Internationale Theologenkommission berufen wurde. Ich gehörte ihr bis 2003 an. In dieser Zeit bot er mir das Du an, das ich aber nie öffentlich gebraucht habe. Einen Kardinal oder gar den Heiligen Vater spricht man öffentlich mit der gebührenden Achtung an, und man soll auch nicht vor andern sich mit der Vertraulichkeit wichtig machen, die dem privaten Umgang zugehört.

RILINGER: *Wie würden Sie Joseph Ratzinger als Mensch charakterisieren?*

Müller: Ich glaube, daß es mir nicht zusteht, ihn oder überhaupt andere Menschen öffentlich zu charakterisieren, was immer ein Urteil über eine Person einschließt. Was – mit allem Respekt – zu sagen ist, hat meines Erachtens Peter Seewald in seiner über 1000 Seiten starken Biographie hervorragend erschlossen.[1] Was ansonsten sich so an Ratzinger-Bashing auf dem Marktplatz tummelt, ist meist Dummenfang und Geldmacherei von Schlaumeiern und Wichtigtuern, die die Sensationslust der Masse geschickt auszubeuten wissen.

Rilinger: Welchen Stellenwert messen Sie dem wissenschaftlichen Werk von Joseph Ratzinger im weltweiten theologischen und philosophischen Diskurs bei?

Müller: Wer einen wachen Sinn für den Dienst der wissenschaftlichen Theologie an der Kirche als Sakrament des Heils der Welt hat und interessiert ist an den nach der Wahrheit suchenden Menschen der Gegenwart, wird in den Beiträgen Joseph Ratzingers zur Theologie und Philosophie geistige Orientierung und spirituelle Bereicherung finden. Den vielen Christen, die nicht direkt von der akademischen Theologie herkommen, sei empfohlen, mit dem 13. und 14. Band der *Gesammelten Schriften* einzusteigen. Sie bestehen aus mehreren Teilbänden bestehen und enthalten seine großen Interviews und Predigten.

Rilinger: Könnte das theologische und das philosophische Werk von Joseph Ratzinger die weitere Entwicklung der römisch-katholischen Kirche wesentlich beeinflussen?

Müller: Ich halte ihn für einen Kirchenlehrer der Zukunft.

Rilinger: Können Sie sich vorstellen, daß die Politische Philosophie von Joseph Ratzinger Einfluß auf die Politik nehmen könnte?

Müller: Seine Beiträge zu Europa oder sein Vortrag im Deutschen Bundestag am 22. September 2011 sind zukunftsweisend.

Als Bischof in Regensburg (2002 – 2012)

Rilinger: Hatten Sie als Bischof Verbindung mit Kardinal Ratzinger als dem Präfekten der Glaubenskongregation?

Müller: Ja. Der Präfekt der Glaubenskongregation ist auch der Vorsitzende der Bibelkommission und der Internationalen Theologenkommission. Ich wurde 2007 als Mitglied in die Glaubenskongregation berufen, als Ratzinger schon Papst war. Benedikt XVI. hat mich dann am 2. Juni 2012 zum Präfekten dieser Kongregation ernannt. Zum Fest der Cathedra Petri kreierte mich sein Nachfolger Papst Franziskus zum Kardinal.

Rilinger: Hatten Sie als Bischof von Regensburg Verbindung mit Joseph Ratzinger, nachdem er als Papst Benedikt XVI. den Thron Petri bestiegen hatte?

Müller: Ja, auch über seinen Bruder Georg Ratzinger, der in Regensburg als emeritierter Domkapellmeister lebte, nachdem er dreißig Jahre lang den weltbekannten Chor der Regensburger Domspatzen musikalisch geleitet hatte.

Rilinger: Können Sie die damalige Verbindung mit Joseph Ratzinger näher beschreiben?

Müller: Bei jedem Besuch seines Bruders kam er auch zu uns ins Bischofshaus. Ich denke besonders an die Silvesterabende, die wir gemeinsam verbrachten. Einmal hat er mich sogar bei einer Festmesse vertreten, als mich eine kleinere Operation im Krankenhaus festhielt.

Rilinger: Haben Sie sich im Umgang mit der Mißbrauchsproblematik mit Kardinal Ratzinger oder später mit Papst Benedikt XVI. abgestimmt?

Müller: Heute scheint sich alles um dieses Thema zu drehen, so daß die Kirche mit den Sexualverbrechen einzelner ihrer Verantwortlichen assoziiert wird. Die Kirche ist nicht das, was sich eine entchristlichte Öffentlichkeit darunter vorstellt, oder auch nicht das üble Zerrbild, das von ihr gezeichnet wird. Die Kirche ist die Stiftung Gottes. Sie ist der Leib Christi und der in seinem Wort und in den Sakramenten gegenwärtige Christus. Er gewährt den Mitgliedern der Kirche trotz ihren Fehlern und Sünden seine Vergebung, wenn wir Buße tun. Zu meiner Zeit in Regensburg war ein kanonisches Verfahren anhängig, das mit dem vom Papst verfügten Ausschluß des Betreffenden aus dem Klerikerstand abgeschlossen wurde. Es wurde später aber viel negative Propaganda gegen mich über Fälle inszeniert, die sich fünfzig Jahre vor meinem Amtsantritt als Bischof von Regensburg ereignet hatten und mit deren Aufarbeitung nach der Meldung an die Diözesanleitung auf meine Weisung hin begonnen worden war. Mein Nachfolger hat die Arbeit fortsetzen lassen, abgeschlossen und dafür die verdiente Anerkennung geerntet.

Als Präfekt der Glaubenskongregation unter Papst Benedikt XVI. (2012/13)

RILINGER: *Aus welchen Gründen mag Benedikt XVI. Sie im Jahr 2012 zum Präfekten der Glaubenskongregation berufen haben?*

MÜLLER: In der Festschrift zu meinem 70. Geburtstag, *Der dreifaltige Gott. Christlicher Glaube im säkularen Zeitalter,* hat Benedikt XVI. in einem persönlich gehaltenen Grußwort selbst diese Gründe benannt. Lassen Sie mich diesen Passus zitieren: »Persönlich konnte ich Dich dann kennenlernen, als die Deutsche Bischofskonferenz Dich als Mitglied der Internationalen Theologenkommission vorgeschlagen hatte. In ihr bist Du vor allem durch den Reichtum Deines Wissens und die von innen her kommende Treue zum Glauben der Kirche aufgefallen. Als im Jahr 2012 Kardinal Levada seine Arbeit als Präfekt der Glaubenskongregation aus Altersgründen niederlegte, erschienst Du nach allem Überlegen als der am meisten geeignete Bischof, um diese Aufgabe zu übernehmen.«[2]

RILINGER: *Bestand Ihre Aufgabe darin, Benedikt XVI. theologisch, philosophisch und politisch zu beraten?*

MÜLLER: Ja, das ist die Aufgabe der Kongregation mit ihren 25 Mitgliedern im Kardinals- und Bischofsrang, zusammen mit dem Arbeitsstab von etwa vierzig Sachbearbeitern. Der Präfekt leitet die Kongregation und trägt dem Papst die Ergebnisse vor, damit dieser dann die letzte Entscheidung zu den Glaubensfragen und in den kanonischen Prozessen treffen kann.

Rilinger: *Wie haben Sie als Präfekt mit Papst Benedikt XVI. zusammengearbeitet?*

Müller: In der Regel sind es die wöchentlichen Audienzen, in denen der Präfekt die unterschriftsreifen Arbeitsergebnisse der Kongregation dem Papst vorlegt.

Rilinger: *Wie waren die Besprechungen mit Benedikt XVI. organisiert?*

Müller: Es werden die Punkte der Tagessordnung und die einzelnen Fälle nach und nach dem Papst vorgetragen, und er entscheidet entweder sofort, oder er behält sich die Akten zum weiteren Studium vor.

Rilinger: *Haben Sie im Auftrag von Benedikt XVI. die Mißbrauchsverfahren geleitet?*

Müller: Ja, im amtlichen Auftrag als Präfekt der Kongregation, der als dem höchsten Apostolischen Gericht die Letztentscheidung in diesen Gerichtsverfahren zukommt. Es gibt hier eine Verfahrensordnung, die einzuhalten ist. Es wird da nichts über den Daumen gepeilt, wie es mit den antikatholischen Stereotypen der Boulevardpresse dem unwissenden Publikum sensationslüstern vorgegaukelt wird.

Rilinger: *Welche Fragestellungen waren Benedikt XVI. besonders wichtig?*

Müller: Als großem Theologen lagen ihm naturgemäß die Thematiken um die katholische Glaubenslehre am meisten am Herzen. Denn der Papst ist nicht zuerst ein »Global player« im internationalen Machtspiel oder in Themen des

Umweltschutzes, der Migration und der Brüderlichkeit, von der viel in der Theorie die Rede ist und die wenig in der Praxis zu spüren ist. Der Nachfolger des Apostels ist von Christus eingesetzt, um die Kirche im Bekenntnis zu Jesus, dem Sohn Gottes, zu vereinen, seine Brüder auf dem gemeinsamen Weg der Nachfolge Christi zu bestärken und die Herde Christi als guter Hirte auf die »Weide« des Wortes Gottes und seiner Gnade zu führen. Das weltliche Engagement für soziale Gerechtigkeit und den Frieden unter den Völkern ergibt sich aus der moralischen Autorität dieses Amtes bei den Menschen guten Willens, auch wenn sie nicht zur katholischen Kirche gehören.

Rilinger: Haben Sie die Auslandsreisen und die Ad-limina-Besuche für Papst Benedikt XVI. vorbereitet?

Müller: Für die Pastoralreisen ist das Staatssekretariat zuständig. Bei den Ad-limina-Besuchen kommen die Bischöfe auch zu einem Treffen mit der Glaubenskongregation zusammen. Die Kongregation informiert den Papst natürlich vorher auch über die Themen und Probleme eines Landes in den Fragen, für die sie zuständig ist.

Herausgabe der *Gesammelten Schriften* von Joseph Ratzinger

Rilinger: Aus welchem Grund wurde das Institut Papst Benedikt XVI. gerade in Regensburg gegründet?

Müller: Einfach deshalb, weil es meine Idee war. Als Bischof von Regensburg habe ich das Institut Papst Benedikt XVI. gegründet, dafür kompetente Mitarbeiter gewonnen und es mit den sachlichen Mitteln ausgestattet. Professor Dr. Voderholzer war der erste Direktor und wirkt heute als mein Nachfolger im Regensburger Bischofsamt als der beste Promotor des Instituts. Mein Schüler Dr. Christian Schaller ist einer der bestens ausgewiesenen Ratzinger-Kenner und der bewährte Leiter der wissenschaftlichen Arbeiten bei der Herausgabe des Gesamtwerkes und aller damit verbundenen Studien.

Rilinger: Was ist die Aufgabe dieses Instituts?

Müller: Es ist die Herausgabe aller Schriften von Joseph Ratzinger außer den amtlichen Texten, die mit seinem Pontifikat verbunden sind. Außerdem ist dort die gesamte Literatur von und über Ratzinger gesammelt, so daß das Institut der weltweit bekannteste Ort für Ratzinger-Studien ist.

Rilinger: In welchem Verhältnis steht das Institut Papst Benedikt XVI. in Regensburg zur Römischen Bibliothek Joseph Ratzinger/Benedikt XVI.?

Müller: Die Aufgaben sind verschieden, wenn man nur an die Herausgabe der Schriften denkt. Aber die römische Stiftung soll auch die Übersetzung ins Italienische in die Hand nehmen und Studien zu Ratzinger ideell und finanziell fördern.

Rilinger: Welches Konzept liegt der Herausgabe der JRGS zugrunde?

Müller: Zum Glück konnte das Konzept zu seinen Lebzeiten noch mit Joseph Ratzinger selbst abgesprochen werden, und er begleitet es mit Rat und Tat. Es fehlen jetzt nur noch zwei Bände und der Registerband, so daß wir kurz vor dem Abschluß stehen. Es geht nicht um eine chronologische

Abfolge der Beiträge, wodurch der Überblick verlorengehen würde. Natürlich ist es leicht, die vorhandenen gedruckten Bücher in die Gesamtausgabe zu integrieren. Viel Arbeit jedoch bereitet die sachliche Ordnung der unzähligen kleineren Beiträge, die über einen Zeitraum von sechzig bis siebzig Jahren entstanden sind. Somit sind die einzelnen Bände nach Sachthemen geordnet. Der Leser kann aber dennoch leicht die Chronologie erkennen und somit durch entsprechende Studien die Evolution des Denkweges von Joseph Ratzinger/Benedikt XVI. rekonstruieren.

RILINGER: Werden als Supplementbände auch Schriften wie Predigten und Ansprachen, die Joseph Ratzinger in seiner Funktion als Papst verfaßt hat, herausgegeben?

MÜLLER: Die Frage steht noch aus, ob in einer Supplement-Reihe auch die päpstlichen Predigten und Ansprachen herausgegeben werden sollen. Sie sind ja leicht auf der Homepage des Vatikans zugänglich.

RILINGER: Werden die Enzykliken im Rahmen der Gesamtausgabe ebenfalls herausgegeben?

MÜLLER: Ich meine, daß das nicht notwendig ist, da sie auf der Homepage des Vatikans und den *Acta Apostolicae Sedis* ohne weiteres zugänglich sind. Aber man wird sehen.

RILINGER: Ist daran gedacht, die bestimmt umfangreiche Korrespondenz von Joseph Ratzinger/Benedikt XVI. herauszugeben?

MÜLLER: Ich meine, das müßte er entscheiden und in seinem Testament genaue Anweisungen geben, wie mit seiner privaten

Korrespondenz zu verfahren ist. Die amtlichen Schreiben gehören dem Archiv des Heiligen Stuhles an. Da wird man sich an die allgemeinen Richtlinien halten.[3]

Benedikt XVI. und die Vorwürfe im Münchener Mißbrauchsgutachten

Eine kritische Auseinandersetzung

»Die Lüge Benedikts!« – dieser Vorwurf geistert durch die Presselandschaft – auch durch die hochintellektuelle –, um den emeritierten Papst Benedikt XVI. (Joseph Ratzinger), einen der größten Gelehrten unserer Zeit und zugleich erfolgreichsten Verfolger von Mißbrauchstätern in der Kirchengeschichte, als untragbar abzuurteilen und seine Stimme unhörbar zu machen. Eine Lüge wird ihm vorgeworfen, weil er sich an eine Sitzung, die vor über vierzig Jahren stattgefunden hatte, nicht mehr erinnern konnte. Die Lüge schließt aber immer den Vorsatz ein, was Benedikt XVI. auch noch unterschwellig angekreidet wird. Ein Vorwurf bar jeder Substanz, aber voller ideologischer Motive, um die eigene Meinung von Kirche, Theologie und Philosophie, die der des ehemaligen Papstes diametral entgegensteht, durchzusetzen.

Dabei wird allerdings vergessen, was für ein großes Entgegenkommen Benedikt zeigte, als er sich bereit erklärte, auf die Fragen der vom Erzbistum München-Freising beauftragten und bezahlten Anwälte zu antworten. Diese sind mit keinerlei rechtlichen Kompetenzen ausgestattet und sind darüber hinaus nur beauftragt worden, ein reines, im Grunde unerhebliches Privatgutachten zu erstellen. Wer sich nur ein wenig mit Gerichtsverfahren auskennt, weiß um die Problematik, die Privatgutachten immanent ist. Wer privat ein Gutachten erstellen läßt, muß nicht nur die gesamten Kosten der Gutachter übernehmen, sondern hat auch ein besonderes Interesse am Ergebnis. Da die Gutachter dem Auftraggeber im Regelfall bekannt sind und er weiß, wie in anderen, gleichgelagerten Angelegenheiten deren Wertungen ausgefallen sind, erwartet er zwar nicht, daß die eigene Meinung bestätigt wird, erhofft es sich aber gleichwohl. Das Erzbistum, vertreten durch den Erzbischof Kardinal Marx, hatte Kenntnis darüber, zu welchem Ergebnis die Gutachter in der Angelegenheit des Erzbistums Köln gelangt waren. Der Auftraggeber aus München konnte infolgedessen hoffen, daß auch den Gegnern seiner eigenen Auffassung von Kirche in dem noch zu erstellenden Gutachten verwerfliches Handeln unterstellt werden würde. Im Hintergrund spielt offensichtlich auch eine Rolle, daß Kardinal Marx eine andere Auffassung als Papst em. Benedikt XVI. von der Zukunft der Kirche hat. Während Kardinal Marx die Zukunft durch den sogenannten Synodalen Weg eröffnet sieht, ist Benedikt ein strikter Gegner dieses Verfahrens, da für ihn die Kirche als Weltkirche auf den Grundfesten Evangelium und Tradition fußt und er deshalb einer Protestantisierung der deutschen Ortskirchen nicht das Wort reden möchte. Durch diese Differenz ist eine Voreingenommenheit, die sich in einer subjektiv gefärbten Argumentation zeigen könnte, bei den für Kardinal Marx tätigen Gutachtern nicht gänzlich auszuschließen.

Obwohl das Privatgutachten, das Kardinal Müller als Auftragsgutachten bezeichnet, möglichst objektiv erstellt werden sollte, gibt es unvermeidlich auch eine subjektive Meinung wieder. Und trotzdem: In der Öffentlichkeit wird es als eine gleichsam rechtskräftige Entscheidung angesehen, obwohl Privatgutachten keinerlei wie auch immer geartete Rechtskraft entfalten können.

Diesem Privatgutachten der drei Juristen ist allerdings zu eigen, daß allzuoft von einem Anfangsverdacht gesprochen wird, was bekanntlich noch nicht zu einer Anklageerhebung reicht. Allerdings wird aus dem Anfangsverdacht schon das Urteil konstruiert. Die Ankläger, als die sich die Gutachter gerieren, mutieren sofort zum Richter, um ein Urteil zu fällen, das formaljuristisch zwar kein Urteil ist, doch, wie die Reaktionen der Presse und der

Bevölkerung bewiesen haben, tatsächlich diese Qualität angenommen hat. Um aber diesem Anspruch gerecht zu werden, hätte es den Gutachtern oblegen, eine Beweisaufnahme vorzunehmen und diese auch zu dokumentieren. In den jeweiligen Kapiteln ist nicht zu lesen, daß sie sich mit den Argumenten von Benedikt substantiell auseinandergesetzt hätten. Ihre Schlußfolgerungen sind von Zweifeln durchzogen, die aber letztendlich unberücksichtigt geblieben sind. Zwar haben sich die Gutachter anfänglich auf das Prinzip der Unschuldsvermutung bezogen, doch in den Zusammenfassungen, die das Urteil beinhalten, ist hiervon nichts mehr zu merken. Jenem eigenen Anspruch wollten sie da wohl nicht mehr genügen. Auch wenn sich aus den Akten ergibt, daß Erzbischof Ratzinger über die straffälligen Personen gesprochen zu haben scheint, so ist nur die Tatsache aktenkundig, daß ein Gespräch stattgefunden hat. Aus den Akten ist hingegen nicht ersichtlich, daß über die Straftaten der Geistlichen gesprochen worden ist. Die Gutachter erwecken aber gleichwohl den Anschein, daß die Straftaten erörtert worden seien, was sich als reine Spekulation entpuppt. Die Spekulation ist aber kein gerichtsfester Beweis, sie ist vielmehr lediglich eine Hoffnung oder ein Wunsch, um einen Verstoß begründen zu können, und damit unerheblich. Wenn ein Verstoß nicht schlüssig – auch durch Indizien – nachgewiesen werden kann, dann muß zwingend der Vorwurf fallengelassen werden. So sieht es nun einmal die Rechtsordnung, die keine ideologische Betrachtungsweise zuläßt, vor, zumal die Gutachter selbst einräumen mußten, keine gerichtsfesten Beweise erbringen zu können, sondern lediglich davon auszugehen, daß Benedikt »wahrscheinlich« Kenntnis von den Straftaten gehabt hatte. Deutlicher kann man nicht einräumen, einen Nachweis nicht erbringen zu können.

Befremdlich wirkt das Gutachten, wenn zu lesen ist, Benedikt bediene sich für seine Auskünfte gewisser Stereotypen wie des Verweises auf fehlende Sachverhaltskenntnisse. Es sei deshalb darin erinnert, daß im Fall Kardinal Ratzingers Vorfälle, die vor vierzig Jahren aufgetreten sind, behandelt werden. Wer sich noch nach vierzig Jahren daran erinnert, an welcher Sitzung er an einem bestimmten Tag teilgenommen hat, dürfte ein Übermensch sein. Wenn Benedikt an einem solchen Tag tatsächlich an der inkriminierten Sitzung teilgenommen hat, ist es durch seine Unterschrift im Protokoll nachgewiesen – was der Fall ist. Die Gutachter wären deshalb verpflichtet gewesen, Benedikt vorab auf das Protokoll hinzuweisen, schließlich hat er sich freundlicherweise und freiwillig bereit erklärt, in diesem nicht formellen Verfahren mitzuwirken. Nachdem das Gutachten veröffentlicht worden ist, hat Benedikt den Vortrag überprüft und sofort eingeräumt, selbstverständlich an der Sitzung teilgenommen zu haben. Aus welchem Grund der betreffende Hinweis der Gutachter zuvor nicht erfolgt war, darüber kann nur spekuliert werden. Allein durch dieses Unterlassen seitens der Gutachter zeigt sich freilich der besondere Charakter dieses Privatgutachtens. Hätte man Benedikt vorab auf Fehler hingewiesen, hätte man sich allerdings eines Trumpfes begeben. Und so zeigt sich, daß die Regeln der Objektivität in diesem Privatgutachten – zumindest in Teilbereichen – mißachtet worden sind.

Interessant ist auch, welche Frage in der inkriminierten Sitzung verhandelt worden ist. Es wurde – laut Protokoll – nicht über die seelsorgerische Verwendung des Priesters gesprochen, auch nicht über seine Straftaten, sondern lediglich darüber, wie der Priester untergebracht werden könne. Da sich dieser Sachverhalt aus den Akten ergibt, hätte er vor Publizierung des Gutachtens Benedikt zur Kenntnis gebracht werden müssen, zumal Peter Seewald in seiner großen Biographie »Benedikt XVI. Ein Leben« diesen Sachverhalt schon öffentlich gemacht hatte. Dann wäre es bei rechtzeitiger Korrektur dem vormaligen Papst – immerhin der größte Aufklärer von Mißbräuchen in der römischen Kirche – erspart geblieben, von Journalisten als Lügner bezichtigt und beschimpft zu werden, und es wäre keine Möglichkeit geschaffen worden, mit Hilfe der Anschuldigungen gegen Papst em. Benedikt XVI. die Kirche insgesamt anzugreifen und für reaktionär zu erklären.

Das Mißbrauchsgutachten der Erzdiözese München/Freising hat wiederum den Beweis erbracht, wie wenig solche Auftrags- oder Privatgutachten geeignet sind, Licht in das Dunkel von Vorgängen zu bringen. Auch wenn zweifelsohne versucht wird, objektiv zu ermitteln, kann das subjektive Element nie ausgeschlossen werden, und im vorliegenden Fall ist es auch nicht unbeachtet geblieben. Dagegen spricht auch nicht, daß darin dem Auftraggeber, Erzbischof Kardinal Marx, ebenfalls Fehlverhalten unterstellt wird. Aber das ist ein anderes Feld, um das sich andere kümmern müssen. Wir Gläubigen und Mitglieder der Kirche können nur hoffen, daß die Aufklärung in der Kirche von einer objektiv arbeitenden und an Normen gebundenen Institution in Angriff genommen wird. Der Mißbrauch – und das muß immer beachtet werden – hat in der sichtbaren Kirche, in der Kirche der Menschen, stattgefunden, dort, wo mit der Erbsünde belastete Personen tätig sind. Hiervon unberührt bleibt aber die von Jesus Christus selbst gestiftete unsichtbare Kirche. Sie basiert auf göttlichem Recht und ist deshalb der Sündhaftigkeit der Menschen entzogen. Diesen Unterschied sollte man sich immer vor Augen führen. Menschen, die gefehlt haben – ob nun Priester oder nicht –, müssen der staatlichen Gerichtsbarkeit zugeführt werden. Sie dürfen in der Kirche kein Amt mehr ausüben. Dem aber unter den 1,3 Milliarden römischer Katholiken, der sich als derjenige hervorgetan hat, der am schärfsten gegen Mißbrauchstäter vorgegangen ist und hunderte Geistliche laisiert hat, da sie durch Mißbrauch straffällig geworden waren, Papst em. Benedikt XVI. also, wird nun mit fadenscheinigen, substanzlosen Argumenten – in erster Linie mit Vermutungen – unterstellt, sich ebenfalls fehlerhaft verhalten zu haben. Es wäre demnach angebracht gewesen, Benedikt zwar nicht von vornherein unberücksichtigt zu lassen, doch wenigstens mit Fairneß und einem gewissen Respekt, dem natürlichen Respekt gläubiger Katholiken ihrem höchsten Repräsentanten auf Erden gegenüber, zu behandeln, um so mehr, als für ein Tribunal keine gesetzlichen Regelungen bestehen und die Bedeutung Joseph Ratzingers für die Geschichte insgesamt, für die Kirchengeschichte und für Theologie und Philosophie im besonderen evident ist.

Die Zweifel an der Beweisführung und die Verdienste des ehemaligen Papstes möchte ich mit Kardinal Müller erörtern. Der begrenzte Umfang dieses Interviews schließt es aus, die einzelnen Fälle näher zu erläutern. Wir können nur auf die Gründe der Beschuldigung eingehen.

LOTHAR C. RILINGER: *Betrachten Sie es als eine »Schutzbehauptung«, wie es im Gutachten formuliert ist, daß der damalige Erzbischof Kardinal Ratzinger nicht über die Verfehlungen unterrichtet worden sein soll, obwohl seine Vorgänger und seine Nachfolger stets über strafrechtliche Vergehen von Priestern durch die jeweiligen Generalvikare informiert worden sind? Kann die Kenntnis anderer Bischöfe über Mißbräuche als »Prämisse« vorausgesetzt und können damit die Argumente von Benedikt als ein »Fehlschluß« qualifiziert werden?*

GERHARD LUDWIG KARDINAL MÜLLER: Er hat eine Schutzbehauptung nicht nötig. Ihm eine moralisch derart niedrige Gesinnung zu unterstellen, zeugt nicht nur von einer totalen Respektlosigkeit gegenüber einem um Kirche und Gesellschaft höchst verdienten Menschen und Christen, sondern ist der Offenbarungseid der eigenen Absichten, die in der hemmungslosen Rufmordkampagne gegen ihn verfolgt worden sind.

RILINGER: *Schwebt der Anklageerhebung gegen den Priester wegen Exhibitionismus eine minderschwere Straftat vor, da die sexuelle Handlung »vor« und nicht »an« dem Opfer stattgefunden hat, und kann es sein, daß Erzbischof Kardinal Ratzinger deshalb nicht über dieses Verfahren unterrichtet worden ist?*

MÜLLER: Wie die Tendenz zum Exhibitionismus zustande kommt, ist eine Frage an die Sexualpsychologie. Wie ihre Ausübung strafrechtlich bewertet wird, haben die zuständigen Richter der weltlichen Gerichte zu entscheiden. Moraltheologisch gesprochen, ist eine solche Tat eine schwere Sünde (vgl. 1 Kor 6,9). Wer sie begeht, ist des Priesteramtes unwürdig, weil der Priester, wie jeder andere Christ auch, an das Sechste Gebot gebunden ist. Darüber hinaus repräsentiert er Christus als den guten Hirten und soll damit ein geistliches und moralisches Vorbild für alle Gläubigen sein (vgl. 1 Petr 5,3). Ein katholischer Priester hat sich überdies nicht nur innerhalb der Grenzen des gerade noch Erlaubten zu bewegen, sondern muß in seinem Verhalten jeden Anstoß und in seiner Rede alle Zweideutigkeiten vermeiden.

RILINGER: *Ist es nachvollziehbar, daß Bischof Ratzinger die Verfehlung nicht gemeldet wurde, sondern der Fall von der Verwaltung selbst bearbeitet worden ist, weil der Mißbrauch nicht in Ausübung der priesterlichen Tätigkeiten aufgetreten ist, sondern im privaten Bereich?*

MÜLLER: Es gab früher sicher die wohlmeinende Praxis, den Ordinarius nicht in alle Details des unsauberen Verhaltens seiner Kleriker und Laienmitarbeiter einzubeziehen, weil man ihm das nicht zumuten wollte und das Problem selbst auf der Ebene der Personalabteilung meinte lösen zu können. Heute ist man schon bei den ersten Anzeichen sensibler und hellhöriger. Die neue Gefahr ist, daß vorschnell Unschuldige verdächtigt werden oder sogar der Medienmeute zum Fraß vorgeworfen werden. Haben sich all die Empörten und Hetzer im Fall Kardinal Pell, der letztinstanzlich von allen Anklagepunkten des sexuellen Mißbrauchs freigesprochen wurde, entschuldigt oder wenigstens in ihrem Gewissen vor Gott Abbitte geleistet?

Es gab nach dem Konzil auch ein weitverbreitetes progressives Priesterbild, dessen Protagonisten bei der Sexualmoral nicht mehr so »verklemmt« sein wollten. Den liberalen Ex-Kardinal McCarrick (USA) hat man jahrelang in diesen Kreisen mit der Ausrede entschuldigt, daß seine Opfer ja »nur« Priesteramtskandidaten seien, die als Erwachsene wüßten, was sie täten. Entlang dieser frivolen Linie sind heute noch die heuchlerischen »Kirchenreformer« auf dem Weg, die Sexualstraftaten an Heranwachsenden durch Legitimierung von heterosexuellen und homosexuellen Kontakten der Priester oder Laienmitarbeiter mit Erwachsenen verhindern wollen. Dadurch unterminieren diese »Reformer« die geoffenbarte Moral und die natürliche Ethik, machen den Zölibat zu einer gotteslästerlichen Farce und entheiligen die Ehe von Mann und Frau als göttliche Stiftung. Was Sünde ist, legt der Christ nicht selbst fest, etwa ab dem Tag seiner bürgerlichen Mündigkeit, also ab dem 18. Geburtstag. Als Kinder, Jugendliche, Erwachsene und Senioren wissen wir, daß wir mündig-verantwortlich sind gegenüber Gott und seinem heiligen Willen. Schon der vorchristliche Philosoph Seneca erkannte: »In einem Königreich sind wir geboren: Gott zu gehorchen ist Freiheit.« (*Vom glücklichen Leben* 15,7) Um wieviel mehr glauben wir Christen, daß wir durch die Erfüllung der Gebote Gottes frei und glücklich werden: »Denn ihr seid zur Freiheit berufen [...]. Nur nehmt die Freiheit nicht zum Vorwand für das Fleisch, sondern dient einander in Liebe.« (Gal 5,13) Die

Kirche kommt aus diesem Medientief nicht durch die Unterminierung der Sexualmoral heraus. Aus dem Elend der Sexualisierung und Kommerzialisierung unserer leiblichen Existenz, die nur die verzweifelte Sinnleere des europäischen Nihilismus widerspiegelt, kommen wir nur heraus, wenn wir unser Mannsein oder Frausein als Disposition zur personalen Liebe verstehen und somit als Gnade erfahren. Sexualität wird immer mißbraucht, wenn sie zur Droge verkommt; sie soll das Gefühl der Sinnlosigkeit betäuben. Das Leben ist aber nie sinn-los, weil der Sinn, die Vernunft, das Wort Gottes, Fleisch geworden ist und unter uns gewohnt hat und in Jesus Christus mit seiner Gnade und Wahrheit bei uns bleibt. Gott schuf den Menschen nicht hetero-, bi,- trans- oder asexuell, päderastisch oder lesbisch oder pädo- und homophil oder mit der Neigung zu sonstigen Lustgewinntechniken, sondern nach seinem Bild und Gleichnis schuf er jeden einzelnen als Mann oder Frau. Und er segnet das Ehepaar, indem er sagt: »Seid fruchtbar und mehret euch, bevölkert die Erde.« (Gen 1,28) Und Jesus, der Sohn Gottes und einzige Lehrer der göttlichen Wahrheit, legt diese anthropologische Urwahrheit endgültig so aus, daß durch die wechselseitige Liebe von Mann und Frau die beiden nicht mehr zwei sind, sondern »ein Fleisch« (Mt 19,5).

Rilinger: Eine Woche, nachdem die Verurteilung eines Priesters der Verwaltung zur Kenntnis gelangte, wurde dieser vom Religionsunterricht entbunden. Als Grund für die Freistellung wurde hingegen die angestrebte Promotion des Mannes angegeben. Kann aus diesem Umstand hergeleitet werden, daß die Verurteilung wegen eines Sexualdeliktes der wahre Grund für die Entpflichtung war?

MÜLLER: In keiner Weise. Wer das tut, verwechselt den Ablauf einer Ordinariats-Sitzung mit den Vernehmungsmethoden der Kriminalpolizei oder der juristischen Akrobatik eines amerikanischen Geschworenengerichts. Unsere Leute in der Kirchenverwaltung sind nicht mit allen Wassern gewaschen, sondern meist sehr gutgläubig, also eher einfältig wie die Tauben und nicht so klug wie die Schlangen. Die es doch sind, haben oft mehr Schaden angerichtet.

Die Betrüger wissen, daß man den Pfarrern am leichtesten einen Bären aufbinden kann, um von ihnen Geld locker zu machen. Gewiß muß man auch bei der Personalführung in der Kirche aus den Fehlern der Vergangenheit lernen, aber auch nicht in das gegenteilige Extrem eines Klimas der permanenten Verdächtigung verfallen. Die beste Prävention ist das priesterliche Ethos, dem sich die Seelsorger unterstellen und zu dem sie sich wechselseitig anhalten. Wer sich in der Feier der Heiligen Eucharistie täglich mit dem Kreuzesopfer Christi verbindet, besiegt mit seiner Gnade jede Versuchung zur Sünde.

RILINGER: Pädophilie wurde als heilbar angesehen, was auch dem Resozialisierungsgedanken, der zu der damaligen Zeit im Strafrecht als vorherrschend angesehen wurde, entsprochen haben könnte. Könnte es sein, daß wegen dieser Bemühungen Bischof Ratzinger nicht unterrichtet worden ist?

MÜLLER: Wie es im einzelnen mit der präzisen Information war, weiß ich als Unbeteiligter natürlich nicht. Aber auch die damals Anwesenden können die Vorgänge nicht mehr vollständig aus den Akten und schon gar nicht aus dem Gedächtnis rekonstruieren. Aber ich kenne Joseph Ratzinger seit Jahrzehnten in seiner intellektuellen Redlichkeit und seinem moralisch sicheren Urteil. Und daraus ergibt sich ohne

Zweifel, daß er niemals und unter keinen Umständen etwas Fahrlässiges oder gar Gezieltes getan und zugelassen hätte, was einen Schaden an einzelnen Personen oder an der Gemeinschaft der Gläubigen bewirkt hätte. Wie oft haben sich schon Psychologen mit ihren Prognosen über die Rückfälligkeit von Straftätern geirrt. Daraus folgt, daß jeder nur nach besten Gewissen und Wissen an seiner verantwortlichen Stelle handeln kann. Einen Rechtsstaat ohne Verbrechen einzelner Bürger und eine Kirche ohne die Sünden ihrer einzelnen Glieder – obwohl sie ihrer Substanz nach der heilige Leib Christi ist (vgl. II. Vatikanum, Kirchenkonstitution *Lumen gentium,* 8) – werden wir vor dem Jüngsten Gericht in dieser Welt nicht erleben, und schon gar nicht werden wir es mit pelagianischer Selbstgerechtigkeit dieser gefallenen Welt abtrotzen können.[4] Wir dürfen aber überzeugt sein, daß am Ende Gott allen Erniedrigten und Beleidigten Gerechtigkeit zuteil werden läßt.

RILINGER: *Benedikt XVI. will aufklären und hat sich deshalb freiwillig bereit erklärt, an der Aufklärung mitzuwirken. Allerdings zweifeln die Gutachter an seiner Kooperationsbereitschaft, weil er sich nach vierzig Jahren nicht an eine Sitzung erinnern konnte, und insinuieren, daß der damalige Erzbischof entgegen seiner Erinnerung über strafrechtliche Verfehlungen von Priestern informiert worden sei. Halten Sie es für möglich, daß sich Benedikt auf Erinnerungslücken beruft, um vermeintliche Verfehlungen zu leugnen?*

MÜLLER: Nur Gott hat in seinem Gedächtnis ein perfektes Wissen um alles Geschehen in der Welt im allgemeinen und bis in die letzten Einzelheiten. Menschen haben eine unterschiedliche Gedächtnisleistung, aber keiner verfügt über ein absolutes Gedächtnis. Wir wissen grosso modo um die Ereignisse aus unserer Vergangenheit und können uns punktuell an ein einzelnes Wort oder Erlebnis erinnern. Manchmal kombinieren wir auch falsch und meinen – auf Grund einer falschen Assoziation –, es müsse so gewesen sein. Es ist geradezu grotesk, einen Mann wie Papst em. Benedikt XVI. der Welt als Lügner vorführen zu wollen, indem man einen einzelnen Vorgang 42 Jahre später einer einzigen von vielen hundert Sitzungen zuordnet, an denen er vielleicht meinte, teilgenommen oder nicht teilgenommen zu haben. Außerdem geht der Fehler nicht auf ihn selbst zurück, sondern es handelt sich um ein Versehen seiner Mitarbeiter. Er ist mit seinen 94 Jahren im intellektuellen Sinn noch voll auf der Höhe, kann aber die operativen Vorgänge, zum Beispiel das Lesen von Tausenden von Akten am Bildschirm, nicht bewältigen. Er kann sich aber an die Tatsache erinnern, daß ihm zum damaligen Zeitpunkt die Gefährlichkeit dieses aus dem Bistum Essen kommenden Priesters nicht bekannt war. Außerdem ist dieser Mann nicht mehr in seinen Gesichtskreis getreten und bis zum Weggang Joseph Ratzingers nach Rom nicht negativ auffällig geworden.

RILINGER: Benedikt XVI. kann sich nach vierzig Jahren nicht an alle Einzelheiten erinnern. Kann ihm deshalb eine »Lüge« unterstellt werden, wenn sich nach Veröffentlichung des Gutachtens herausgestellt hat, daß er tatsächlich an einer Sitzung teilgenommen hat, auf der über den inkriminierten Priester gesprochen wurde, wobei sich allerdings aus dem Protokoll der damaligen Sitzung ergibt, daß lediglich über die Unterbringung des Priesters gesprochen worden ist, nicht aber über dessen strafrechtliche Auffälligkeit. Wie würden Sie als Theologe und Philosoph »Lüge« definieren?

MÜLLER: In seinem Aufsatz *Was heißt die Wahrheit sagen?* gibt Dietrich Bonhoeffer unter den lebensbedrohlichen Bedingungen des staatlich gedeckten Lügensystems im Jahr

1943, im Gefängnis Berlin-Tegel inhaftiert, die theologische und hier allein maßgebende Definition im Gegensatz zu ihrer ideologisch-agitatorischen Instrumentalisierung: »Lüge ist Widerspruch gegen das Wort Gottes, wie er es in Christus gesprochen hat und in dem die Schöpfung beruht. Lüge ist demzufolge die Verneinung, Leugnung und wissentliche und willentliche Zerstörung der Wirklichkeit, wie sie von Gott geschaffen ist und in Gott besteht, und zwar soweit dies durch Worte und durch Schweigen geschieht.«[5]

Ob also der damalige Erzbischof von München Joseph Ratzinger an dieser Sitzung ganz oder teilweise teilgenommen hat, ist für die Sachentscheidung, jenen Mann während seiner Psychotherapie in einem Münchner Pfarrhaus unterzubringen, nicht ausschlaggebend. Es ist doch nur eine perfide Rechthaberei, ihm die Anwesenheitsliste um die Ohren zu schlagen und sie ihm zynisch wie eine Trophäe vorzuhalten, so wie die »Fischweiber« – die Poissarden – auf dem Demonstrationszug, der sie am 5. und 6. Oktober 1789 von Versailles ins revolutionäre Paris führte, die abgeschlagenen Köpfe der Diener König Ludwigs XVI. auf Bratspießen vorausgetragen haben.

Ich komme täglich mit vielen Menschen aus verschiedenen Nationen zusammen, die mich fragen, wie es möglich ist, daß in Deutschland ein Papst aus der eigenen Heimat als Lügner bezeichnet wird. Man kann sich angesichts dieser Vorgänge nur schämen, ein Deutscher zu sein, vor allem auch deshalb, weil so viele Menschen, die an sich guten Willens sind, auf die antikatholische Propaganda hereinfallen.

Rilinger: Halten Sie es für eine Falle, daß die Gutachter es unterlassen haben, Benedikt XVI. wegen der protokollierten Teilnahme an der Sitzung vorab durch einen Hinweis auf seinen Irrtum aufmerksam gemacht zu haben? Es widerspricht schließlich der Vernunft, eine Teilnahme an einer Sitzung zu leugnen, wenn die Anwesenheit durch die Unterschrift auf dem Protokoll dokumentiert ist.

MÜLLER: Ratzinger war wohl wirklich nur irrtümlich der Meinung, an der Sitzung nicht teilgenommen zu haben. Allerdings konnte er es nicht mit absoluter Gewißheit sagen. Auf jeden Fall wurde hier nicht fair gespielt. Und in der Sache ist es völlig unerheblich, ob er da war oder nicht, weil in der betreffenden Sitzung keine Entscheidung wegen strafrechtlich relevanter Vorkommnisse erörtert und beschlossen wurde. Daß der in Gnaden aufgenommene Priester die Gastfreundschaft so schäbig mißbrauchen würde, konnte niemand ahnen. Die Anwaltskanzlei sollte auch etwas vom hohen Roß heruntersteigen, da ihre Einlassungen zur kirchlichen Sexualmoral bei weitem ihre Kompetenz überschreiten und überhaupt jede Besserwisserei nach 42 Jahren mehr als wohlfeil ist. Kein Geschöpf mit einem nur endlichen Verstand kann die möglichen kontingenten Wirkungen seiner Entscheidungen im Positiven und Negativen total vorausberechnen, selbst wenn sie mit bestem Wissen und Gewissen getroffen wurden. Das können nicht einmal Juristen und Journalisten.

RILINGER: *Aus dem Gutachten ist ersichtlich, daß sich die Gutachter außerstande sehen, Benedikt XVI. zweifelsfrei ein Fehlverhalten nachzuweisen. Sie stützen sich in ihrer Argumentation auf Vermutungen, Unterstellungen und Analogien, ohne aber durch eine schlüssige Beweisführung aus den zitierten Indizien einen Nachweis erbringen zu können. Widerspricht diese Vorgehensweise nicht doch der auch von den Gutachtern beschworenen strafrechtlichen Unschuldsvermutung, die jeder Betroffene für sich reklamieren kann?*

Müller: Diese Anwälte wollen Untersucher, Ankläger, Verteidiger und Richter in einem sein. Zuständig für ein Fehlverhalten im strafrechtlichen Sinn sind allein die ordentlichen Gerichte des Staates. Es ist illegitim, weltliche Instanzen über das Regierungshandeln von Bischöfen in ihrem geistlichen Amt anzurufen. Hinsichtlich der staatlichen Gerichtsbarkeit sind Bischöfe und Priester wie alle Bürger gleichberechtigt und gleich verpflichtet.

Die Auftraggeber hätten wissen müssen, daß nur der Papst mit seinen römischen Kirchengerichten über Bischöfe nach kanonischem Recht urteilt Und über Benedikt XVI. kann in kirchlichen Dingen sowieso niemand befinden, wenn er auch jetzt im Status eines emeritierten Papstes ist. Der Sinn einer solchen Untersuchung kann nur sein, den Opfern von sexuellem Mißbrauch, falls es noch nicht geschehen ist, jetzt Gerechtigkeit widerfahren zu lassen und bisher unerkannte Straftäter der weltlichen oder kirchlichen Gerichtsbarkeit zuzuführen.

Rilinger: Auch wenn die einzigartigen Verdienste, die sich Joseph Ratzingers als Präfekt der Glaubenskongregation und als Papst um die Aufklärung von Mißbräuchen erworben hat, unabhängig von seiner Tätigkeit als Erzbischof gesehen werden müssen, soll aber nicht verschwiegen werden, in welchem Umfang und in welcher Schärfe er in diesen Ämtern gegen Priester vorgegangen ist, die sich des sexuellen Mißbrauchs schuldig gemacht haben. Was hat Joseph Ratzinger geleistet, und hat er sich in besonderer Weise um die Mißbrauchsopfer gekümmert?

Müller: Er ist der Mann, der an entscheidender Stelle als Präfekt der Glaubenskongregation und als Papst das vernachlässigte kirchliche Strafrecht wieder zur Geltung gebracht hat. Gewiß gab es in der Kirche – im Unterschied zu den progressiven Ideologien – niemals Zweifel, daß sexueller Mißbrauch an Heranwachsenden ein schreiendes Unrecht ist und einen Schlag ins Gesicht des katholischen Priesterideals bedeutet. Aber wie oft wurde von progressistischer Seite der Abschied von der »Rechtskirche« beschworen, immer in der Hoffnung auf die »Liebeskirche«, die an Jesu Verständnis für die Sünder Maß nehmen und vor allem die Sünden gegen das Sechste Gebot nicht überbewerten solle.

Sind es nicht gerade diejenigen, die Joseph Ratzinger damals als »Panzerkardinal« verspotteten, die ihm heute mangelnde Härte gegen Straftäter vorwerfen, obwohl diese Fälle nicht einmal einen schwachen Beweis für nachlässiges Fehlverhalten abgeben?

RILINGER: *Da es den Gutachtern nicht gelungen ist, Kardinal Ratzinger gerichtsfest straf- und kirchenstrafrechtlicher Taten zu überführen, drängt sich der Verdacht auf, daß mit der Beauftragung der Gutachter durch Erzbischof Kardinal Marx mehr als nur Aufklärung beabsichtigt worden war. Können Sie den Verdacht ausschließen, daß mit den Anschuldigungen auch der Versuch unternommen wurde, Benedikt XVI. – wie schon zuvor Kardinal Woelki aus Köln – als Gegner des sogenannten Synodalen Weges, den Kardinal Marx unterstützt, auszuschalten?*

MÜLLER: Ich möchte mich nicht zur Person eines Mitbruders in der Öffentlichkeit äußern oder Gleiches mit Gleichem vergelten. Es liegt aber auf der Hand, daß innerkirchliche Kreise und erst recht die antikatholische Stimmungsmache, die inzwischen den moralischen Tiefstand des während der Bismarckzeit geführten Kulturkampfes erreicht hat, Kardinal Woelki als Person schweres Unrecht zufügten und sich damit selbst diskreditierten.

Rilinger: Es sollte doch mit der Weihe zum Priester und Bischof und mit der Ernennung zum Kardinal völlig unvereinbar sein, persönliche Animositäten auszutragen, erst recht auf die Gefahr hin, daß die Kirche erheblichen Schaden erleiden könnte.

Müller: Die größte Gefahr bestand seit zweitausend Jahren immer darin, das Bischofsamt nach der Art von weltlichen Machthabern ausüben zu wollen. Jesus hat Jünger zu Aposteln gemacht und in ihrer Nachfolge zu Bischöfen, Priestern und Diakonen, damit sie sein Evangelium verkünden, seine Gnade in der Liturgie und in den Sakramenten auf die einzelnen Menschen und die ganze Kirche herabflehen und damit jeder durch sie die Hirtenliebe Christi erfährt. In der Politik geht es nicht um die Liebe zur Wahrheit, sondern um den »Willen zur Macht«. Aufgabe der Bischöfe und des Papstes ist es, den Machthabern dieser Welt – auch den christlichen – ins Gewissen zu reden, damit diese ihren Machtwillen zügeln und ihre Völker auf den Frieden, die soziale Gerechtigkeit, die materielle Wohlfahrt und die kulturelle Blüte hinlenken.

Rilinger: Im Münchner Gutachten wird der Auftraggeber Kardinal Marx selbst der Untätigkeit und der Vertuschung beschuldigt. Wäre es jetzt notwendig, daß Kardinal Marx dem Papst ein weiteres Mal seinen Rücktritt vom Erzbischofsamt anbietet?

Müller: Ein Bischof ist von Christus eingesetzt und ihm verantwortlich in täglicher Gewissenserforschung und tatkräftigem Verkünden und Bezeugen des Heils, das von Gott kommt.

Ein Bischof ist also nicht vom Papst in seine geistliche Vollmacht und Sendung eingesetzt. Aber bei erheblicher Behinderung, wie zum Beispiel Krankheit oder schwerer Verletzung seiner Pflichten, kann er von der konkreten Ausübung seines Amtes entpflichtet werden. Diese öffentlichkeitswirksamen Gesten, mit denen man ein Spiel mit dem Dienst am Heiligen treibt, zu dem Christus, das Haupt der Kirche im Heiligen Geist, einen schwachen Menschen befähigt, tut jedem Katholiken, der mit seiner Kirche lebt und denkt, in der Seele leid.

Der Papst sollte diesen kopflosen Haufen, der sich Deutsche Bischofskonferenz nennt, nach Rom befehlen und die Bischöfe so lange nicht mehr auf die ihnen anvertrauten Gläubigen loslassen, bis jeder von ihnen das III. Kapitel der Kirchenkonstitution *Lumen gentium* über das Bischofsamt auswendig gelernt hat: »Denn mit ihren Helfern, den Priestern und Diakonen, stehen die Bischöfe im Dienst ihrer Brüder und Schwestern, damit alle, die zum Volke Gottes gehören und sich daher der wahren Würde eines Christen erfreuen, in freier und geordneter Weise sich auf das Ziel ausstrecken und so zum Heile gelangen« (vgl. Art. 18 u. 20). Das zeitliche und ewige Ziel des Menschseins ist die innigste Gemeinschaft mit Gott in Jesus Christus, dem Licht, das jeden Menschen erleuchtet (vgl. Art. 1).

RILINGER: *Die Kirche bemüht sich, die Mißbrauchsfälle im Zusammenhang mit ihren Geistlichen und Angestellten aufzuarbeiten. In anderen Bereichen der Gesellschaft, ob im Sport, in der Kinderbetreuung, in anderen Kirchen und kirchlichen Gemeinschaften oder in den Familien, ist sexueller Mißbrauch in einem weit höheren Maße zu beobachten. Könnte der Wille der römisch-katholischen Kirche, den sexuellen Mißbrauch aufzudecken und zu ahnden, Vorbild für diese anderen Organisationen sein?*

MÜLLER: Die Kirche ist mit den Menschen, die ihr angehören, Teil der Gesellschaft im Guten wie im Bösen. »Sie ist zugleich (von ihrer göttlichen Sendung her) heilig und (von ihrer menschlichen Ausführung her) stets der Reinigung bedürftig, sie geht immerfort den Weg der Buße und der Erneuerung.« (*Lumen gentium,* 8) Die Kirche in ihrer irdischen Knechtsgestalt kann sich nicht vor der Welt brüsten als die ideale Gemeinschaft der absolut Reinen und Sündlosen. Aber sie darf stets neu ihre göttliche Sendung annehmen und ausführen, in Christus Sakrament des Heils der Welt zu sein. Wer sonst als die Kirche Jesu Christi wäre berufen, für die unveräußerlichen Menschenrechte einzutreten und ganz besonders für die seelische und leibliche Integrität unserer Heranwachsenden. Jesus ist unser aller Vorbild. »Amen, amen, das sage ich euch: Wer das Reich Gottes nicht so annimmt wie ein Kind, der wird nicht hineinkommen. Und er nahm die Kinder in seine Arme; dann legte er ihnen die Hände auf und segnete sie.« (Mk 10,15 f.)[6]

Grenzen der päpstlichen Macht

Nach der modernen Staatsrechtslehre geht alle Macht im Staat vom Volke aus. Damit ist Grundlage eines jeden demokratischen Staates die Volkssouveränität. Allerdings ist hiervon der Staat der Vatikanstadt ausgenommen. In diesem Staat, im Vatikan, bildet nicht das Volk den Souverän, in dem kleinsten Staat der Welt ist immer noch der jeweilige Papst der Souverän. Dies hat zur Folge, daß der Papst im Vatikan mehr legitime Macht ausüben könnte als jeder Staatsmann in Westeuropa. Durch diese staatsrechtliche Konstruktion, die eine einzigartige Machtfülle ermöglicht, werden Fragen nach der Begrenzung der Macht aufgeworfen. Kardinal Müller hat sich 2017 mit dem Buch »Der Papst. Auftrag und Sendung« zu Wort gemeldet und in den Diskurs um die Stellung des Papstes eingeschaltet. Im folgenden Gespräch geht es um die Grenzen jener legitimen und von der Lehre und Tradition der Kirche eingeräumten päpstlichen Machtfülle.

LOTHAR C. RILINGER: *Dem Papst sind drei Leitungsfunktionen übertragen: Er ist der Erzbischof von Rom und damit Metropolit der römischen Kirchenprovinz. Weiter wurde er als »Patriarch des Abendlandes« bezeichnet. Aus historischen Gründen hat Papst Benedikt XVI. dieses Amt umbenannt in »Vorsitzenden der römisch-katholischen Kirche«. Als dritte und höchste Aufgabe ist der Bischof von Rom der Papst mehrerer katholischer Kirchen. Um dieser Aufgabe als Papst zu genügen, hat das Erste Vatikanische Konzil festgelegt, daß dem Papst der Jurisdiktionsprimat zusteht und er ex cathedra, also unfehlbar, entscheiden kann. Damit wurde dem Papst ein Vorrang eingeräumt, der zwar schon immer bestand, aber durch das Konzil in Gesetzesform gegossen worden ist. Ist dieses Primat ein Ehrenvorrang oder doch ein apostolisches Amt, das – wie es Joseph Ratzinger formuliert hat – die Verantwortung für das Wort und die Communio in sich vereinigt?*

GERHARD LUDWIG KARDINAL MÜLLER: Die katholische Kirche besteht »in und aus den Teilkirchen« (*Lumen gentium*, 23) – aus den jeweils von einem Bischof geleiteten Diözesen. Hiervon müssen wir unterscheiden, daß mehrere Diözesen zu einem Patriarchalverband oder auf nationaler Ebene zu einer Bischofskonferenz mit einem gewählten Präsidenten zusammengefaßt sind. Dies ist eine Frage der Historie, aber nicht der Dogmatik, die auf das sakramentale Wesen der Kirche zielt. Der Bischof von Rom mit dem Amtstitel »Papst« ist als Nachfolger Petri der Garant der Einheit des Episkopates. Er steht an der Spitze der Bischöfe, so wie Petrus kraft seiner besonderen Berufung durch Christus selbst (Mt 10,2; 16,18) an der Spitze der Apostel stand. Somit hat Christus »in ihm ein immerwährendes und sichtbares Prinzip und Fundament der Glaubenseinheit und der Gemeinschaft [der Bischöfe und ihrer Ortskirchen] eingesetzt.« (*Lumen gentium*, 18; vgl. 23). Der Primat der römischen Kirche und die persönliche Unfehlbarkeit des Papstes bei der Auslegung der geoffenbarten Wahrheiten sind also göttlichen Rechtes und gehen keineswegs nur aus einer kontingenten geschichtlichen Konstellation hervor oder verdanken sich gar lediglich dem politisch begründeten Machtanspruch des Bischofs der damaligen Reichshauptstadt Rom. Die historischen Titel wie »Patriarch des Abendlandes«, »Vorsitzender der italienischen Bischofskonferenz« oder »Erzbischof der römischen Kirchenprovinz«, also der suburbikarischen Bistümer, gehören nicht wesentlich zu seinem Primat. Die Unfehlbarkeit ist keine private

Eigenschaft oder die unbedingte Befehlsgewalt, wie die größenwahnsinnigen Autokraten dieser Welt sie für sich in Anspruch nehmen, sondern ein demütiger Dienst an der Kirche im Namen ihres Herrn Jesus Christus, der nicht gekommen ist, »um sich dienen zu lassen, sondern um zu dienen und sein Leben hinzugeben als Lösegeld für viele« (Mk 10,45). Im streng offenbarungstheologischen Kontext ist dem Papst das ihm persönlich – und dem ökumenischen Konzil zusammen mit ihm – vom Heiligen Geist verliehene Charisma der Unfehlbarkeit in der Glaubens- und Sittenlehre, womit Gott seine Kirche ausgestattet hat, übertragen, damit »die Kirche als Fundament und Säule der Wahrheit des lebendigen Gottes« (1 Tim 3,15) die in Christus ein für allemal ergangene Offenbarung im Hören und Lehren unverkürzt und unverstellt zu glauben vorlegen kann.

Der Papst als »Souverän des Vatikanstaates« hat damit innerlich gar nichts zu tun. Der Heilige Stuhl als Völkerrechtssubjekt dient nur von außen her der politischen Unabhängigkeit des Papstes und der römischen Kurie von den Übergriffen der Politiker, deren sich diese schon so oft in der Geschichte schuldig gemacht haben. Der Vatikan ist nicht ein Staat wie jeder andere, auf den die Kriterien der modernen Staatlichkeit vollständig angewendet werden könnten oder sogar müßten. Der Vatikanstaat ist aber auch keine absolute Monarchie, wie die Polemiker dagegen meinen, sondern eine unabhängige Verwaltung von materiellen Kirchengütern, die der geistlichen Regierung der Kirche zu Diensten ist. Der Papst übt seine Souveränität gegenüber den Personen mit vatikanischem Paß und den Bediensteten von außen auf naturrechtlicher Basis und nach dem Stand der gewachsene Rechtskultur aus – durch Instanzen wie Gendarmerie, Schweizer Garde, Liegenschaftsverwaltung oder Bankwesen – um nur einige zu nennen –, die nach fachlichen Gesichtspunkten arbeiten.

Rilinger: Die Communio umschließt auch verschiedene Patriarchate und Ostkirchen, die den Papst als Oberhaupt anerkennen. Die Bewegung des sogenannten Synodalen Weges scheint auf eine Trennung der deutschen Ortskirchen von der römisch-katholische Kirche abzuzielen. Sehen Sie gleichwohl eine Möglichkeit, daß diese neue Kirche in Kirchen- und Eucharistiegemeinschaft mit der römischen Kirche verbleibt, so daß auch dieses neue Patriarchat oder diese neue Kirche den Papst als geistliches Oberhaupt anerkennt?

Müller: Der sogenannte Synodale Weg hat mit der Bildung der alten Patriarchatskirchen nicht das Geringste zu tun. Ursprünglich wurden die von Petrus gestifteten Kirchen (Antiochien, Alexandrien durch den Petrusschüler Markus, Rom) als Patriarchate bezeichnet. Später kamen aus politischen Gründen Konstantinopel hinzu und aus Reverenzgründen Jerusalem. Dann haben sich die orthodoxen (autokephalen) Nationalkirchen den Titel Patriarch für den leitenden Bischof reserviert. In Deutschland geht es aber um den Versuch, die katholischen Institutionen, die Kirchensteuer und den Gebäudebestand für eine Organisation, die den katholischen Glauben in dessen wesentlichen Elementen aufgegeben und den Boden der Offenbarung definitiv verlassen hat, in Besitz zu nehmen. Das Taufbekenntnis ist durch den Götzen der heidnischen LGBT-Ideologie ersetzt. Statt zum Kreuz Christi aufzuschauen und die Siegesfahne des Auferstandenen der Menschheit voranzutragen, ziehen die Protagonisten der Deutsch-Synodalen die Regenbogenfahne hoch, die eine öffentliche Absage an das christliche Menschenbild darstellt. Sie haben das Glaubensbekenntnis durch das Bekenntnis zu den Götzen einer neuheidnischen Pseudoreligion ersetzt. Es bestätigt sich wieder einmal das Wort des bedeutenden Philosophen Max Scheler: »Der Mensch glaubt entweder an Gott, oder er glaubt an einen Götzen.«[7] Wenn Kardinal Marx als Protagonist des deutsch-synodalen Weges dazu aufruft, nicht zu viel (sic!) von Gott zu reden und wenn er in der heiligen Stadt Jerusalem sein Brustkreuz mit »Rücksicht« auf die Gefühle Andersgläubiger ablegt und damit das Kreuz als universales Zeichen des Heils verleugnet, dann halte ich es lieber mit dem Apostel Paulus, der »sich des Evangeliums nicht schämte« (Röm 1,16) und der an die Christen in Korinth schrieb: »Wir dagegen verkünden Christus als den Gekreuzigten, für Juden ein Ärgernis, für die Heiden eine Torheit, für die Berufenen aber, Juden wie Griechen, Gottes Kraft und Weisheit.« (1 Kor 1,23)

Da sich »Synodal-Themen« ausschließlich und unaufhörlich um die Sexualität als egomane Lustquelle drehen, hat man den Eindruck, daß die Sexologie zur Leitwissenschaft erklärt ist und deshalb die auf dem geoffenbarten Glauben ruhende Theologie abgelöst hat. Die Barmer Theologische Erklärung gegen die Deutschen Christen aus dem Jahr 1934 sollte sich jeder, der Christus treu bleiben will, als Spiegel vor Augen halten: »Wir verwerfen die falsche Lehre, als könne und müsse die Kirche als Quelle ihrer Verkündigung außer diesem einen Worte Gottes auch noch andere Ereignisse und Mächte, Gestalten und Wahrheiten als Gottes Offenbarung annehmen. [...] Wir verwerfen die falsche Lehre, als dürfe die Kirche die Gestalt ihrer Botschaft und ihrer Ordnung ihrem Belieben oder dem Wechsel der jeweils herrschenden weltanschaulichen und politischen Überzeugungen überlassen.«[8]

Die Erklärung des Heiligen Stuhls vom 21. Juli 2022 formuliert es so: »Der ›Synodale Weg‹ in Deutschland ist nicht befugt, die Bischöfe und Gläubigen zur Annahme neuer Formen der Leitung und neuer Ausrichtungen der Lehre und der Moral zu verpflichten.«

Wenn die Propaganda-Maschine des »Synodalen Weges« auch nur ein wenig die Hermeneutik der katholischen Theologie und die Aussagen über das Wesen und die Sendung der katholischen Kirche in den Dogmatischen Konstitutionen des Zweiten Vatikanums *(Dei verbum, Lumen gentium)* kennte, dann hätte sie sich für den kostenlosen Nachhilfeunterricht des Ökumene-Präfekten Kardinal Koch bedankt, statt ihr übliches Feuerwerk hohler Phrasen und dreister Ignoranz abzischen zu lassen. Auf welches intellektuelle und moralische Niveau wurden Kirche und Theologie in Deutschland heruntergewirtschaftet! Es bleibt nur zu hoffen, daß Papst Franziskus seines Amtes waltet und nicht auf das inszenierte Betroffenheitsritual knallharter Ideologen hereinfällt oder meint, diese mit Diplomatie und frommem Einheitsgesäusel beschwichtigen zu können.

Rilinger: Sie haben ausgeführt, daß die Regenbogenfahne von den Protagonisten des sogenannten Synodalen Weg vorangetragen werde. Können Sie erklären, aus welchem Grund Sie diese Fahne als heidnisch verurteilen?

Müller: Im Alten Testament gilt der Regenbogen als ein Zeichen für den Bund und den Frieden Gottes mit den Menschen (Gen 9,11–17). Die ursprünglich religiöse Bedeutung wurde aber in ein Symbol für die Friedensbewegung transformiert. Seit den 1970er Jahren gilt in Umkehrung der natürlichen Farbenfolge die »rainbowflag« als Standarte der internationalen LGBT-Ideologie, die zwar vorgibt, gegen die Diskriminierung homoerotisch empfindender Menschen aufzutreten, in Wirklichkeit aber ein Gegenentwurf zur natürlichen und geoffenbarten Anthropologie ist. Der menschliche Leib, in seiner natürlichen Weise in männlicher und weiblicher Geschlechtlichkeit zugegen, gilt nurmehr als Material, das der autonome Wille zu einem beliebigen Mittel der orgiastischen Lust umformt, um dem nihilistischen Grundgefühl zu entgehen, also der furchtbaren Erfahrung des Todes Gottes zu entkommen. Wie immer sind sich die Mitläufer der atheistischen Ideologien der eigentlichen Intentionen ihrer Anführer nicht bewußt. Oder sie wollen diese Intentionen nicht wissen und lassen sich gerne von der Propaganda täuschen, daß es lediglich um Antidiskriminierung gehe.

RILINGER: *Wie schon erwähnt, hat das Erste Vatikanische Konzil beschlossen, daß der Jurisdiktionsprimat auch die Möglichkeit des Papstes einschließt, ex cathedra Glaubenswahrheiten zu verkünden. Damit wird dem Papst das Recht zugebilligt, unfehlbar Glaubenssätze festzulegen, die jeder Katholik zu glauben hat. Diese Vollmacht könnte die Gefahr in sich bergen, dem Papst zu unterstellen, absolut handeln zu dürfen. Doch auch die Unfehlbarkeit findet ihre Grenze. Was müssen wir unter der Möglichkeit der Unfehlbarkeit verstehen?*

MÜLLER: Wie gesagt, sind die persönlichen Meinungen und Lebenserfahrungen des regierenden Papstes nicht mehr oder weniger zu akzeptieren als die eines jeden anderen gebildeten oder auch nur eines anständigen einfachen Menschen. Das Zweite Vatikanum erklärt in *Lumen gentium*, noch einmal ausführlich, was mit der Unfehlbarkeit der Kirche in Glaubensfragen gemeint ist und was nicht. Dogmatische Erklärungen können die Eigenschaft der Unfehlbarkeit haben, wenn sie sich inhaltlich aus der Heiligen Schrift und der Apostolischen Überlieferung des Wortes Gottes ergeben und wenn sie formell von der zuständigen Autorität des Lehramtes des Papstes und der Bischöfe unter dem Beistand des Heiligen Geistes als eine Wahrheit vorgelegt werden, die von Gott geoffenbart und daher zu glauben ist. Allerdings: »Eine neue öffentliche Offenbarung als Teil der göttlichen Glaubenshinterlage (depositum fidei) empfangen sie jedoch nicht.« (Art. 25)

Es ist daher völlig abwegig, zu meinen, ein Konzil oder ein Papst könnten ein früheres Dogma aufheben oder zum Beispiel festlegen, daß zur Natur des Weihesakramentes nicht die Voraussetzung des männlichen Geschlechts seines Empfängers gehöre oder daß zwei Personen des gleichen Geschlechts eine natürliche Ehe, also eine Ehe von Ungetauften, oder eine sakramentale Ehe, also eine von zwei Getauften, eingehen könnten oder – um ein weiteres Beispiel zu nennen – daß der Segensgestus über ein gleichgeschlechtliches Paar eine positive Wirkung bei Gott habe, der in seinem Schöpfungswillen Mann und Frau als Ehepaar gesegnet hat (Gen 1,28). Im Extremfall könnte ein Papst als Privatperson zum Häretiker werden und verlöre damit automatisch sein Amt, wenn der Widerspruch zur Offenbarung und zur dogmatischen Lehre der Kirche evident ist.

Rilinger: Wie verläuft der Prozeß, der zu einer Ex-cathedra-Entscheidung führt? Ist es eine einsame Entscheidung des Papstes oder doch der Endpunkt eines langen Prozesses des Ringens um die richtige Wertung einer Glaubenswahrheit?

Müller: Die Wahrheit der Glaubensmysterien ist geoffenbart und in Christus, dem fleischgewordenen Wort Gottes, vollständig enthalten. Es kann sich nur um ein Ringen für die konzeptionelle und begriffliche Fassung der geoffenbarten Lehre handeln. Die göttliche Natur des Sohnes Gottes und die Tatsache, daß dieser eine volle menschliche Natur angenommen hat, sind der Inhalt der Offenbarung. Daß die

Konzilien von Nizäa (325) bis Chalzedon (451) dies mit dem Begriff des »homoousion« gegen alle Abweichungen und Verwässerungen festgehalten, also Christus als gleichwesentlich mit dem Vater der Gottheit und uns gleich dem menschlichen Wesen nach betrachtet haben, ist das Ergebnis der Dogmengeschichte. Aber wir glauben nicht eigentlich an die Dogmen der Kirche als an Menschenworte in der Bibel oder an die lehramtlichen Definitionen, sondern an Gott in seinen geoffenbarten Wahrheiten, die eben nur in menschlicher Sprache ausgedrückt sind, aber nicht bloß – fehlbare – menschliche Meinungen über Gott darstellen (vgl. 1 Thess 2,13).

Rilinger: Der Primat des Papstes wird oft als ein Stein des Anstoßes empfunden, der es einzelnen Ortskirchen verwehrt, eigene Glaubenswege zu gehen. Wir können diese Tendenz in dem Bemühen der deutschen Ortskirchen feststellen, die sich durch den sogenannten Synodalen Weg der Los-von-Rom-Bewegung angeschlossen zu haben scheinen. Bildet deshalb der Primat die Garantie dafür, daß die katholische Kirche als eine Weltkirche und nicht als eine Nationalkirche auftreten kann?

Müller: Eine Nationalkirche mit einem eigenen Glaubensbekenntnis ist in doppelter Hinsicht ein Unding. Erstens sind die Nation, das Volk, die Kultur, die Sprache weder produzierende Subjekte noch passive Membrane, die ein göttliches Hintergrundrauschen in eine menschliche Melodie nach dem Geschmack der Zeitgenossen umsetzen könnten. Vielmehr ist der wesensgleiche Sohn des Vaters das eine Wort Gottes, das sich uns in der Menschheit Jesu vollständig und definitiv mitgeteilt hat. Das Wort Gottes vereint die Gläubigen in dem pfingstlichen Geist des Vaters und des Sohnes über die Verschiedenheit der Kulturen hinweg zu der einen

Kirche. Gegen die fundamentale Verfälschung der christlichen Mysterien der Einheit sowie der Dreifaltigkeit Gottes, der Inkarnation, der Sakramentalität der Kirche und der Leiblichkeit der Erlösung betonte zu Ende des 2. Jahrhunderts Irenäus von Lyon, an die Adresse der Gnostiker seiner und aller Zeiten gerichtet, die Einheit und Communio der universalen Kirche auf Grund der apostolischen Überlieferung: »Diese Botschaft, die sie empfangen hat, bewahrt die Kirche, obwohl sie über die ganze Welt verbreitet ist, so sorgfältig, wie wenn sie in einem einzigen Haus wohnte. [...] Denn wenn auch die Sprachen überall in der Welt verschieden sind, so ist doch der Inhalt der Überlieferung überall ein und derselbe. Die Kirchen, die es in Germanien gibt, glauben und überliefern nichts anders, auch die in Iberien und die bei den Kelten nicht, ebenso die im Orient und die in Ägypten, in Libyen und in der Mitte der Welt.«[9]

Rilinger: Der petrinische Primat hat sich historisch aus dem ursprünglichen Dreierprimat von Johannes, Jakobus und Petrus entwickelt, wie er im Neuen Testament dokumentiert ist. Können Sie die Entwicklung vom Dreierprimat hin zum Primat des Petrus und damit des Papstes nachzeichnen?

Müller: Diese drei Apostel begegnen uns bei den Synoptikern als der engste Kreis der Apostel innerhalb des Kollegiums der zwölf Apostel. Nachösterlich und nachapostolisch haben sich auf Grund der urchristlichen Mission die Ortskirchen mit einem Presbyter-Kollegium (unter Einschluß der Diakone), dem ein einziger Bischof vorsteht, herausgebildet. Der Bischof repräsentiert dann auch in seiner Person die diachrone und synchrone Einheit der Kirche in der Nachfolge der Apostel und die innere Kontinuität der Kirche mit ihrem

Ursprung in Christus und den Aposteln. Da nur der Bischof von Rom der persönliche Nachfolger des Petrus ist, während die anderen Bischöfe Nachfolger der Apostel nach deren ganzem Kollegium sind, gelten die Prärogative des Simon in seiner Eigenschaft als Petrus – der Fels, auf dem Christus, der Sohn des lebendigen Gottes, seine Kirche bauen wird (Mt 16,18) – auch für den Bischof von Rom. Im Laufe der Zeit hat sich der Titel Papst herausbildet, um den Petrus-Dienst des römischen Bischofs in einem Begriff zusammenzufassen.

Rilinger: *Auch wenn der Papst nur in Ausnahmefällen eine Entscheidung ex cathedra verkündet, stellt sich die Frage, wie er seine Entscheidungen vorbereitet. Stützt er sich dabei auf einen Kreis von Beratern? Und wie setzt sich dieser Beraterkreis zusammen? Berät der Papst sich mit persönlichen Freunden oder mit professionellen Beratern, die sich ihre Dienste vergüten lassen, oder setzt er auf die Unterstützung der Kardinäle, die ja eigentlich die geborenen Berater des Papstes sind?*

Müller: Auch wenn Lehrentscheidungen der Kirche in besonderen Fällen unfehlbar die Offenbarung wiedergeben, weil sie vom Charisma des Heiligen Geistes getragen sind, so bedürfen sie dennoch der bestmöglichen menschlichen Vorbereitung »hinsichtlich ihrer rechten Erhellung und angemessenen Darstellung« (*Lumen gentium*, 25). Dazu sind Papst und Bischöfe innerlich verpflichtet. Auch für die allgemeine Regierung der Kirche soll sich der Papst zuerst auf das Kardinalskollegium stützen, das ja die römische Kirche repräsentiert und – wie das Presbyterium einen Bischof – den Papst kollegial/synodal berät. Wie in allen Fällen ist ein Beratergremium, das vom obersten Entscheidungsträger nach den Gesichtspunkten der Willfährigkeit und der

Freundeswirtschaft zusammengesetzt wird, von geringem Nutzen und schadet dem Amtsinhaber mehr, als es ihm nutzt. Dieser braucht nicht die der menschlichen Eitelkeit schmeichelnden Lobeshymnen, sondern den kritischen Sachverstand von Mitarbeitern, die nicht an den wohlwollenden Gesten des Oberen interessiert sind, sondern am Erfolg seines Amtes, d. h. des Pontifikates, für die Kirche.

RILINGER: *Durch den Jurisdiktionsprimat kann der Papst Dogmen verkünden, die vom Volk Gottes befolgt werden müssen. Allerdings kann auch ein Dogma nicht dem Diskurs entzogen sein, so daß durch die theologische und philosophische Entwicklung Zweifel an seiner Wahrheit entstehen könnten. Muß dann, wenn die Zweifel evident werden, das Dogma aufrechterhalten werden, oder bestünde nicht vielmehr die Möglichkeit, es – wie es Karl Rahner formuliert hat – zu vergessen, da jedes Dogma nach vorne offen sei?*

MÜLLER: »Nach vorne offen« meint bei Rahner nicht die Anleihe bei einem evolutiven Wahrheitsverständnis, sondern das möglichst je tiefere begriffliche und geistliche Verständnis der geoffenbarten Wahrheit seitens eines einzelnen Christen oder des ganzen Gottesvolkes. Man muß unterscheiden zwischen der geglaubten Wahrheit und ihrer sprachlichen Fassung. Die Wahrheit Gottes ist in Christus ganz offenbar, aber sie bleibt das je größere Geheimnis, das sich uns zwar in unserer Sprache zu erkennen gibt, aber von unseren Begriffen nicht umschlossen werden kann und darum nicht rationalistisch auf ein Rechenexempel herunterzubrechen ist. Der Glaubensakt richtet sich nicht auf die Bekenntnisformel – gleichsam wie auf die kostbare Einfassung eines unendlich wertvolleren Diamanten –, sondern auf den Inhalt, nämlich auf Gott, der selbst die Wahrheit ist.[10]

Rilinger: *Joseph Ratzinger spricht sogar davon, daß Päpste auch zum Skandalon werden könnten, weil sie als Menschen glauben, einen Weg festlegen zu müssen, der zwar aus ihrer Logik heraus den Anschein der Rechtmäßigkeit erwekken mag, aber dem göttlichen Wort doch widerspricht. Ist hierin auch eine Grenze der Unfehlbarkeit zu erblicken?*

Müller: Es geht nicht darum, die Unfehlbarkeit der Kirche in der vollen Darstellung der Offenbarung zu begrenzen, da jene sich einem Charisma des Heiligen Geistes verdankt. Aber jeder Papst muß genau zwischen seiner Aufgabe und sich selbst als Privatperson unterscheiden. Er darf nicht den anderen Christen seine Vorlieben aufdrängen, so wie die Chinesen die Mao-Bibel oder die Weisheiten ihres »Großen Vorsitzenden« studieren müssen. Ein Papst oder Bischof oder sonst ein kirchlicher Vorgesetzter darf auch nicht das Vertrauen mißbrauchen, das ihm in einer brüderlichen Atmosphäre ohne weiteres entgegengebracht wird, um seine inkompetenten oder korrupten Freunde mit kirchlichen Pfründen zu versorgen. Wenn unter den von Jesus erwählten Aposteln ein Verräter war und sogar Petrus Jesus im Zuge der Passion verleugnet hat, dann wissen wir, daß auch kirchliche Amtsträger in Geschichte und Gegenwart versagen und ihr Amt eigensüchtig oder borniert mißbrauchen können. Wir haben sogar in Glaubensfragen ein Beispiel, wie Paulus dem Petrus von Angesicht zu Angesicht widerstand, als dieser sich in der »Wahrheit des Evangeliums« eine gefährliche Zweideutigkeit erlaubte (Gal 2,11–14). Unsere affektive und effektive Anhänglichkeit an den Papst und an unseren Bischof oder Pfarrer hat nichts mit dem unwürdigen Personenkult weltlicher Autokraten zu tun, sondern ist die brüderliche Liebe zu einem Mitchristen, dem ein hohes Amt übertragen wurde. An diesem kann er auch scheitern. Darum fördert eine liebevolle Kritik die Kirche mehr als eine servile Heuchelei. Das beste Mittel, wie wir dem Papst und den Bischöfen beistehen können, ist aber unser Gebet. Wir vertrauen auf Jesus, den Herrn der Kirche, der zu Simon, dem Felsen, auf den er seine Kirche bauen wird, vor der Passion sagte: »Simon, Simon, siehe, der Satan hat verlangt, daß er euch wie Weizen sieben darf. Ich aber habe für dich gebetet, daß dein Glaube nicht erlischt. Und wenn du dich bekehrt hast, dann stärke deine Brüder.« (Lk 22,32)[11]

Die Kongregation für die Glaubenslehre und ihre Reform

Papst Franziskus hat im Rahmen der von ihm initiierten Kurienreform durch die Apostolische Konstitution »Praedicate Evangelium« die Struktur der Kongregationen und Sekretariate reformiert. Der leitende Gedanke ist darin zu erblicken, daß die Kirche im wesentlichen durch Synoden, nicht mehr durch das Kardinalskollegium fortentwickelt werden soll. Dadurch wurde der Kongregation für die Glaubenslehre die Vorrangstellung in der Kurie – die Suprema – genommen, und die Kongregation wurde zu einem Dikasterium heruntergestuft. Sie wurde darüber hinaus der Behörde für die Evangelisierung nachgeordnet. Mit dieser Herabstufung hat der Papst festgelegt, daß die Neuevangelisierung für die Kirche wichtiger sei als die Wahrung der Lehre und damit als die Einhaltung der theologischen und philosophischen Grundlagen der Religion. Ich habe mit Kardinal Gerhard Ludwig Müller, dem ehemaligen Präfekten der Glaubenskongregation, die Vergangenheit, die Gegenwart und die Zukunft dieses Dikasteriums erörtert.

LOTHAR C. RILINGER: ***Das neue Dikasterium hat eine lange Geschichte, in der immer wieder die Bezeichnung dieser vatikanischen Behörde geändert worden ist. Können Sie in aller Kürze einen historischen Abriß geben?***

GERHARD LUDWIG KARDINAL MÜLLER: Die Glaubenskongregation hat die Aufgabe, Fragen des Glaubens und der Sitte zu entscheiden, um die Lehre Christi und der Apostel (Lk 1,1-3; Apg 2,42) die seitens des Papstes und der Bischöfe verkündet wird, zu wahren (*Dei verbum*, 7–10). Im 12. und 13. Jahrhundert oblag es der Inquisitionsbehörde, die Lehre von Ketzerbewegungen in einem geordneten Gerichtsverfahren zu bewerten. Das kanonische Grundprinzip der Behörde »Inquisition« war die Untersuchung, also die Inquisition des Falles, was als eine Modernisierung des Rechtssystems anzusehen ist. Nicht mehr das Gottesurteil oder Verdächtigungen wurden zur Verurteilung herangezogen, sondern die einzelnen Fälle wurden aufgearbeitet, um nach Abwägung der Argumente ein Urteil fällen zu können.

Wie in der damaligen Zeit üblich, griff auch die Inquisition auf die Folter zurück, was aber im nachhinein als verwerflich anzusehen ist. Selbstverständlich war und ist die Folter ungeeignet, jemand zum Glauben zu bekehren. Der Glaube kann nur freiwillig angenommen werden. Die römische Inquisition wurde schon vor zweihundert Jahren aufgehoben und hat mit der jetzigen Glaubenskongregation nichts zu tun. Diese ist keine Rechtsnachfolgerin, sondern eine vollkommen neue kirchliche Behörde, um Straftaten, die gegen den christlichen Lebenswandel verstoßen, und Lehren, die gegen die Wahrheit der Offenbarung sprechen, zu untersuchen und Urteile darüber zu fällen.

Ihre Aufgabe besteht darin, den Glauben der Kirche weltweit zu fördern, indem sie im Rahmen der Ad-limina-Besuche der Bischöfe im Wege von Gesprächen und theologischen Symposien theologische und anthropologische Fragen und Probleme erörtert. Um diese Symposien durchführen zu können, kooperiert die Glaubenskongregation auch mit der Internationalen Theologenkommission und der Bibelkommission. Darüber hinaus ist die Glaubenskongregation das Oberste Apostolische Tribunal, das über alle Formen der Häresie, des Schismas und der Apostasie, also des Glaubensabfalls, sowie in Sachen von Verstößen gegen die Sakramente zu entscheiden hat. Hierunter fallen Verstöße gegen das Beichtgeheimnis oder der sexuelle Mißbrauch von Heranwachsenden durch Kleriker. Ein Letztes fällt noch in den Zuständigkeitsbereich der Glaubenskongregation: Sollte sich in der Ehe von zwei ungetauften Personen eine entscheiden, sich taufen zu lassen, besteht die Möglichkeit, die Ehe, die ja nicht sakramental war, aufzulösen. Der getaufte Ehepartner kann eine kirchliche Ehe mit einem anderen Partner eingehen. Es kann aber auch die bisherige natürliche Ehe als sakramental anerkannt werden, wenn der Ehewille vorhanden ist oder von Anfang an da war.

RILINGER: Die Rechtsprechung der Glaubenskongregation basiert auf dem Prinzip der Untersuchung. In gleicher Weise gilt dieses Prinzip auch in der staatlichen Rechtsprechung. Ist das kirchliche Prinzip der Rechtsprechung auf das staatliche übertragen worden?

MÜLLER: Das römische Recht kannte schon das Untersuchungsprinzip. Dieses wurde in Italien und Frankreich weiter tradiert. Über die Brücke des kanonischen Rechtes wurde dieses Prinzip dann von allen europäischen Staaten übernommen. Demach ist dem Angeklagten die Schuld nachzuweisen, er muß nicht mehr seine Unschuld beweisen. Im Fall des australischen Kardinals Pell, dem zu Unrecht sexueller Mißbrauch von Minderjährigen vorgeworfen wurde, mußte der Kardinal allerdings seine Unschuld beweisen, was ihm erstinstanzlich nicht gelungen ist. Deshalb wurde er als Kinderschänder verurteilt. Erst in der dritten Berufungsinstanz besann sich das Gericht auf die rechtsstaatlichen Verfahrensgrundsätze, wonach dem Angeklagten die Schuld nachgewiesen werden muß. Es erfolgte ein einstimmiger Freispruch; sämtliche sieben Richter stimmten dem zu – allein schon aus dem Grund, daß sich die Tat in der beschriebenen Form aus zeitlichen, tatsächlichen und örtlichen Umständen nicht zugetragen haben konnte. Außerdem sind auch die Entlastungszeugen gehört worden. Die Einhaltung des Verfahrensprinzips der Inquisition bildet aber die Grundlage eines Rechtsstaates. Die Negierung jedoch läßt den Rechtsstaat in einen Unrechtsstaat umschlagen.

RILINGER: Der Begriff der Inquisition wird immer mit der spanischen Inquisition verbunden. Es gab aber auch die römische Inquisition. Können Sie den Unterschied erläutern?

MÜLLER: Die spanische Inquisition war eine staatliche Einrichtung und arbeitete im Interesse des Staates, auch wenn sie von Geistlichen getragen wurde. Sie hatte die Aufgabe, die Interessen des konfessionell einheitlichen Staates zu verfolgen. Was in den deutschen Fürsten-Staaten unter dem Prinzip des »Cuius regio, eius religio« in den jeweiligen Ländern galt, wurde auch im Einheitsstaat Spanien angewandt: Wer das Land regierte, konnte auch die Religion bestimmen. Bis weit nach dem Westfälischen Frieden von 1648 galt dieser Grundsatz in Europa. Im Vereinigten Königreich von Großbritannien und Nordirland gilt immer noch die Regelung, daß kein Katholik zum König gekrönt werden darf. Zwar wird die Inquisition – gemalt in den grellen Farben der »Schwarzen Legende« – nur mit Spanien verbunden, doch wurden auch in anderen Ländern ähnliche Behörden eingerichtet, die auf der Grundlage verwerflicher Rechtsordnungen geurteilt haben. Ich erinnere an die »penal laws« in England, mit denen gegen die Katholiken vorgegangen wurde und die die Todesstrafe für die Feier der Heiligen Messe vorsahen. Sie wurde ungefähr dreihundertmal ausgeurteilt.

Die römische Inquisition wurde 1542 gegründet, um dem Vordringen des Protestantismus in Italien Einhalt zu gebieten. Erst später wurde ihre Aufgabe mit dem Lehramt des Papstes verbunden und auf die ganze Kirche ausgedehnt. Dadurch ist es den italienischen Staaten erspart geblieben, wie die deutschen Länder konfessionell aufgespalten zu werden.

Historische Prozesse müssen wir immer aus der Zeit heraus – *ex tunc* – beurteilen, nicht auf der Grundlage unseres jetzigen Wissenstandes. Allerdings hat die Geschichte gezeigt, daß der jeweils gegenwärtige Wissenstand nicht immer besser ist als der in der Vergangenheit herrschende. Wir können dies im Bereich der Naturrechte beobachten. Sie sollen durch die Mehrheitsmeinung überwunden werden, wobei sich hierbei die Auffassung zeigt, daß der Staat die bessere Sittlichkeit vertreten könne. Allerdings kann der Staat gar nicht die oberste irdische Autorität darstellen, schließlich wird dem Menschen das Prinzip der Sittlichkeit unmittelbar im Gewissen vor Gott und den Menschen gegeben.

Rilinger: Wie ist die Glaubenskongregation aufgebaut?

Müller: Die Glaubenskongregation besteht aus den vom Papst benannten Mitgliedern, die sich aus dem Kreis der Kardinäle und Bischöfe zusammensetzen. An ihrer Spitze steht der Präfekt, der als Primus inter pares seine Aufgaben wahrnimmt. Er leitet die Sitzungen, sammelt die Ergebnisse und trägt sie dann auch dem Papst vor. Die Kongregation tagt alle vier Wochen. In der Zwischenzeit führt der Präfekt mit dem Sekretär, dem Untersekretär und den Arbeitsabteilungen die laufenden Geschäfte. Die Kongregation ist in drei Abteilungen organisiert. Eine ist für Glaubensfragen zuständig, eine andere für Disziplinarverfahren, die auch die Mißbrauchsfälle betreffen. In der dritten Abteilung werden Fragen des kanonischen Eherechts bearbeitet. Da die Kirche eine Weltkirche ist, wird diese Vielgestaltigkeit auch in der Zusammensetzung der Mitarbeiter abgebildet.

Rilinger: Können wir deshalb davon ausgehen, daß die kirchliche Lehre in der Glaubenskongregation formuliert wird?

Müller: Die Lehre der Kirche ist die Widerspiegelung des Wortes Gottes im Glaubensbekenntnis der Kirche und findet ihre Begründung in der Heiligen Schrift. Darüber hinaus fußt die Lehre auf der apostolischen Tradition, den Ergebnissen der Konzilien, den Erkenntnissen der Kirchenväter und der dogmatischen Lehrentwicklung. Auch wenn die Glaubenskongregation die Lehre nicht festlegen kann – sie ist der Garant dafür, daß die Lehre mit dem Wort Gottes übereinstimmt. Zwar ist die Lehre statisch, doch die Auslegung des Wortes Gottes ist dynamisch. Und aus dieser Dynamik ergeben sich die Fragen, die die Glaubenskongregation zu beantworten hat. Die Kongregation legt dem Papst die Ergebnisse der theologischen und philosophischen Diskussionen vor, so daß dann der jeweilige Papst als letzte Instanz die Auslegung der Lehre verkünden kann. Dadurch soll die Einheit des Episkopates gewährt werden.

Rilinger: Sie haben ausgeführt, daß die Glaubenskongregation auch die Aufgabe hat, Mißbrauchsfälle aufzuklären und die Täter einer Verurteilung zuzuführen. Werden nur kirchenrechtliche Konsequenzen gezogen, oder werden die Täter auch den staatlichen Strafverfolgungsbehörden zugeführt?

MÜLLER: Geistliche unterliegen wie alle anderen Staatsbürger auch der staatlichen Justiz. Wenn ein Geistlicher gegen eine staatliche Strafnorm verstoßen hat, muß er sich auch vor der staatlichen Justiz verantworten. Die Kirche ist als eine Glaubensgemeinschaft mit einer korporativen Verfassung zu verstehen. Grundlage dieser Verfassung ist auch die kirchliche Sittenlehre in Form des Dekalogs, die von Gott geoffenbart worden ist. Sollte ein Geistlicher gegen diese Sittenlehre verstoßen, wird er sich auch vor kirchlichen Gerichten verantworten müssen.

Das kanonische Strafrecht ist schärfer gefaßt als das staatliche, so daß nach dem kirchlichen Strafrecht strafbar sein könnte, was nach dem staatlichen Recht noch erlaubt ist. Danach gilt, daß – um ein Beispiel zu nehmen – nach staatlichem Recht sexueller Mißbrauch von Personen unter sechzehn Jahren als strafbar angesehen wird, im kirchlichen Recht hingegen ist die Altersgrenze auf achtzehn Jahre festgelegt worden. Zuständig für die Verfolgung dieser Straftaten ist der jeweilige Ortsbischof, schließlich fungiert der Bischof als Dienstgeber der Geistlichen. Der Glaubenskongregation obliegt dann subsidiär die Aufgabe, zu überprüfen, ob die Verfahren nach geltendem Recht durchgeführt worden sind. Danach schlägt die Kongregation dem Bischof vor, welche Strafe ausgesprochen werden sollte. Unter bestimmten Umständen wird auch das Strafmaß vorgeschrieben.

RILINGER: Falls die Straftaten von Mißbrauchstätern nicht den staatlichen Behörden gemeldet werden, liegt dann auch eine Straftat von denjenigen vor, die die Meldung unterlassen haben?

MÜLLER: Es besteht, wie für jeden Staatsbürger, auch für kirchliche Behörden die sittliche Pflicht, bekannt gewordene

Straftaten der jeweiligen Staatsanwaltschaft oder Polizei zu melden. Diese Verpflichtung ist aber erst vor einiger Zeit rechtlich näher geregelt worden. Die Deutsche Bischofskonferenz hat die sogenannte MHG-Studie in Auftrag gegeben, um die Mißbrauchsfälle in ihrem Bereich während der letzten siebzig Jahre zu erfassen. Dabei wurde festgestellt, daß 1370 Priester, Diakone oder männliche Angehörige von Orden möglicherweise Mißbrauchstäter sind. Allerdings wurde nicht allen Personen der Mißbrauch rechtskräftig nachgewiesen. Die Anzahl der Täter aus der Geistlichkeit muß aber ins Verhältnis zu den Tätern insgesamt gesetzt werden. Allein in den letzten Jahren gab es in Deutschland jeweils rund 16 000 Strafprozesse wegen sexuellen Mißbrauchs von Jugendlichen, was – auf siebzig Jahre hochgerechnet – eine Anzahl erschreckenden Ausmaßes ergibt. Der Anteil von Geistlichen als Täter verbleibt dabei im Promillebereich.

Allerdings hilft den Opfern kein Verweis auf Statistiken. Es ist jedoch legitim, eine Vorstellung vom Ausmaß dieser schrecklichen Verbrechen im gesamtgesellschaftlichen Rahmen zu vermitteln. Es ist falsch, von systemischem Mißbrauch im Bereich der Geistlichkeit zu sprechen und dies aus ideologischen Vorurteilen mit dem Zölibat zu begründen oder auch mit den kirchlichen Strukturen. Denn diese Behauptungen sind nicht begründbar, wenn wir uns die Häufigkeit der Verbrechen innerhalb einer Gesellschaft vor Augen führen und den prozentual geringen Anteil von Geistlichen daran zur Kenntnis nehmen. Auch in den evangelischen Kirchen, im jüdischen und muslimischen Bereich treten Fälle von Mißbrauch auf – überall dort, wo Erwachsene mit Kindern und Jugendlichen zusammenkommen. Verschwiegen werden soll auch nicht, daß über neunzig Prozent der Fälle von sexuellem Mißbrauch in den Familien auftreten. Trotzdem können wir nicht den Umkehrschluß ziehen, daß in den meisten Familien solche Verbrechen begangen oder Ehe und Familie ein systemisches Versagen darstellen würden.

RILINGER: Momentan dienen rund 12 500 Priester der römisch-katholischen Kirche in Deutschland, wobei noch Diakone und männliche Ordensangehörige hinzugezählt werden müßten. Im Durchschnitt der letzten siebzig Jahre wurden 22 Priester, Diakone oder männliche Ordensangehörige straffällig. Auch wenn jede Tat fürchterlich ist – rechtfertigt das Mißbrauchsproblem den vollständigen Wandel der kirchlichen Strukturen durch den sogenannten Synodalen Weg?

MÜLLER: Dem Gedanken, der zur Durchführung des sogenannten Synodalen Weges führte, liegt der Versuch zugrunde, die Sexualdelikte der Geistlichen aufzuarbeiten und zukünftigen Taten vorzubeugen. Allerdings wird diese Begründung nur vorgeschoben. Die Fragen, die erörtert werden, stehen in keinem Zusammenhang mit der Prävention gegen Sexualdelikte. Präventivmaßnahmen sind erfahrungsgemäß geeignet, Straftaten zwar nicht vollständig zu verhindern, aber diese zumindest einzuschränken. Letztlich ist der Täter selbst verantwortlich, wenn auch die individuellen und sozial bedingten Faktoren seiner Persönlichkeitsentwicklung zu berücksichtigen sind. Wir dürfen auch nicht vergessen, daß es keine vollkommene Gerechtigkeit auf Erden geben kann, weil allein Gott Einblick in die Herzen und Gedanken der Menschen hat. Aber wir alle erhoffen vom Jüngsten Gericht die Wiederherstellung der vollen Gerechtigkeit für jeden Menschen.

Rilinger: *Auffällig ist, daß nach den Statistiken über den sexuellen Mißbrauch durch Geistliche gerade männliche Personen mißbraucht werden. Ist dies ein Problem der Kirche oder doch eher eines von Männern an sich?*

Müller: In der Tat: auffällig ist, daß mehrheitlich junge Männer mißbraucht werden. Allerdings nicht Kleinkinder, sondern laut Kriminalstatistik zwölf- bis achtzehnjährige heranwachsende männliche Personen. Insofern liegt der Verdacht schon nahe, daß der Mißbrauch auch einen homosexuellen Hintergrund haben dürfte. Doch verbietet sich Umkehrschluß, daß homosexuell empfindende Männer generell für Kindesmißbrauch verantwortlich seien. Ebenso ist es eine ideologisch bedingte Unterstellung, die Erwähnung der genannten Tatsache als homophobes Vorurteil empört zu verwerfen. Allerdings wird dieses Problem kaum thematisiert. Offensichtlich soll hierüber nicht diskutiert werden, um zu vermeiden, daß Homosexualität mit dem Mißbrauch assoziiert wird.

Rilinger: *Lassen Sie uns auch noch über die Aufgaben des Präfekten der Glaubenskongregation sprechen. Wie ist das Verhältnis zwischen dem Papst und dem Präfekten einer Kongregation ausgestaltet?*

Müller: Der jeweilige Präfekt ist zwar für den Papst tätig, doch erfolgt die Zusammenarbeit nicht auf Grund eines Arbeitsvertrages, denn als Bischof ist er mit dem Papst im Episkopat und brüderlich verbunden. Das Verhältnis kann als ein kollegiales bezeichnet werden, so daß der Präfekt nicht als ein Angestellter des Papstes oder der Kirche angesehen werden kann. Die Aufgabe des Präfekten liegt darin, die Arbeit des Papstes zu unterstützen, damit das Pontifikat als ein gelungenes in die Geschichte eingeht.

Rilinger: Die Präfekten werden für einen Zeitraum von fünf Jahren bestellt. Diese zeitliche Befristung verlängert sich aber üblicherweise um weitere fünf Jahre. In Ihrem Fall hat Papst Franziskus die erste Amtsperiode ausdrücklich nicht um eine zweite verlängert. Können Sie schildern, wie der Papst Ihnen gegenüber begründet hat, daß die Amtszeit nicht verlängert wurde?

Müller: Nach einer der üblichen Arbeitssitzungen, die am letzten Tag der fünfjährigen Berufung stattfand, hat Papst Franziskus mir gegenüber geäußert, daß ich ab morgen nicht mehr sein Präfekt der Glaubenskongregation sein werde. Allerdings hat er sich dann noch gewünscht, daß ich nicht vergessen solle, für ihn zu beten.

Rilinger: Papst Franziskus hat Ihnen also ein paar Stunden vor Fristablauf mitgeteilt, daß Ihre Berufung zum Präfekten der Glaubenskongregation endet. Ist es im Vatikan üblich, daß einem Präfekten wenige Stunden vor Fristablauf eröffnet wird, daß die Frist nicht verlängert wird?

Müller: Diese Frage muß ich verneinen. Es war das erste Mal in der Geschichte der Glaubenskongregation, daß die Amtszeit eines Präfekten nach nur fünf Jahren endete. Es ist allgemein üblich, daß die Begrenzung der Bestellung nur eine Formalie ist, so daß sich regelmäßig die Frist bis zum 75. Lebensjahr verlängert. Grundsätzlich könnte selbst dann noch die Amtszeit verlängert werden. Der Präfekt der Glaubenskongregation ist der erste theologische Berater des jeweiligen Papstes. Die Zusammenarbeit zwischen Papst Johannes Paul II. und Kardinal Ratzinger gilt in der Geschichte dieser Kongregation als vorbildhaft.

Rilinger: Papst Benedikt XVI. hat Sie als Präfekten berufen. Wie war Ihre Zusammenarbeit mit diesem Papst?

Müller: Die Zusammenarbeit hat nur ungefähr ein halbes Jahr gedauert. Sie war ungewöhnlich gut, und wir haben theologisch volles Einverständnis erzielen können. Wir beide haben im Verständnis des Petrusamtes gleiche Vorstellungen. Das hat natürlich dazu geführt, daß unsere Zusammenarbeit von großer Harmonie geprägt war. Kardinal Ratzinger hat als Präfekt der Glaubenskongregation Papst Johannes Paul II. wöchentlich getroffen. Diese Übung haben Papst Benedikt XVI. und ich aufgegriffen und uns ebenfalls wöchentlich besprochen. Zum Schluß seines Pontifikates sind allerdings diese Treffen zuweilen ausgefallen. Ich gehe davon aus, daß er sich dann schon mit seinem Amtsverzicht, den viele Gläubige, aber auch viele andere Personen bedauert haben, beschäftigt hat.

Rilinger: Nach dem Rücktritt von Papst Benedikt XVI. hat der Nachfolger, Papst Franziskus, Sie wiederum als Präfekten der Glaubenskongregation eingesetzt. Wie haben Sie das Verhältnis zu dem neuen Papst empfunden? Da Sie in Ihrer Funktion als Präfekt die Aufgabe hatten, als wichtigster theologische Berater dem Papst zur Seite zu stehen, lassen Sie uns doch wissen, wie das Verhältnis zwischen Ihnen und Franziskus ausgestaltet war.

Müller: Nach dem Tod eines Papstes oder nach dessen Rücktritt erlöschen für die Präfekten der Kongregationen alle Funktionen. Da mich aber Franziskus wiederum als Präfekten einsetzte, zeigte er, daß er mit meiner Arbeit zufrieden war. Deshalb war unser Verhältnis anfänglich auch sehr gut, was offensichtlich auch Franziskus so empfunden hat.

Die Muttersprache von Franziskus ist Spanisch. Da ich als Professor fünfzehn Jahre lang in den Semesterferien immer nach Peru gefahren bin, habe ich die spanische Sprache gelernt. Dort habe ich mich für die Rehabilitation des Befreiungstheologen Gustavo Gutiérrez eingesetzt, auch ist es uns gelungen, der Katholischen Universität in Lima, der der Titel »Katholisch« abgesprochen worden war, diesen wieder zu verschaffen. Auch durch meine Kenntnisse der spanischen Sprache habe ich mich mit Franziskus gut verstanden.

Doch dann traten theologische Differenzen über die Unauflöslichkeit der Ehe auf. Ich habe gespürt, und Franziskus hat es mir gegenüber auch offen bekundet, daß viele dem Papst nahestehende Personen gegen mich intrigiert und begonnen haben, für mich Abträgliches Franziskus gegenüber vorzutragen. Um nur ein Beispiel zu nennen: Für eine französische Zeitschrift wurde ich mit einem ironischen Unterton gefragt, ob Franziskus so intellektuell wie Benedikt XVI. sei. Ich habe geantwortet, und dies kann auch nachgelesen werden, daß nicht jeder Papst ein Theologe von Weltrang sein könne, wie es Benedikt XVI. sei. Papst Franziskus habe andere Schwerpunkte in seinem Pontifikat gesetzt. Aus dieser Aussage hat ein Hofvatikanist geschlossen – allerdings ohne den veröffentlichten Text zu kennen –, ich hätte gesagt, daß Franziskus kein Theologe sei. Papst Franziskus hat freilich wiederholt selbst von sich bekundet, kein herausragender Theologe zu sein. Natürlich hat er Theologie studiert, doch er ist weit davon entfernt, sich selbst mit den großen Theologen der Kirche wie Augustinus, Thomas, Albertus Magnus, Bonaventura und Johannes Duns Scotus, Newman oder Rahner, Congar, von Balthasar, Ratzinger etc. zu vergleichen.

RILINGER: *Hat sich Franziskus durch eine Promotion wissenschaftlich ausgezeichnet?*

Müller: Zwar ist Franziskus nicht promoviert, doch einige Päpste waren in den letzten Jahrhunderten ebenfalls nicht promoviert. Allerdings war es nach kanonischem Recht für einen Bischof unerläßlich, promoviert zu sein, um das Bischofsamt auch ordnungsgemäß ausüben zu können. Thomas von Aquin hat gefordert, daß ein Bischof nicht nur rechtgläubig sein müsse, er müsse darüber hinaus auch in der Lage sein, den Glauben auf einem intellektuell hohen Niveau zu erklären. Hieraus folgt, daß er in der Theologie und Philosophie, die dem Glauben zugrunde liegen, zu Hause sein muß.

Rilinger: Im Gegensatz zur orthodoxen Kirche ist die römische Kirche nicht autokephal aufgebaut. Wir haben die Ortskirchen, die in Kirchenprovinzen zusammengefaßt sind, also gleichsam Regionalkirchen bilden, und die Weltkirche. Besteht die Möglichkeit, daß die Weltkirche den Ortskirchen Macht abgibt, damit diese gestärkt werden?

Müller: Jesus Christus hat die Kirche als Weltkirche gestiftet, die »in und aus den Ortskirchen« (*Lumen gentium*, 23) besteht. Zwar sind einige (östliche) Ortskirchen zu Regionalkirchen (Patriarchaten) zusammengefaßt, doch handelt es sich lediglich um Verwaltungszusammenschlüsse und kulturelle Einheiten, nicht um eine Zwischenstufe zwischen Universalkirche und Ortskirche. Der Papst und die Bischöfe tragen die Verantwortung für die Universalkirche. Der Papst kann die ihm auf Grund göttlichen Rechts übertragene Autorität nicht delegieren. Er kann sich mit Hilfe der Kurie beraten lassen, um seine Aufgaben wahrzunehmen. Diese Autoritätsverteilung basiert auf göttlichem Recht und kann deshalb nicht außer Kraft gesetzt werden. Die Autorität des Papstes kann somit nicht auf die Bischöfe übertragen werden, wie es momentan in Deutschland im Rahmen des sogenannten

Synodalen Weges diskutiert wird. Den Bischöfen sind kraft kirchlichen Rechtes Aufgaben zugewiesen worden, die aber nicht beliebig erweitert werden können. Das göttliche Recht hat die Aufgabengebiete des Papstes und der Bischöfe festgelegt.

Der »Synodale Weg«, der kirchenrechtlich nicht legitimiert ist, versucht, das von Jesus Christus vorgegebene göttliche Recht außer Kraft zu setzen, um eine andere Kirche zu etablieren – eine Kirche, die sich modern gibt und den Mainstream, der gerade herrscht, zur eigentlichen Grundlage ihrer eigenen Vorstellungen von Kirche erhebt. Diese Vorstellung spiegelt aber exakt das Gegenteil von Kirche wider und ist deshalb nicht mit den theologischen Grundlagen der Kirche vereinbar. Maßgebend ist dagegen die Dogmatische Konstitution über die Kirche, *Lumen gentium,* die von der höchsten Autorität eines ökumenischen Konzils, nämlich des Zweiten Vatikanums, getragen wird.

Allerdings werden die Stimmen, die auf diesen Widerspruch mit dem göttlichen Recht hinweisen, totgeschwiegen, und die Vertreter dieser Meinung werden persönlich attakkiert und diffamiert. Bischöfe, die den »Synodalen Weg« als Holzweg verurteilen, als einen Weg, der in der Deformation der Kirche enden werde, werden mit Drohbriefen eingedeckt, und es werden öffentliche Aktionen gegen sie organisiert. In der Zeit von Zollitsch, Marx und Bätzing als Präsidenten der Deutschen Bischofskonferenz sind seit 2008 rund 2,7 Millionen Katholiken formell aus der Kirche ausgetreten. Darüber hinaus hat sich die Zahl der Sonntagsmeßbesucher von fünfundzwanzig auf fünf Prozent der deutschen Katholiken reduziert, und die Priesterseminare haben sich – wegen einer verfehlten Berufungspastoral – drastisch geleert. Obwohl in der Apostelgeschichte darauf hingewiesen wird, daß die Gemeinschaft der Gläubigen eines Herzens und einer Seele sein soll (Apg 4,32), wird die Kirche durch die innerkirchlichen Machtkämpfe und glaubensfeindliche Ideologien gespalten.

Bischöfe meinen, über die Autorität zu verfügen, um eine neue Kirche zu gründen, doch sie verlieren diese in dem Moment, in dem sie sich gegen göttliches Recht wenden. Einem häretischen oder schismatischen Bischof braucht kein gläubiger Katholik zu folgen. Ja, wir sind aufgefordert, Widerstand zu leisten, um die wahre Kirche zu verteidigen.

RILINGER: Der sogenannte Synodale Weg scheint eine Forderung des Konzils von Trient aufzugreifen. Dieses Konzil hat beschlossen, daß die Synodalität der Kirche gestärkt werden solle. Wir haben die Prinzipien der Autokephalie und der Synodalität in den Ostkirchen, wir haben aber auch das Prinzip des Primates des Papstes. Wie sehen Sie unter Berücksichtigung dieser Prinzipien die Zukunft der römischen Kirche?

MÜLLER: Die katholische Kirche basiert auf dem Prinzip des Primates des Papstes und der Kollegialität der Bischöfe. Neuerdings wird jetzt auch – zumindest in Deutschland – von einer Synodalität gesprochen. Selbstverständlich werden in der Kirche Synoden abgehalten, was mit einem lateinischen Begriff als »Konzil« bezeichnet wird. Allerdings folgt hieraus nicht, daß die tradierten Prinzipien durch eine Synodalität abgelöst worden wären. In den evangelischen Kirchen hat man nach dem Zusammenbruch der Monarchie am Ende des Ersten Weltkrieges nach einer neuen Kirchenverfassung gesucht, um den vakanten Platz der Landesherren aufzufüllen, wobei man sich für »Synoden« als Leitungsorgane entschieden hat. Freilich haben diese Synoden nichts mit den katholischen Synoden gemein. Während im Bereich der evangelischen Kirchen und kirchlichen Gemeinschaften gewählte Vertreter aus dem Kreis der Gläubigen, also Laien ebenso wie Geistliche, entscheiden, beschränken sich katholische Synoden auf eine Zusammenkunft von Klerikern, die im Rahmen eines Plenar- oder Regionalkonzils theologische Fragen erörtern. Es geht immer, wie bei den Konzilen und Synoden der Kirche in der Zeit der Kirchenväter, um die treue Darlegung des apostolischen Glaubens und um die Wahrung des sakramentalen Lebens in der Communio der Universalkirche.

Die Anpassung an den Mainstream kann der Kirche keine Zukunft eröffnen. Dieser Prozeß wird zwar »Liberalisierung« genannt, doch verbirgt sich hinter diesem Modewort die Relativierung des Glaubens und der Offenbarung. Hierauf hat Kardinal John Henry Newman (1801 – 1890) eindrücklich hingewiesen. Liberal bedeutet hier im modernistischen Sinn, den von Gott geoffenbarten Glauben an die Forderungen der Gläubigen anzupassen und sich damit die Auffassungen der rein naturalistisch-immanenten Weltsicht nach dem »Tod Gottes« (Nietzsche) zu eigen zu machen.

Die Folge dieser Liberalisierung ist, daß immer mehr Personen aus der Kirche austreten, da sich durch die Anpassung an den Zeitgeist und dessen Definition des Menschen als »Menschen ohne Gott« die Einzigartigkeit der Kirche auflöst. Die Gläubigen suchen in der Kirche mehr als das, was ihnen an Gemeinplätzen und Banalitäten durch die Politiker und Medienschaffenden geboten wird. Wird dann, um die Gläubigen am Austritt zu hindern, noch mehr Liberalisierung durchgeführt, liefert man diesen Personen nur noch mehr Gründe, daß sie der Kirche Christi den Rücken kehren.

RILINGER: Die Idee, die hinter der Beschreitung des »Synodalen Weges« stehen soll, ist darauf gerichtet, die Einheit der Universalkirche herbeizuführen. Allerdings zeigt sich immer mehr, daß die Forderungen, die dabei erhoben werden, gerade das Gegenteil hervorgerufen haben. Es haben sich Fraktionen gebildet, die einander scheinbar unversöhnlich gegenüberstehen und somit der Vorstellung von Einheit der Kirche widersprechen. Besteht deshalb die Gefahr, daß die Einheit der Universalkirche bedroht ist?

MÜLLER: Fraktionsbildungen sind immer gegen die Einheit der Kirche gerichtet, die trinitarisch in der Einheit des Sohnes mit dem Vater im Heiligen Geist gründet (Joh 17,21). Hierauf hat schon Paulus im ersten Brief an die Korinther hingewiesen. Allerdings kann ein Papst nicht der Vorsitzende einer Fraktion sein – er ist immer der Vorsitzende der Einheit in Christus. Deshalb sind Fraktionsbildungen gegen die Kirche an sich gerichtet. Der Tod Jesu Christi trennt uns nicht, sondern vereinigt uns im Glauben an ihn. Der Glaube wird uns durch den Heiligen Geist als Gabe von oben zuteil. Die Ideologie hingegen, die gegen den Glauben gerichtete Sichtweise, ist das menschliche Produkt, das von fehlbaren menschlichen Vorstellungen gespeist wird.

Auch wenn Papst Franziskus meint, daß er ein Schisma in der Kirche nicht fürchte – worin ihm Kardinal Kasper beipflichtete, um doch jüngst aus Sorge um die Kirche in Deutschland kräftig zurückzurudern –, bin ich davon nicht beruhigt. Ich sehe eine Gefahr. Franziskus wird in seiner Auffassung von ihm nahestehenden Personen gestärkt, die in den bewahrenden und der Lehre verpflichteten Theologen eher Gegner sieht, die ihn angreifen wollen.

Es ist eine herausragende Aufgabe der Bischöfe, diesen Befürchtungen entgegenzutreten und immer wieder zu versuchen, die Wogen zu glätten und die widerstreitenden Vorstellungen zusammenzubringen. Denn nur in der Einheit des dreifaltigen Gottes kann der Kirche Zukunft geschenkt werden – nur wenn sie, wie in den vergangenen Jahrhunderten, die Einheit als konstitutives Element ansieht. Nur aus dieser Einheit heraus hat die Kirche die Kraft, in der Welt zu wirken, so wie es ihr in den vielen Jahrhunderten zuvor möglich war.

Rilinger: Welche Möglichkeiten haben wir, um die Gläubigen zur Umkehr zu bewegen, damit sie sich wieder der Kirche anschließen?

Müller: Ich sehe eine entscheidende Möglichkeit darin, daß wir alle unseren Glauben überzeugt vorleben. In der Familie muß die christliche Tradition als Leben aus dem Glauben und nicht bloß aus einem leer gewordenen Brauchtum bewahrt werden. Auffällig ist, daß viele Eltern nicht mehr in der Lage sind, christliche Fragen mit ihren Kindern zu erörtern. Auch in den Predigten und in den Vortragsveranstaltungen müssen wir immer wieder über den Sinn des Christentums, über die verschiedenen Sakramente sprechen und den Zuhörern plausible Antworten geben. Das göttliche Moment der Kirche muß wieder und wieder thematisiert werden, um den Zweiflern aufzuzeigen, daß die Kirche keine politische Veranstaltung ist, in der das Mehrheitsprinzip herrscht, sondern das Zeichen und Werkzeug der innigsten Vereinigung mit Gott.

Die Nähe zu den suchenden und zweifelnden Gläubigen ist ja gegeben. Wir haben ständig Umgang mit ihnen. Dann können wir auch mit ihnen reden. Wenn wir jemand überzeugen können, wird auch er wiederum andere überzeugen. Das ist sozusagen das Prinzip der Mission. Wir wissen ja aus der Schrift, daß Paulus einmal auf dem Areopag für Christus warb (Apg 17), allerdings mit sehr mäßigem Erfolg. Doch diese wenigen Personen nahmen die Botschaft von Paulus auf und konnten dann wiederum andere überzeugen, sich zu Christus zu bekennen.

Ich habe noch das muslimische Ehepaar vor Augen, das aus den Flüchtlingslagern in meine Diözese nach Regensburg gekommen ist. Dort wurde für sie »einfach um unserer selbst willen gesorgt«, wie sie mir wiederholt berichtet haben. Dort haben sie gespürt, was das Christsein ausmacht, ja, dort haben sie erstmalig erfahren, was das Christentum unter Nächstenliebe versteht. Mit Propaganda können wir niemanden bewegen, sich uns anzuschließen. Wir müssen das Christentum vorleben, wir müssen auf die Menschen aus christlichen Beweggründen zugehen und ihnen wiederum aus der christlichen Nächstenliebe entgegentreten. Dann können sie erkennen, was das Eigentliche der Lehre Jesu Christi ausmacht, dann können sie für Seine Kirche gewonnen werden. Wenn wir ihnen das christliche Moment vorleben, werden sie in die Lage versetzt, den Heilsplan Gottes zu erkennen, und dann haben wir den Auftrag erfüllt, den uns Jesus Christus aufgegeben hat: Seinen ihm vom Vater erteilten Missionsauftrag fortzuführen, um immer mehr Personen den Weg zu Gott zu erschließen.

RILINGER: *Im März 2022 hat Papst Franziskus die neue Verfassung des Vatikans unter dem Titel »Praedicate Evangelium« vorgestellt. Damit wurde die Organisation der bisherigen Kongregationen, Räte und Dikasterien in eine einheitliche Organisationform aus Dikasterien umgewandelt. Grundsätzlich soll gelten, daß alle Dikasterien als gleichrangig anzusehen sind. Zwar soll auch das Dikasterium der Evangelisierung gleichrangig mit den anderen angesehen werden, doch ist seine Stellung gleichwohl herausgehoben, da der Papst selbst die Leitung übernimmt, um die überragende Bedeutung dieses Dikasteriums zu dokumentieren. Damit soll auch zum Ausdruck gebracht werden, daß die entscheidende Grundlage der Kirche nicht mehr die Lehre sein soll, sondern die Evangelisierung. Können Sie diesen Paradigmenwechsel nachvollziehen?*

MÜLLER: Dem Ganzen fehlt die einheitliche Grundidee, aus der sich die einzelnen Elemente organisch zusammenfügen. Viele Köche verderben den Brei. Die Neunergruppe von Kardinälen, die dieses Dokument erarbeiten sollte, war zu heterogen zusammengesetzt. Auch fehlten wirklich kompetente Vertreter der dogmatischen Theologie, die den Sinn des Kardinalskollegiums als eines Mediums der Repräsentation der römischen Kirche und denjenigen der Kurie als eines kirchlichen Organs aus der Ekklesiologie von *Lumen gentium* hätten erarbeiten können. Völlig daneben ist die Idee, die Kurie sei ein Modell für die Diözesen oder gar die Weltkirche. Die Kardinäle der römischen Kurien mit ihren Mitarbeitern sind nur dazu da, den Papst in seinem besonderen Dienst für die Einheit der Kirche im Glauben und der Gemeinschaft der Bischöfe und aller Gläubigen zu unterstützen. Man redet viel von Synodalität und hüllt dies in eine biblisch-spirituelle Sprache von Dienen, Zusammengehen etc. ein. Was aber herausgekommen ist, ist eine Kurie, die ganz zugeschnitten ist auf die Person des Papstes und dessen persönliche Vorstellungen auch zu nicht glaubensrelevanten Themen, so daß die Wahl des nächsten Papstes mehr von den Zwängen dieser Kurienneuordnung als von dem Willen Jesu zum Petrusdienst bestimmt werden wird. Doch die Kardinäle müssen einen Papst nicht mit im Hinblick auf die Frage wählen, ob er gut in das neue Kuriensystem hineinpaßt, sondern einzig nach dem Kriterium, wer vom Heiligen Geist bestimmt und befähigt ist, der universale Hirte der Kirche, der Stellvertreter Christi und der Nachfolger des hl. Petrus zu sein (*Lumen gentium,* 18 u. 23).

Rilinger: *In dem Prinzip der Öffnung der Kirche der Welt gegenüber könnte auch die Verweltlichung der Kirche gesehen werden. Damit könnte durch diesen Prozeß die von Gott gewollte Entweltlichung der Kirche in den Hintergrund gedrängt werden. Teilen Sie diese Befürchtung?*

Müller: Hier gibt es viele Phrasen, die durch Wiederholung auch nicht wahrer werden. Die endlose Verwendung von Allgemeinplätzen und Stereotypen, die der Einäugige mit Verve vor den Blinden auszubreiten pflegt, verrät nur den Mangel an einer tiefgründigen Kenntnis der Problematik. Bekanntlich ist die Verwendung des Begriffs »Welt« in der Heiligen Schrift vielfältig. Die Welt ist von Gott gut geschaffen worden, und aus Liebe zu uns hat der Vater seinen Sohn dahingegeben, damit wir durch den Glauben an ihn das ewige, d.h. göttliche Leben haben. Die Welt ist auf Grund der Sünde des Menschen und der Verführung des Bösen auch der Inbegriff des Unheils in einer von Gott entfremdeten Lebenswirklichkeit. Seit der Aufklärung gibt es auch das Narrativ von der theozentrischen Gedankenwelt des mittelalterlichen Menschen, die nun abgelöst wird von der Zuwendung zur realen, materiellen Welt des Diesseits. Der fatalen Logik dieses Diesseits-Jenseits-Schemas kann die Kirche aber nicht entkommen, indem sie sich umdefiniert als Hilfsorganisation zur Verbesserung der diesseitigen Lebensverhältnisse oder indem sie das falsche Bild vom Christentum als Jenseitsreligion starrsinnig verteidigt. Statt dessen müssen wir die originale christliche Sicht des Menschen in seiner Gottorientierung und Weltverantwortung jenseits dieser Diesseits-Jenseits-Dialektik und des idealistisch-materialistischen Dualismus aufzeigen, wie wir es in der Pastoralkonstitution *Gaudium et spes* des Zweiten Vatikanums nachvollziehen können. Denn auf Grund der Schöpfung der Welt durch Gott ist die Welt ein Spiegelbild der Gutheit Gottes. Der Mensch wird nicht durch Vergeistigung und Weltflucht erlöst, sondern dadurch, daß Gottes Sohn durch die Menschwerdung in diese Welt gekommen ist und als einer von uns unser Schicksal bis zum Tod geteilt hat. Wir erwarten auch nicht eine Erlösung vom Leib, sondern die Erlösung des Leibes in dessen endzeitlicher Auferstehung mit der Erschaffung eines Neuen Himmels und einer Neuen Erde.

Rilinger: Die Stellung der Laien in der Kirche soll durch die Reform gestärkt werden. Können Sie sich vorstellen, daß zukünftig auch Laien den verschiedenen Dikasterien, einschließlich des Dikasteriums für die Evangelisation, vorstehen, wobei für diese Behörde neben dem Papst nur Kovorsitzende in Frage kommen?

Müller: Wenn durch Taufe und Firmung ein Mensch in ein personales Verhältnis zu Gott kommt und Glied am Leib Christi, der Kirche, wird, kann niemand beanspruchen, die Rolle der Laien in der Kirche zu stärken oder aufzuwerten. Niemand ist Christ auf Grund der Gnade von Papst und Bischöfen, die irgendwelche kirchlichen Berufe und Ehrenstellungen zuweisen. Wenn es hauptamtliche Dienste von Laien in der Kirche gibt, dann auf Grund ihrer sakramentalen Kirchengliedschaft und konkret wegen ihrer Fachkompetenz, wie in der Pastoral, im Schuldient oder in der Caritas/Diakonie etc. Wer als Laie, ob Mann oder Frau, einen Posten im weltlichen Staat des Vatikans erhält, sollte das nicht mit dem fragwürdigen Programm der »Aufwertung der Laien« in der Kirche in Verbindung bringen. Es gibt aber Ämter in der Kurie, die ihrer Natur nach zwingend das Amt des Bischofs und Priesters voraussetzen. Wenn man die Kurie hingegen wesensfremd nur als ein weltliches Verwaltungsorgan ansieht, dann kann man in einer derart säkularisierten römischen Kirche natürlich mit der Berufung von Frauen in Leitungspositionen bei einem fachfremden Publikum nur punkten und sich des Sensationserfolges sicher sein.

RILINGER: *Geht durch die Möglichkeit, daß auch Laien Vorsitzende der Dikasterien werden können, die bisherige bischöfliche Kollegialität verloren, die oft genug eine Einigung ermöglichte?*

MÜLLER: Die Kardinäle bilden ein Kollegium, das die heilige römische Kirche in ihrem synodalen Mitwirken mit dem päpstlichen Primat repräsentiert. Dieses Gremium geht historisch aus der Versammlung der ranghöchsten römischen Kleriker, also der Kardinäle, hervor. Es hat also eine Basis im Weihesakrament. Nur ein verweltlichtes Denken findet es angemessen, die Kurie nach den Maßstäben moderner Verwaltungsorgane umzumodeln und sie ihrer ureigenen kirchlichen Rolle als Organ der römischen Kirche zu entfremden. Es ist bestürzend, wenn Bischöfe ihre mangelnde Kompetenz in der Theologie durch externe Berater aus Anwaltskanzleien, der Finanzwelt, den Politik- und Sozialwissenschaften etc. ausgleichen wollen, wo es um ihre eigene Kernkompetenz geht, nämlich um die göttliche Offenbarung, den Glauben und die sakramentale Heilsvermittlung.

RILINGER: *Bischofsernennungen sollen künftig unter Beteiligung der Laien erfolgen. Halten Sie diese Demokratisierung der Ernennung von leitenden Personen in der Kirche für vereinbar mit den Vorgaben der Schrift und der Lehre?*

MÜLLER: Schon bisher haben Laien bei der Suche nach geeigneten Kandidaten mitgewirkt, wenn die Nuntien sie gemäß ihrer Kompetenz befragt haben, ob sie jemand für würdig und fähig halten, das Bischofsamt auszuüben. Das Bischofsamt selbst wird aber durch Christus in der Heiligen Weihe mittels der sakramentalen Handauflegung und des konsekratorischen Gebetes seitens der weihenden Bischöfe – in Kommunion mit dem Episkopat und dem Papst an seiner Spitze – übertragen. Sollten aber Laien Mitglieder – nicht Mitarbeiter – einer Kardinalskongregation sein können, dann wäre das nur möglich nach einer Umfunktionierung der Kongregationen. Sie, die bisher Teilkonsistorium des Kardinalskollegiums waren, würden in eine profane Kommission zur Kandidatenfindung für profane Berufe umgewandelt werden müssen. Damit würde das Bischofsamt profanisiert, und der Bischof würde zum Leiter einer kirchlichen Behörde degradiert. Er wäre dann nicht mehr primär von Christus bestellt, die Gläubigen zu lehren, zu leiten und zu heiligen, wie es das Zweite Vatikanum festgelegt hat (*Lumen gentium,* 28), sondern er wäre nur noch Chef der Diözesanverwaltung. Er würde sich dann kaum mehr von einem staatlichen Minister oder dem Boß eines großen Wirtschafts- und Dienstleistungsunternehmens unterscheiden.

Ich bezweifle, daß die Akteure dieser »Kurienreform« sich über die Konsequenzen ihres recht verweltlichten Ansatzes klar sind. Denn sie reagieren mehr auf den Applaus der säkularisierten Mentalität, wo es nur um Macht und deren Verteilung geht statt um Dienst und Hingabe. Es ist aber der Mut gefragt, das Proprium der Kirche des dreifaltigen Gottes herauszustellen, die in Christus das Sakrament des Heils der Welt ist und sein soll. »So ist die Kirche, auch wenn sie zur Erfüllung ihrer Sendung menschlicher Mittel bedarf, nicht gegründet, um irdische Herrlichkeit zu suchen, sondern um Demut und Selbstverleugnung auch durch ihr Beispiel auszubreiten« (*Lumen gentium,* 8).[12]

Das Verhältnis der Weltkirche zur Ortskirche

Die römisch-katholische Kirche ist konzipiert als eine weltweite Glaubensgemeinschaft, die aus einer Vielzahl von Ortskirchen gebildet wird. Zusammengehalten wird die Kirche durch den Papst. Schon in der frühen Zeit der Kirche wurde die Stellung der römischen Kirche und damit ihres Bischofs, des Papstes, als »Vorsitz in der Liebe« bezeichnet. In dieser Liebe verbindet der Papst die Eucharistiefeiern in den einzelnen Ortskirchen zu einer Gemeinschaft der Kirchen und zur Gemeinschaft der Kirche. Durch den Vorsitz in der Liebe ziehe der Papst, wie es Benedikt XVI. formuliert hat, alle Gläubigen »in eine eucharistische Umarmung – in die Umarmung Christi« hinein, und aus den vielen Verschiedenheiten werde die Gemeinschaft gebildet. Durch diesen Vorsitz in der Liebe, der zugleich einer des Glaubens ist, soll vermieden werden, daß sich die Ortskirchen gegen die universale Kirche wenden. Allerdings müssen wir feststellen, daß ein solcher Zwist zwischen den deutschen Ortskirchen und dem Papst aufgetreten ist. Über einige Aspekte dieser Auseinandersetzung habe ich mit Kardinal Müller gesprochen, um die theologischen und philosophischen Hintergründe zu durchleuchten.

Lothar C. Rilinger: Die römisch-katholische Kirche kennt den organisatorischen Aufbau als Zentralkirche oder Universalkirche und einer Vielzahl von Ortskirchen. Vor diesem rechtlichen Hintergrund stellt sich die Frage, inwieweit die einzelnen Ortskirchen oder diejenigen einer Nation gegenüber der Weltkirche souverän auftreten können?

Gerhard Ludwig Kardinal Müller: Jesus Christus, der Sohn Gottes, hat nur eine Kirche gegründet und ihre Leitung den Aposteln sowie ihren Nachfolgern im Bischofsamt anvertraut. Die einzelnen Getauften sind als die vielen Glieder in dem einen Leib Christi zusammengefügt (Röm 12,5). Sie wachsen Christus, ihrem Haupt, entgegen. Und ER, das Haupt seines Leibes, wächst durch die Glieder in die Welt hinein (Eph 4,15). Zwischen Kirche und Welt besteht ein dynamisches Verhältnis, weil die Kirche in Christus das allumfassende Sakrament des Heils der Welt ist (*Lumen gentium*, 1 u. 48; *Gaudium et spes*, 45). Diese einzige Kirche Christi für die ganze Menschheit ist vor Ort gegenwärtig in der Versammlung oder Gemeinde aller Gläubigen in diesem Bezirk, ob Stadt oder Ortschaft. Sie wird von einem einzelnen Bischof geleitet, der von einem Kollegium von Presbytern, also von Priestern, und einer Anzahl von Diakonen umgeben ist. Bischof und Priester dienen als Hirten des Hauses und der Herde Gottes sowie als Lehrer des Evangeliums dem »Aufbau des Leibes Christi, bis wir alle gelangen zur Einheit im Glauben und der Erkenntnis des Sohnes Gottes« (Eph 4,13). Die Gesamtkirche existiert und lebt in den Ortskirchen, also ausschließlich in den Diözesen und keineswegs in nationalen Kirchen. Sie besteht in und aus den Ortskirchen, wie es das Zweite Vatikanum festgestellt hat (*Lumen gentium*, 23).

Die römisch-katholische Kirche, von der das Glaubensbekenntnis spricht, ist also weder die Summe einzelner Teile noch eine Zentralmacht, welche die nach Autonomie strebenden Teilelemente mit Klugheit oder Gewalt in Schach hält. Vielmehr ist die eine katholische und universale Kirche in der Kirche vor Ort, in der Ortskirche, mit dem ganzen Evangelium und allen notwendigen sakramentalen Gnadenmitteln vollkommen gegenwärtig. Denn sie ist der »Christus praesens«, der gegenwärtige Christus. Gerade in der Glaubenslehre der

Kirche und in ihrer liturgischen Gottesverehrung zum Heil der Menschen ist sie die eine und selbe Kirche. Der mir unbekannte Katholik N. N. irgendwo in einer Pfarrei in Bombay ist genauso mein Bruder in Christus, wie Frau Hildegard Maier in meiner eigenen Pfarrei meine Schwester in Christus ist. Denn wir sind alle Glieder des einen Leibes Christi. Um den ökumenischen Aspekt nicht zu vergessen: Durch die Taufe sind wir alle Glieder des einen Leibes Christi geworden und somit untereinander Brüder und Schwestern in Christus und seiner Gnade, auch wenn wir auf der Ebene der sichtbaren Kirche konfessionell getrennt sind und uns darum als Katholiken, Orthodoxe und Protestanten noch auf dem Weg zur vollen sichtbaren Einheit befinden.

RILINGER: Auch wenn die einzelnen Ortskirchen keine Souveränität für sich beanspruchen können, besteht gleichwohl die Möglichkeit für die Ortskirchen, zumindest in Teilbereichen sich als selbständig gegenüber der Weltkirche zu verstehen?

MÜLLER: Man muß hier zunächst die Terminologie klarstellen. Orts- oder Teilkirche ist im strengen theologischen Sinn und Sprachgebrauch nur die vom Bischof geleitete Kirche vor Ort, die Diözese oder das Bistum, das darüber hinaus in einzelne Pfarreien aufgeteilt ist. Es gibt auch geschichtlich gewachsene Diözesanverbände, die eine bestimmte Gestalt von Liturgie und kirchlicher Kultur hervorgebracht haben. Das sind vor allem die Patriarchate in den orthodoxen und den katholischen, mit Rom unierten Ostkirchen. In der westlich-lateinischen Kirche gibt es die Tradition von Partikularkonzilien als synodale Bischofsversammlungen. Erst nach dem Zweiten Vatikanum wurden die Bischofskonferenzen auf meist nationaler Ebene geschaffen. Diese basieren aber nur auf veränderlichem »kirchlichem Recht«, bilden also nicht ein wesentliches, d.h. unentbehrliches Verfassungselement »göttlichen Rechtes«. Sie ermöglichen die kollegiale und damit praktische sowie pastorale Zusammenarbeit der Bischöfe in einem Kulturraum oder in ihren Ländern und Staaten.

Ein Gegenüber oder gar Korrektiv zur Gesamtkirche, die vom Papst und den Bischöfen in Gemeinschaft mit diesem geleitet wird, sind sie nur in den Köpfen von präpotenten und besserwisserischen Ortsbischöfen, denen es um eitle Selbstdarstellung geht und nicht um den opferbereiten Dienst für die ihnen anvertrauten Gläubigen. Man kennt diesen Typ von Bischöfen aus Geschichte und Gegenwart; er setzt lieber die Wahrheit des Evangeliums und die Einheit der Kirche aufs Spiel, als seinem Weiheversprechen treu zu bleiben. Doch die Bischöfe haben bei der Weihe versprochen, die apostolische Lehre unverfälscht und unverkürzt zu verkünden sowie die Einheit mit dem Nachfolger Petri, dem Papst, als »dem immerwährenden und sichtbaren Prinzip und Fundament der Glaubenseinheit und der Gemeinschaft zu wahren« (*Lumen gentium*, 18).

RILINGER: Kann die Entscheidung des Konzils, von der Lingua franca Latein als Sprache der Meßfeiern Abstand zu nehmen, als Schritt zu mehr Selbständigkeit der nationalen und Ortskirchen gedeutet werden?

MÜLLER: Bei den Übersetzungen der für die westliche Kirche normativen lateinischen Sprache in die Volkssprachen geht es um den adäquaten Sprachstil, aber auch um die Bewahrung des Inhalts. Die Übersetzung darf nicht mißbraucht werden, um die Sperrigkeit der Inhalte des Evangeliums und der Kirchenlehre abzuflachen oder das Anstößige vor den rein weltlich denkenden Zeitgenossen zu verstecken. Vor allem aber hat der Gebrauch der Muttersprache nichts mit der Etablierung von Nationalkirchen zu tun, die dem katholischen Denken direkt widersprechen. Man muß ganz nüchtern bleiben. Hinter der wohlklingenden Parole von der »größeren Selbständigkeit der Ortskirche« verbergen sich Machtansprüche von führenden, ideologisch denkenden Bischöfen – einschließlich ihres Instrumentariums wie Sekretariate und Medien – gegenüber treu katholischen Bischöfen, die als konservativ, fundamentalistisch oder weltfremd diffamiert werden. Es geht also nicht um das theologisch ausgewogene Verhältnis des Papstes zu den Bischöfen in der Gemeinschaft der Ortskirchen – nicht um die Communio ecclesiarum, die Gemeinschaft der Kirchen mit der römischen Kirche als ihr Prinzip der Einheit im geoffenbarten Glauben.

Rilinger: Kann aus der Anordnung von Papst Franziskus, den einzelnen Ortskirchen mehr Freiheiten für die Übersetzung von liturgischen Schriften zu gewähren, der Schluß gezogen werden, daß er die Einheitlichkeit der liturgischen Schriften nicht mehr für nötig erachtet und das Gewicht der Ortskirchen gegenüber der römischen Weltkirche stärken möchte?

Müller: Papst Franziskus ist leider auch von raffinierten Schmeichlern und ideologisch kontaminierten Beratern umgeben. Diese interpretieren nach ihrem Bild und Gleichnis das Zweite Vatikanum und machen dafür, daß der Prozeß hin zu ihrer modernistischen Kirche steckengeblieben ist, die von ihnen erfundenen »Traditionalisten« mit deren Angst vor dem Neuen verantwortlich. Sie verstehen das Verhältnis von »Rom« zu den Ortskirchen politisch als Machtkampf oder Machtbalance, aber nicht theologisch als die gemeinsame Verantwortung des Gesamtepiskopats für die Treue der

Kirche zur apostolischen Lehre. Ihre Urteilskategorien bestehen in dem dialektischen Gegensatz von liberal und konservativ, modernistisch und traditionalistisch und nicht von orthodox oder häretisch: Statt des »Denkens mit der Kirche« *(sentire cum ecclesia)* gilt für sie der Umbau der Kirche nach dem »Gefallen der Menschen« (Gal 1,10). Diese Kräfte waren erbitterte Feinde der Päpste von Paul VI. über Johannes Paul II. bis zu Benedikt XVI. Jetzt haben sie eine Drehung um 180 Grad vollzogen, indem sie die Prärogative des Papstes, die ihm durch göttliches Recht zukommen, in einen päpstlichen Absolutismus pervertieren. Die Privatmeinungen des Papstes zum Klimawandel, zum Privateigentum und damit zur Freiheit von Millionen Menschen des Mittelstandes, zur Migrationskrise oder zur Corona-Impfung – um einige Beispiele zu nennen – werden zu Dogmen erklärt und die Dogmen von der göttlichen Offenbarung zu Privatmeinungen von pastoral unsensiblen »Glaubenswächtern« deklassiert. So wurde Benedikt XVI. in einem Film mit zynischer Schadenfreude verhöhnt.[13]

Die Loblieder, die Bischöfe öffentlichkeitswirksam auf Hans Küng gesungen haben, sind kennzeichnend für diese Haltung. Daß er die Gottheit Jesu Christi geleugnet hat, läßt sie kalt. Aber plötzlich ereifern sie sich über das Verbot der Segnung gleichgeschlechtlicher Verbindungen und erregen sich hitzig über Rom sowie über die Glaubenskongregation. Sie treiben einen Keil zwischen die römischen Dikasterien und den Papst – wohl wissend, daß sie damit die Autorität des Papstes zwar nicht in dessen Medienwirkung, jedoch in dessen Petrusdienst untergraben. Man schlägt den Sack und meint den Esel – wie ein deutsches Sprichwort dieses Verhalten beschreibt.

Rilinger: Muß die Kirche Forderungen aus verschiedenen Ortskirchen heranziehen, um die Lehre der Kirche insgesamt neu oder zumindest ergänzend zu interpretieren?

Müller: Die Lehre der Apostel (Apg 2,42) ist nur die Wiedergabe des Wortes Gottes im Glaubensbekenntnis, dem Credo der Kirche. Die Selbstoffenbarung des dreieinigen Gottes ist in Christus abgeschlossen und im apostolischen Zeugnis der Urkirche durch den Heiligen Geist voll gegenwärtig. Sie bedarf keiner menschlichen Ergänzungen oder Verbesserungen.

Nur wir Menschen in der Kirche bedürfen der täglichen Buße und der beständigen Erneuerung in Christus. Die Dogmenentwicklung bezieht sich nur auf das menschliche Wort der Verkündigung und auf die Begriffe der Glaubenslehre, in denen das Wort Gottes vergegenwärtigt wird (1 Thess 2, 13). Hier ist zunächst von der besonderen Rolle der Heiligen Schrift zu sagen, daß uns ihr Wortlaut vorgegeben ist und auch in den Übersetzungen treu wiedergegeben werden muß. Bei der Lehre der Kirche, die im Laufe der Zeit zu einer ausdifferenzierten Darlegung des Offenbarungsinhaltes geführt hat, handelt es sich nur um ein analytisches Urteil. Es wird infolgedessen nur ausgeführt, was inhaltlich im Wort Gottes enthalten ist. Es gibt kein synthetisches Urteil, durch das der geoffenbarten Wahrheit neue Inhalte zugeführt werden könnten.

Viele fürchten, daß der wiedererstandene deutsche Größenwahn einigen deutschen Bischöfen, Theologieprofessoren und Laienfunktionären das Bewußtsein der – nach ihren eigenen Worten – »geistigen und moralischen Überlegenheit« einflößt. Sie verlangen ja nicht nur die Autonomie *ihrer* »Nationalkirche«, sondern sie wollen sich auf ihrem »Synodalen Weg« an die Spitze der Weltkirche setzen. Ihre Agenda reicht von der Gewaltenteilung klerikaler Macht und einer lustzentrierten Sexualmoral bis zu antizölibatärer Polemik und dem Eintreten für Frauenmacht im Weiheamt. Damit glauben sie, die Lokomotive zu sein, welche die anderen zurückgebliebenen Ortskirchen in der Zweiten und Dritten Welt wie antriebslose Zugwaggons hinter dem deutschen Führungsanspruch herzieht.

RILINGER: Darf die Exegese oder auch nur die Interpretation der Schrift innerhalb der einzelnen Ortskirchen aus der Sicht der Gegenwart vorgenommen werden, um je verschiedene gesellschaftliche Entwicklungen, die als »Lebenswirklichkeiten« bezeichnet werden, einbeziehen zu können?

MÜLLER: All diese Parolen und Schlagworte sind wie klingende Münzen einer ungedeckten Währung. Christus ist das Leben Gottes für jeden Menschen. Nur die Wirklichkeit seiner Menschwerdung, seines Kreuzestodes und seiner Auferstehung soll uns prägen und gibt uns Hoffnung. Es geht hier doch nicht um die äußeren Lebensumstände, ob die Bischöfe mit dem Pferdefuhrwerk oder einem Automobil ihre Pfarreien ansteuern, oder ob im Unterschied zu den Möglichkeiten eines Simon Petrus eine Predigt von Papst Franziskus im Fernsehen übertragen wird. Ebenfalls ist es für eine Ehe als sakramentales Gleichnis der liebenden Einheit von Christus und Kirche unerheblich, ob die Familie in der Landwirtschaft tätig ist oder ob es sich bei dem Ehepaar um zwei Universitätsprofessoren handelt. Die heilige Messe kann im lateinischen oder syro-malabarischen Ritus einer mit Rom unierten Ostkirche in Indien gefeiert werden. Nicht Reform, sondern Deformation wäre es, wenn man die heilige Messe im liberalen, die Übernatürlichkeit der Gnade leugnenden Sinn zum bloßen Gemeinschaftsmahl herabstufen würde oder die sakramentale Vergegenwärtigung des Ostermysteriums als vormodernes Mysterienspiel für Unaufgeklärte lächerlich machte.

RILINGER: Ist es zulässig, daß die Lehre der Kirche zwischen derjenigen der Weltkirche und derjenigen der nationalen Ortskirchen divergiert – auch vor dem Hintergrund der Inkulturation?

MÜLLER: Inkulturation ist wichtig, weil alle beim Pfingstfest die apostolische Predigt in ihren Sprachen hörten und verstanden (Apg 2,6 ff.). Aber die Botschaft Christi verbindet und macht die Getauften zu einer Lebensgemeinschaft in Christus. Bei dem Begriff »Nation« sollten wir mehr an die Kultur denken, die sie zum Ausdruck bringt, als an die machtpolitischen Vorrang- und Überlegenheitsansprüche, die mit der Unterordnung von Religion und Moral unter die »Staatsräson« unendliches Unheil über die Menschheit gebracht haben. Die Kirche als die Einheit von vielen Völkern, Stämmen und Sprachen bildet in Christus eine Ganzheit jenseits der Absurditäten eines engstirnigen Nationalismus und eines wurzellosen Globalismus.

RILINGER: Papst Benedikt XVI. hat wiederholt die Forderung erhoben, daß sich die Kirche entweltlichen müsse. Scheint in dieser Forderung nicht gerade der Anspruch auch gegenüber einzelnen Ortskirchen auf, sich nicht mit dem Mainstream gemein zu machen und nicht eigenständige Auffassungen zu vertreten?

MÜLLER: Der Begriff »Welt« wird in der Heiligen Schrift in verschiedenem Sinn verwendet. »Welt« ist die Gesamtheit der Schöpfung und aller Menschen, die durch die Liebe

Christi mit Gott vereint werden. »Welt« ist auch der »Ackerboden«, also die Gesamtheit der Güter und Möglichkeiten, die durch unsere Arbeit genutzt und zum Aufbau der materiellen und geistigen Kultur veredelt werden. Die »Welt«, auch als Synonym für »Fleisch«, kann darüber hinaus auch die deformierte Schöpfung sein, d. h. diejenige, die uns in ihrer Unordnung auf Grund des Bösen oder in ihrem Aufstand gegen Gott und Haß auf alles Heilige und Schöne, Wahre und Gute entgegentritt.

Am Ursprung des Protestes Luthers stand der Widerspruch gegen eine Verweltlichung der Kirche. Der Ablaß war ursprünglich ein fürbittendes Gebet der Kirche für den bekehrten Sünder auf seinem Weg zur Heiligkeit. Man hatte es in unwürdiger Weise mit einem Geldgeschäft verbunden. Die Bischofsämter waren im Heiligen Römischen Reich Deutscher Nation sehr begehrt von nachgeborenen Fürstensöhnen, die wie ihre älteren Brüder Herrscher spielen wollten, anstatt als gute Hirten ihr Leben für die Schafe der Herde Gottes einzusetzen. Ich war zehn Jahre lang Mitglied der Deutschen Bischofskonferenz und weiß, daß es dort meist um politisch-finanzielle Fragen ging, inklusive Mobbing unliebsamer Mitbrüder, allerdings selten um Glaubensfragen. Nur bei der Glaubenskommission unter der Leitung von Kardinal Friedrich Wetter ging es erfreulicherweise um die Mitte der Kirche im Glauben.

Die Kirche ist verweltlicht, wenn deutschen Bischöfen das Wohlwollen der politisch Mächtigen und die Kumpanei mit medialen Meinungsführern wichtiger sind als der Konsens mit Rom und ihren Mitbrüdern im Bischofsamt. Die Überwindung der Verweltlichung der Kirche nannte Benedikt XVI. die Ent-Weltlichung. Natürlich konnte die empörte Reaktion nicht ausbleiben, weil verweltlichte Bischöfe, Theologieprofessoren und Laienfunktionäre den Ruf zu ihrer Bekehrung als Weltflucht oder Rückzug in ein Sektendasein – sie nennen es »Rückzug ins Ghetto« – diffamiert haben. Trotzdem bleibt es wahr: Die Kirche wird nicht durch ihre Privilegien wieder relevant für die Menschen, sondern durch das Evangelium Christi, und sie wird glaubwürdiger nicht durch die Mondänität, also Verweltlichung großspuriger Wortführer, sondern durch die Opferbereitschaft demütiger »Diener des Wortes« (Lk 1, 2).

Der Anspruch, daß wir die Kirche Gottes reformieren und mit unseren Agenden zukunftsfähig machen könnten, bleibt eine zum Scheitern verurteilte Hybris, weil die Ver-Weltlichung der Kirche immer eine Ent-Wesentlichung war. Aber nur die Ent-Weltlichung der Kirche führt zu ihrer Ver-Wesentlichung. Das Reformkonzil des Zweiten Vatikanums versteht in der Kirchenkonstitution *Lumen gentium* Wesen und Sendung der Kirche von Christus, »dem Licht der Völker«, her. Und darum »ist es der dringende Wunsch dieser im Heiligen Geist versammelten Heiligen Synode, alle Menschen durch seine Herrlichkeit, die auf dem Antlitz der Kirche widerscheint, zu erleuchten, indem sie das Evangelium allen Geschöpfen verkündet« (Art. 1).

Das ist der wahre synodale Weg der Kirche.[14]

Ökumene und Lehre

Teil 1: Interkonfessionelle Annäherung im Zeichen der »Modernisierung«

Auf dem Ökumenischen Kirchentag in Frankfurt am Main im Mai 2021 wurde darüber gesprochen, wie der Weg der Ökumene weiter beschritten werden solle, um eine Annäherung der verschiedenen Konfessionen zu erreichen. In Vorbereitung auf dieses Treffen wurden von Vertretern und Befürwortern des sogenannten Synodalen Weges Vorschläge unterbreitet, wie eine weitere Annäherung der römisch-katholischen Kirche an die Kirchen und kirchlichen Gemeinschaften der Reformation erreicht werden könnte. Diese Annäherung, so heißt es, könne aber nur gelingen, wenn beide Seiten aufeinander zugingen; nur dann könne eine Verständigung erzielt werden. Deshalb müßten sich beide Seiten von ihren Maximalforderungen verabschieden – von grundlegenden Forderungen, die für die jeweiligen Konfessionen als konstituierend angesehen werden.

LOTHAR C. RILINGER: *Der Ökumenische Kirchentag rückt die ökumenische Bewegung ins Zentrum der Erörterung. Die Unterschiede zwischen der römisch-katholischen Kirche und den Kirchen und kirchlichen Gemeinschaften der Reformation sind gravierend. Um diese zu überwinden, versuchen die deutschen Ortskirchen der ökumenischen Bewegung neuen Schwung zu vermitteln. Kann die Ökumene von den Ortskirchen vorangetrieben werden, oder stellt sich die Annäherung der verschiedenen christlichen Kirchen als eine Aufgabe des Vatikans dar, um als Weltkirche eine einheitliche*

Vorgehensweise zu gewährleisten – schließlich hätten die Ergebnisse für alle Ortskirchen zu gelten?

Gerhard Ludwig Kardinal Müller: Es gibt nur die eine katholische Kirche, die – gemäß einer Formulierung des Zweiten Vatikanums in dem Dekret *Lumen gentium*, Artikel 23 – »in und aus den Ortskirchen« besteht. In Deutschland gibt es 27 Ortskirchen, also Diözesen oder Bistümer, die von je einem Bischof geleitet werden. Die Bischofskonferenz steht nicht über den Bischöfen. Und schon gar nicht ist der Konferenzleiter, zur Zeit Bischof Bätzing von Limburg, der Chef der Bischöfe oder – in der törichten Formulierung von ZDF und ARD – der »oberste Katholik Deutschlands«. Er hat keine lehramtliche Kompetenz, die auch nur einen Millimeter über die von Christus kommende Lehrautorität jedes einzelnen seiner bischöflichen Mitbrüder hinausginge. Schon gar nicht ist er – selbst als Sprecher der Mehrheit der Bischöfe – ein Gegengewicht zu »Rom«, indem das Verhältnis zwischen Papst und Bischöfen zu einem würdelosen Spiel um die Macht in der Kirche karikiert wird. Absolut antikatholisch ist die Meinung, daß es eine deutsche Kirche gebe, deren Einheitsprinzip somit ausgerechnet jene Nation sei, mit deren Führungsanspruch die Welt die schlechtesten Erfahrungen gemacht hat. Doch typisch deutsch sind die Überheblichkeit und die Präpotenz von bestimmten Bischöfen und Theologen in ihrem Ansinnen, die Avantgarde für den rückständigen Rest der Weltkirche zu sein.

Die Prinzipien des katholischen Ökumenismus sind im Ökumenismus-Dekret des Zweiten Vatikanums sehr klar formuliert. Das Maß der Annäherung der im Glaubensbekenntnis, der Liturgie und der Auffassung von Wesen und Gestalt der Kirche getrennten Christen ist die Wahrheit der Offenbarung und nicht bloß ein emotionales

Zusammengehörigkeitsgefühl sowie die bequeme Zweckmäßigkeit des Christentums im Sinne einer Zivilreligion, ohne die eine säkularistische Gesellschaft, die ohne Transzendenzbezug auskommen muß, nicht gut funktioniert. Nicht für dieses System muß die Kirche relevant sein, sondern für das ewige Heil jedes Menschen und dessen Berufung zur Freiheit und Herrlichkeit der Kinder Gottes (Röm 8,21).

RILINGER: Haben der Papst und damit auch die Kongregationen die Aufgabe, eine einheitliche Lehre zu formulieren, um dem Prinzip der Weltkirche zu genügen?

MÜLLER: Der katholische Gesamtepiskopat mit dem Papst als Prinzip seiner Einheit – wobei der Papst von den römischen Kongregationen unterstützt wird – ist für die Bewahrung der Wahrheit des Glaubens und für die Einheit der Kirche sehr wichtig. Sie sind nur Diener des Wortes Gottes und des Evangeliums Christi, das in der Heiligen Schrift und der Apostolischen Tradition vollinhaltlich vermittelt wird. Hingegen sind sie nicht Adressaten und Vermittler einer neuen Offenbarung. Über Christus hinaus gibt es keine neue Offenbarung, weil er das fleischgewordene Wort Gottes ist – der Weg, die Wahrheit und das Leben Gottes für uns in seiner Person. Sich pseudofortschrittlich brüstende Bischöfe oder von der liberalen Öffentlichkeit verhätschelte Laienfunktionäre haben in keiner Weise eine Vollmacht, ihre persönlichen oder kollektiven Meinungen als einen in der Offenbarung begründeten Glauben der Kirche darzustellen. Sie haben auch keine Vollmacht, ihre vermeintlichen Untergebenen auf diese Auffassungen zu verpflichten oder ihnen diese mittels »Framing« als deren eigene Überzeugung einzutrichtern. All den vielen Bischöfen, die dem Donatismus oder dem Arianismus verfallen waren, aber vom Staat gefördert wurden, haben die treuen

Katholiken mit dem Verweis auf die Heilige Schrift und das Glaubensbekenntnis der Kirche mutig Widerstand geleistet. Die heutige Form von Verfolgung hier im »Westen« besteht in der antichristlichen Atmosphäre, erzeugt von Medienkampagnen, in denen die wahrhaft Gläubigen ziemlich einfallslos und einfältig-monoton als Fundamentalisten oder Erzkonservative diffamiert oder überhaupt totgeschwiegen werden.

Rilinger: Innerhalb der Kirche wird bemängelt, daß die Laien zu wenig in die Entscheidungs- und Leitungsprozesse eingebunden werden. Wäre es möglich, daß in der römisch-katholischen Kirche das Demokratieprinzip Platz greift, so daß das Prinzip der Mehrheit gelten könnte?

Müller: Laien sind durch das Glaubensbekenntnis, die Taufe und ein Leben in der Nachfolge Christi voll in das Leben der Kirche eingebunden. Die Kirche besteht nicht aus Klassen, sondern alle haben gemäß ihrer Berufung und Beauftragung im Rahmen der »Martyria« (des Zeugnisses), der »Leiturgia« (der Feier der Sakramente) und der »Diakonia« (des Dienstes am Notleidenden) am gesamten Leben der Kirche teil. Hinter der scheinheiligen und taktisch schlauen Klage, die sogar als Anklage formuliert wird, »nicht in die Entscheidungsprozesse eingebunden zu sein«, steht nicht die Bereitschaft, auch selbst für das Bekenntnis zu Christus Opfer zu bringen oder Leiden und Verfolgung auf sich zu nehmen, sondern der Anspruch, die Kirche nach den eigenen Vorstellungen umzumodeln und sich für die eigenen Vorteile in Stellung zu bringen.

Wenn aber schon die Bischöfe und der Papst als Nachfolger der Apostel nicht über den Glauben und die Sittenlehre zu entscheiden haben, sondern nur zum vorbildlichen Gehorsam gegenüber dem Wort Gottes aufgerufen sind, dann können auch machthungrige Laienfunktionäre nicht über die Offenbarung entscheiden. Die Entscheidungen der ökumenischen Konzilien enthalten nicht Anordnungen dazu, was die Laien glauben müssen, sondern sagen nur für jeden vernehmlich, was in der Offenbarung enthalten ist und wie die Häretiker von der Wahrheit der Offenbarung abgeirrt und die Schismatiker von der Einheit der Kirche abgewichen sind. Dabei sei hier die Frage nach ihrem subjektiven guten Willen einmal ausgeklammert. Aber es ist doch klar, daß, wer heute Katholik sein will, nicht seine Meinungen wie in einem parlamentarischen Prozeß durchsetzen und mit der Mehrheit eines Gremiums der ganzen Kirche ein anderes Glaubensbekenntnis auferlegen oder eine selbstgebastelte Verfassung aufzwingen kann. Die Meinung einer Mehrheit deutscher Bischöfe und Laienfunktionäre, die weder im Dogma noch im Kirchenrecht vorgesehene Privatveranstaltung des »Synodalen Weges« könne sogar vom katholischen Glauben abweichende Entscheidungen treffen, hat im katholischen Kirchenverständnis keine Grundlage und bestärkt sich selbst nur am Schein der medialen Macht und dem Umfang der finanziellen Mittel. Kein Katholik kann durch die Entscheidungen des »Synodalen Weges« zu irgend etwas verpflichtet werden, und keiner sollte sich deshalb enttäuscht von der Kirche abwenden, sondern »gläubig und mit gutem Gewissen den guten Kampf kämpfen« (1 Tim 2,18 f.), damit sie – die Gläubigen – nicht vom Weg des Glaubens abkommen (1 Tim 6,20).

RILINGER: *Wäre es möglich, durch Mehrheitsentscheidungen Glaubenssätze festzulegen?*

MÜLLER: Diese Frage beantwortet sich von selbst. Es ist hier aber auf den Mißbrauch des guten Namens der Demokratie hinzuweisen. Demokratie im Sinne unserer auf den elementaren Menschenrechten beruhenden Verfassung ist ein Konsens, der alle Gruppen in Deutschland zusammenhält. Wenn die Kirche aber das von Gott erwählte Volk Gottes ist, dann muß jedem klar sein, daß es hier nicht um die Übernahme von guten oder die Abkehr von schlechten Staatsverfassungen geht, sondern um das ewige Heil des Menschen, das uns durch das Wort Gottes und die sakramentalen Gnadenmittel zugeeignet wird. Im demokratischen Staat geht es um die gerechte Regelung von Verhältnissen der Bürger zueinander. In der Kirche geht es hingegen um unser Verhältnis zu Gott und von daher auch zum Nächsten in der Liebe, die einzelne Christen als Glieder im Ganzen des Leibes Christi zusammenhält (vgl. Kol 3, 14) Für die Gemeinschaft der Gläubigen hat Christus selbst im Heiligen Geist die Apostel berufen. Ihr Dienst wird für immer von ihren Nachfolgern im Bischofsamt, denen die Presbyter, also die Priester, wie die deutsche Übersetzung lautet, und die Diakone zur Seite stehen, fortgeführt.

Rilinger: Wäre es vorstellbar, daß auf Grund von Mehrheitsentscheidungen auch Laien im Rahmen einer Synode über Glaubenssätze entscheiden?

Müller: Das ist nicht einmal den Bischöfen auf einem Konzil möglich. Der Glaube ist nicht die Quersumme von menschlichen Meinungen über göttliche Dinge, sondern die vom Heiligen Geist eingegebene Einsicht in die geoffenbarte Wahrheit von der Dreifaltigkeit Gottes, von Schöpfung und Bund, von der Menschwerdung des Sohnes Gottes, der Heilsbedeutung von Kreuz und Auferstehung Christi, der Heilswirksamkeit der Taufe, der Eucharistie und all dem, was wir im Glaubensbekenntnis der Kirche finden können. Wie gesagt: Unfehlbare Konzilsentscheidungen oder Kathedralentscheidungen der Päpste haben der Offenbarung, die in Christus ihre unüberbietbare Fülle hat, nichts hinzugefügt, sondern nur gesagt, was in ihr enthalten ist. Die unverschämte Anmaßung, unter dem Deckmantel der vorgeblichen Fortentwicklung des Dogmas, die dem heutigen Menschen leichter verdaulich gemacht werden soll, einzelne Glaubenslehren in ihr Gegenteil zu verkehren, ist als das zurückzuweisen, was sie ist: eine Verfälschung des Evangeliums Christi. »Es wird eine Zeit kommen, in der man die gesunde Lehre nicht erträgt, sondern sich nach eigenen Begierden Lehrer sucht, um sich die Ohren zu kitzeln; von der Wahrheit wird man das Ohr abwenden und sich Fabeleien zuwenden.« (2 Tim 4,3 f.)

RILINGER: Im Rahmen des sogenannten Synodalen Weges werden Reformen eingefordert, die wie eine Angleichung an die Verfassungen der Kirchen und kirchlichen Gemeinschaften der Reformation anmuten. Unter welchen Voraussetzungen kann die Kirche »reformiert« werden?

MÜLLER: Der Begriff »Reformation« bezeichnet den Willen zur Reform oder Erneuerung der Kirche Christi im Gegensatz zu ihrer Verweltlichung, die im späten Mittelalter von allen Seiten beklagt wurde. Dabei ist ungewollt aber der gegenteilige Effekt eingetreten, nämlich die Aufsplitterung der abendländischen Christenheit. Wir reden von Gemeinden, die sich von der katholischen Kirche getrennt haben und sich als eigene Konfessionskirchen verstehen. Man spricht von den in ihrer Gesamtheit aus der Reformation hervorgegangenen Kirchen oder kirchlichen Gemeinschaften auch als den Kirchen protestantischen Typs. Das Zweite Vatikanum spricht aus katholischer Sicht »von unseren Brüdern und Schwestern«. Diese sind zwar konfessionell und liturgisch von den Katholiken getrennt. Aber wir befinden uns auf dem gemeinsamen

Weg zur Wiederherstellung der vollen und sichtbar-institutionellen Einheit. Die Einheit im Bekenntnis und gottesdienstlichen Leben ist ein wichtiger Aspekt bei der Erneuerung der Kirche in Christus, dem Sohn Gottes, seines Vaters. Dadurch kann die Welt erkennen, daß der Sohn zum Heil der Welt gesandt ist und daß damit die Einheit seiner Jünger Zeichen und Ausdruck der liebenden Einheit und Gemeinschaft der drei göttlichen Personen, also der Trinität, ist. Darin wird der Welt die Herrlichkeit Gottes kundgetan (vgl. Joh 17, 23).

Der Begriff der Reform der Kirche muß also als Erneuerung der Gläubigen in Christus, dem Haupt des Leibes, dessen Glieder wir als einzelne Getaufte sind, theologisch bestimmt werden. Heute wird er in säkularisierter Form auf die Kirche angewendet, so wie man seit den sechziger Jahren von einer Reform der Pädagogik, der Universität, der Wirtschaft, des Sozialstaates etc. spricht. Auch können wir ohne weiteres im technischen Sinn von einer Reform der kirchlichen Verwaltung, der Theologenausbildung etc. sprechen. Aber die Kirche als Haus und Volk Gottes, als diejenige des Vaters, als Leib Christi, als Herde, deren guter Hirte Jesus selbst ist, als Tempel des Heiligen Geistes, als königliche Priesterschaft, die der Welt Gottes Heil verkündet und vermittelt, als allumfassendes Sakrament des Heils der Welt in Jesus Christus – diese Kirche kann nicht Objekt unseres Reformwillens werden. Das wäre die menschliche Anmaßung, Gottes Werke verbessern und zukunftstauglich machen zu wollen, so wie man bei einer Betriebsversammlung Adam Opel als Firmengründer lobend erwähnen würde, aber dem Kunden von heute natürlich nicht seine Oldtimer, sondern das fortschrittlichste High-Tech-Modell anbietet.

Wir brauchen keine Kircheningenieure, Modellbauer, Zukunftsvisionäre und Planungsbürokraten oder, biblisch gesagt, Hirten, die sich selber weiden und sich wegducken, wenn das

Bekenntnis zur Wahrheit Gottes gefordert ist, ja, wenn über diese Wahrheit gespottet oder wenn – wie von Pilatus vorgemacht – sie als weltfremd beiseite geschoben wird. Als nach Christus wichtigste Gestalt der Heilsgeschichte braucht man seine Mutter Maria auch nicht in Computersprache zu modernisieren. Sie war, ist und bleibt für jeden Glaubenden aktuell in dem Wort, das sie zu den Dienern bei der Hochzeit zu Kana gesprochen hat und das auch heute noch gilt: »Was er euch sagt, das tut.« (Joh 2, 5) Wir sollen die Krüge mit Wasser füllen, das Evangelium in Wort und Tat bezeugen und alles Vertrauen auf Christus setzen, der das Wasser in den Wein seiner göttlichen Gnade verwandeln kann. Die Kirche wird nicht durch unsere dürftigen Reformvorschläge für die Welt relevant und attraktiv, sondern wenn die Menschen den Glauben seiner Jünger an Jesus erkennen, der in seinen Wundern, Zeichen und Machttaten und, alles zusammenfassend, in Kreuz und Auferstehung »seine Herrlichkeit offenbarte« (Joh 2, 11).[15]

Teil 2: Unveräußerliche Glaubensgrundsätze

Im zweiten Teil unseres Gesprächs wollen wir uns mit Teilfragen beschäftigen, die sich aus dem Spannungsverhältnis zwischen der Ökumene und der Lehre der römisch-katholischen Kirche ergeben. Wir wollen damit auch die Hindernisse betrachten, die einer Annäherung noch entgegenstehen.

LOTHAR C. RILINGER: *Eine Forderung des »Synodalen Weges« zielt auf die sogenannte Interkommunion. Gibt es einen Unterschied im Verständnis des protestantischen Abendmahls und der katholischen Kommunion?*

GERHARD LUDWIG KARDINAL MÜLLER: An der Frage der Heiligen Messe als Opfer ist die Einheit der abendländischen Christenheit zerbrochen. Luther, Zwingli und Calvin haben nicht einige Mißstände rund um die Heilige Messe, sondern das Zentrum der Eucharistie der katholischen Kirche, der sie selbst entstammten, total abgelehnt. Denn sie glaubten es durch die Lehre der Werkgerechtigkeit, nach der der Mensch durch gute Werke vor Gott gerechtfertigt werde, verdorben. Die Folge war, daß von der bisherigen Meßliturgie nur der Kommunionsteil übrigblieb. Das Hochgebet mit der Heiligen Wandlung wurde gestrichen, weil man das Opfer der Kirche als eine Ergänzung oder gar Wiederholung des einmaligen Kreuzesopfers Christi interpretierte und somit ablehnen mußte. Heute versuchen wir den ökumenischen Partner von seinen positiven Anliegen her besser zu verstehen und vermeiden jede Polemik. Das hat nichts damit zu tun, daß man die ernsthaften Unterschiede im Kirchen- und Sakramentsverständnis, die eine gemeinsame Kommunion oder einen Kommunionempfang bei der anderen Glaubensgemeinschaft von innen her unmöglich machen, verschweigen dürfte. Nur wer aus der Stiftung Christi eine Art innerweltliches Gemeinschaftsritual macht, sieht keine Probleme. Aber ein Christentum, das den Wahrheitsanspruch der übernatürlichen Offenbarung aufgegeben und sich auf Sozialethik und Religions-Sentimentalität reduziert hat, sich also nur innerweltlich legitimiert, wird sich vor einer säkularisierten Öffentlichkeit nur lächerlich machen. Es braucht dann auch nicht über die selbstproduzierte Irrelevanz zu weinen.

RILINGER: Da im Rahmen der ökumenischen Bewegung die Interkommunion gefordert wird, stellt sich die Frage, unter welchen Voraussetzungen die Kommunion auch von Personen, die nicht durch die Taufe Mitglieder der römisch-katholischen Kirche sind, empfangen werden darf.

MÜLLER: Wer nicht durch die Heilige Taufe in die Gemeinschaft der Kirche eingetreten ist, hat nichts mit der Eucharistie zu tun. Wer nicht den ersten Schritt getan hat, kann auch nicht am Ziel angekommen sein. Von den Voraussetzungen des katholischen Kirchen- und Eucharistieverständnisses her ist nur in besonderen Fällen ein geistlicher Beistand durch einen nicht katholischen Geistlichen möglich. Er ist angebracht, wenn es in Todesgefahr um das Heil der Seele geht und ein Geistlicher der eigenen Konfession nicht erreichbar ist. Inhalt eines solchen Beistands können die Absolution im Rahmen der Beichte und der Empfang der Heiligen Kommunion sein, wenn der Betreffende den katholischen Glauben zu diesen beiden Sakramenten innerlich bejaht und bekennt.

Es gibt objektive Voraussetzungen für den Empfang der Kommunion. Man muß durch die Taufe und durch das

Glaubensbekenntnis zur katholischen Kirche gehören und darf nicht durch den Lebenswandel gegen die Gebote Gottes verstoßen haben. Es ist die Communio mit Christus und der Kirche, und diese hat zur Voraussetzung, daß ich die Glaubenslehre der katholischen Kirche bejahe. Das ist normalerweise bei den evangelischen Christen nicht gegeben. Sie sind evangelisch und unterscheiden sich folglich in ihrem Glaubensbekenntnis von dem katholischen Glauben. Calvin und Luther lehrten, daß die katholische Meßfeier ein Götzenopfer sei. Das wird allerdings heute nicht mehr so brutal gesagt. Sie haben auch erklärt, daß der Papst der Antichrist sei – sie haben nicht gesagt, der damalige Papst sei ein schlechter Papst, sie haben vielmehr festgestellt, daß der Papst als solcher, also das Papsttum an sich, der Antichrist sei. Begründet wurde diese Auffassung mit dem Argument, daß der Papst mit seinem unfehlbaren Lehramt beansprucht habe und auch weiterhin beanspruche, durch seine definitive Interpretation des Dogmas über dem Wort Gottes zu stehen. Dies soll ebenso für das katholische Lehramt, die Bischöfe und die Konzilien, gelten. Die Reformatoren haben darüber hinaus bestritten, daß die Firmung, die Krankensalbung, die Buße und die Ehe Sakramente, d. h. von Christus gestiftete und im Heiligen Geist wirksame Gnadenmittel, seien.

Man kann das nicht einfach verharmlosen und sagen, das sind unterschiedliche Interpretationen. Wenn die Sakramente Heilsmittel sind, kann ich nicht argumentieren, daß sie, also die Sakramente, lediglich ein bißchen anders seien. Die Frage ist, was die Heilsmittel objektiv sind. Insofern kann ich nur zur Kommunion gehen, wenn ich selber im Stand der Gnade bin und auch dieser Gemeinschaft, der katholischen Kirche, mit dem vollständigen Glaubensbekenntnis und mit meinem eigenen Lebenswandel entspreche. Es gibt einzelne evangelische Christen, die de facto den katholischen Glauben leben, aber sich aus Gründen der Familie nicht einfach standesamtlich bei der katholischen Kirche einschreiben lassen können. Da gibt es Spannungen. Es gibt innerhalb der Lutheraner Richtungen, die ganz nahe am Katholischen sind. Die Lutheraner sind sowieso von allen Protestanten noch am nächsten bei den Katholiken. Dies gilt auch für die Anglikaner, die »High Church«, aber de facto sind die meisten Personen in der »Low Church«, die strikt protestantisch ausgerichtet ist. In Deutschland gehen die Lutheraner von der Realpräsenz aus. Teilweise wird das Pastorenamt auch als Priesterweihe angesehen. Es gibt insoweit auch Grenzerfahrungen. Wenn ein Katholik mit einem evangelischen Partner verheiratet ist, kann man nicht folgern, daß dieser kraft des Ehesakramentes an der Eucharistie teilnehmen dürfe, obwohl er nicht den katholischen Glauben teilt. Das ist Unsinn. Das wäre auch von evangelischen Christen zu viel verlangt, es wäre die Leugnung ihrer eigenen Religion. Der Protestant wird vielmehr glauben, daß die Kommunion wie das evangelische Abendmahl anzusehen sei und daß er das, was im Katholizismus in der Eucharistie geschehe, im evangelischen Sinn verstehen dürfe.

Das kann ich auch nicht bei anderen Religionen machen. Ich kann nicht an einem jüdischen Gottesdienst teilnehmen und meinen, daß der Ritus eine allgemeine Gottesverehrung sei, da wir als Christen den Juden durch das Alte Testament ganz nahestünden. Jeder Ritus innerhalb einer Religion hat eine ganz bestimmte Bedeutung, die von den Autoritäten dieser Religion festgelegt wird. Und ich kann nicht von außen kommen und dem Ritus einer anderen Religionsgemeinschaft meine subjektive Deutung unterlegen. Das würde doch gegen die Würde der anderen Religionsgemeinschaft stehen. Wir können zwar zu Muslimen sagen, daß wir ein gemeinsames soziales Werk errichten möchten, aber ich kann doch nicht einfach in eine Moschee gehen und dort niederknien und mit den Muslimen beten, obwohl ich als Christ nicht deren Glauben teile.

RILINGER: *Grund für die Unterschiedlichkeit von Abendmahl und Kommunion ist das Opferverständnis. Wird sowohl in der katholischen Messe als auch im protestantischen Gottesdienst jedesmal Jesus Christus geopfert?*

MÜLLER: Am Kreuz hat sich Jesus selber für das Heil der Welt geopfert, und zwar in einem Sinn, der mit einem heidnischen Gottes-, Kult- und Opferverständnis aber auch gar nichts zu tun hat und der auch das alttestamentliche Opferverständnis in den Schatten stellt. Aber nicht deswegen, weil dieses defizient gewesen wäre, sondern weil nur Christus als der menschgewordene Sohn Gottes durch den von der menschlichen Bosheit auferlegten Tod hindurch die größere Liebe Gottes offenbaren konnte. Durch diese Liebe sind Sünde und Tod für immer überwunden und ist in der Auferstehung das Leben Gottes für alle Glaubenden offenbar geworden.

Die Eucharistie als liturgische Feier ist die sakramentale, also zeichenhaft-reale Vergegenwärtigung des Lebensopfers Christi und seiner Auferstehung für alle, die in späteren Generationen durch das Wort der Verkündigung zum Glauben an Christus kommen. Denn Christus ist der real in der Kirche für alle Zeiten gegenwärtige Herr. Er selbst ist in der Messe derselbe Opferpriester und dieselbe Opfergabe wie damals, als er am Kreuz seine Einheit mit dem Vater im Heiligen Geist vollzogen und geoffenbart hat. Die kirchlichen Vorsteher – wie Bischof und Presbyter – sind durch die Weihe im Heiligen Geist zu dem liturgischen und spirituellen Dienst befähigt, den Jesus durch sie real ausübt. Deshalb heißen sie auch Priester (Presbyter) – ohne jede heidnische Konnotation im Sinne der Kultdiener, die die Götter beeinflussen.

Denn die Priester vollziehen nicht in eigener Initiative, sondern allein im Auftrag Christi auf der liturgisch-sakramentalen Ebene, was Christus, der Hohepriester des Neuen Bundes, für die Kirche tut. Wir als Gläubige stehen nicht wie stumme Zuschauer einer Theateraufführung passiv dabei, sondern sind als Glieder des Leibes Christi einbezogen und bringen aktiv unser Lebensopfer in, mit und durch Christus, unser Haupt, Gott dem Vater, von dem wir ja alles, was wir ihm anbieten können, vorher schon empfangen haben, dar. Der hl. Augustinus hat im zehnten Buch seines *Gottesstaates* diesen Zusammenhang des einmaligen Kreuzesopfers und seiner Vergegenwärtigung in der Liturgie der Kirche tiefgehend dargelegt. Ohne Kenntnis dieses Textes wird im ökumenischen Dialog nur Luftfechterei betrieben.

Rilinger: Folgt also allein aus dem unterschiedlichen Opferverständnis, daß nur Katholiken die Kommunion empfangen dürfen, oder gilt das doch auch für Gläubige anderer christlicher Religionsgemeinschaften?

Müller: Die Lehre vom Opfercharakter ist – wie gesagt – eine klassische Kontroverslehre. Aber wichtig ist auch der für die katholische und orthodoxe Glaubenslehre wesentliche Zusammenhang von Kirche und Sakramenten, mit ihrem Höhepunkt in der Eucharistie. Von ihrer ganzen Anlage her ist das evangelische Kirchenverständnis nicht konstitutiv um die Eucharistie als Zentrum gebaut, sondern um den Glauben als Akt des Vertrauens, der auf der Ebene der Sakramente eine Vergewisserung erfährt. Im Dialog zwischen Katholiken und Christen evangelischer Konfessionen ist schon dadurch eine Annäherung erreicht, daß wir gemeinsam beten und das Wort Gottes hören können. Bei bestimmten Gelegenheiten – ich denke an Hochzeiten und Begräbnisse – nehmen wir auch an den Gottesdiensten der je anderen Gemeinschaft geistlich teil, ohne jedoch die volle Gemeinschaft der Kirchen durch den Empfang von Abendmahl bzw. Heiliger Kommunion vorzuspiegeln – eine Gemeinschaft, die real noch nicht besteht.

RILINGER: *Warum ist es für den Empfang der Kommunion notwendig, das katholische Kommunionsverständnis zu akzeptieren?*

MÜLLER: Weil die Sakramente Selbstvollzug der Kirche sind. Denn die Kirche ist keine äußere Organisation, die irgendwelche Gnadenmittel verwaltet und an Gutwillige austeilt, sondern sie ist der Leib Christi, so daß das innere Bekenntnis und der äußere Ausdruck übereinstimmen müssen. Auch die evangelischen Kirchen haben 450 Jahre bis in die jüngste Zeit diesem Prinzip immer zugestimmt, und diejenigen protestantischen Gemeinschaften, die die Sakramente nicht als individualistische Bestätigungsmittel für ein liberales Religionsgefühl verstehen wollen, bleiben bei ihrem bisherigen Glauben.

RILINGER: *Könnte nach Ihrer Auffassung das unterschiedliche Verständnis von protestantischem Abendmahl und katholischer Kommunion überwunden werden?*

MÜLLER: Ja, das ist das Ziel. Wir sind auf dem Weg zu einem gemeinsamen Grundverständnis gewiß schon vorangekommen. Aber das Ziel ist gerade auch beim Thema der Konsekrationsvollmacht durch einen von einem Bischof gültig geweihten Priester noch keineswegs erreicht. Ausnahmslos nicht zu akzeptieren wäre es von katholischer Seite, würden Gegensätze im Glaubensbekenntnis zu bloßen theologischen Schulgegensätzen verharmlost.

Rilinger: Während der Covid-Pandemie, die zum Glück inzwischen wieder abgeflaut ist, fanden kaum Präsenzmessen statt. Viele Gläubige vermißten deshalb den Empfang der Heiligen Kommunion. Besteht in einer solchen Situation, wie in der evangelisch-lutherischen Kirche, die Möglichkeit, daß der Priester Brot und Wein mit Hilfe des Internets über die Entfernung hinweg konsekriert, so wie ja auch bei Papstmessen oder Messen anläßlich der Weltjugendtage Hostien in sehr großem Umfang konsekriert werden, weil nicht alle Kelche mit den Hostien auf dem Altar Platz finden können?

Müller: Eine Fernkonsekration ist ein sakramententheologischer Widersinn und Mißbrauch. Es kommt auf die leibliche Gegenwart an. Wenn allerdings Christus nur im Glauben des Empfängers und nicht in den eucharistischen Gaben wahrhaft, wirklich und wesentlich gegenwärtig wäre, dann wäre das Bild im Fernsehen nur eine virtuelle Vergewisserung. Sie wäre zwar psychologisch, aber nicht sakramental wirksam. Christus ist wirklich, mit Fleisch und Blut am Kreuz gestorben und nicht nur zum Schein, wie die Doketen – die Mitglieder einer frühchristlichen Sekte, die Jesus Christus nur einen Scheinleib zugeschrieben und seinen persönlichen Kreuzestod geleugnet haben – meinten. Gott bewahre uns im Zeitalter der Virtualität vor einem sakramententheologischen Doketismus in modisch aufgepepptem Gewand!

Rilinger: Aus der Bibel können wir keine Regel entnehmen, die die Voraussetzungen für den Empfang der Kommunion durch Personen, die nicht römisch-katholisch getauft wurden, festlegt. Kann aus diesem Umstand hergeleitet werden, daß die Voraussetzungen lediglich von Menschen ersonnen worden und deshalb nicht göttlichen Ursprungs seien, so daß sie auch wieder aufgehoben werden könnten?

Müller: Natürlich war in der Zeit der Bibel dieses Problem noch nicht aufgetaucht, und darum findet sich dort auch nicht wie in einem Rezeptbuch die Anweisung, was bei allen zukünftigen Herausforderungen im einzelnen zu sagen und zu tun sei. Aber das biblische Zeugnis enthält die ganze Offenbarung in ihren wesentlichen Zügen, so daß sich von daher auch die Lehre von der Trinität und der Inkarnation sowie allen anderen Geheimnissen, die von der Wahrheit der Offenbarung getragen sind, in ihrer Wahrheit behaupten und in ihrem Ausdruck entwickeln konnten.

Rilinger: Darf die ökumenische Bewegung so weit gehen, daß sie als eine »Ökumene qua Desinteresse« theologische Unterschiede negiert, um die Einheit zu erzielen?

Müller: Wenn man alles auf eine Zivilreligion reduziert, sind nicht nur die Unterschiede obsolet, sondern auch die Grundeinheit im Glauben an den dreifaltigen Gott, die Gottheit Christi, die Notwendigkeit der Gnade, das ewige Leben. Der Indifferentismus und der Relativismus in der Wahrheitsfrage sind die falschen Freunde der ökumenischen Bewegung – in Wirklichkeit sogar ihre Totengräber.

Rilinger: Halten Sie es für sinnvoll, wie in einem Gerichtsverfahren die Einheit der Kirche dadurch zu erzielen, daß beide Seiten ihre Forderungen gemäß dem Prinzip des »do ut des« so lange zurücknehmen und so lange feilschen, bis ein gemeinsamer Nenner gefunden ist?

Müller: Die Ökumene ist Gehorsam gegenüber dem Willen Christi, der die Einheit seiner Jünger will, damit die Welt glaubt, und nicht ein abgeschmacktes Feilschen oder gar ein primitiver Kuhhandel.

Rilinger: Auch wenn immer noch konstituierende Unterschiede zwischen den einzelnen Konfessionen bestehen, können Sie sich vorstellen, daß diese Unterschiede in den Hintergrund treten, um dem Ziel näher zu kommen, die Christenheit zu vereinen?

Müller: In der klassischen katholisch-evangelischen Kontroverse geht es nicht um die Gotteslehre, die Schöpfung oder die Gnade, sondern um deren Vermittlung in der Kirche und den Sakramenten. Gewiß sind wir in zentralen Artikeln des Glaubens vereint, sofern wir nicht auf ein liberales Kulturchristentum herabgesunken sind. Aber Kirche und Sakramente bleiben ein wichtiges Thema. Mit welchem Recht sagt einer, die Firmung, die sakramentale Buße, die Krankensalbung, die Priesterweihe, die Ehe als Sakrament, das Bischofsamt oder das Papsttum seien nicht wichtig? Sollen diese Wahrheiten wie im Schlußverkauf auf dem Wühltisch des Relativismus landen?

Wenn der Glaube nicht mehr die Grundlage der Kirche ist, dann löst sie sich auf in eine Organisation mit ethischen und sozialen Zielen, in der aber privat jeder glaubt, was ihm beliebt. Das isoliert jeden in seinem Selbst, und keiner ist mehr verbunden in der geoffenbarten Wahrheit des heiligenden Gottes. Von der einen heiligen Kirche bliebe weder etwas Heiliges noch Einendes. Sie wäre nicht mehr »die Kirche des lebendigen Gottes, Säule und Fundament der Wahrheit« (1 Tim 3,15).

Rilinger: Muß die Kirche Erkenntnisse aus den jeweils aktuellen »Lebenswirklichkeiten« heranziehen, um die Lehre der Kirche zu interpretieren?

MÜLLER: Nein. Die zum pastoralen Super-Dogma erhobene »Lebenswirklichkeit« ist das von schlauen Opportunisten gezimmerte Trojanische Pferd, um ihre einfältigen Gegner zu übertölpeln. Jesus allein kennt voll und ganz unser Herz, und er weiß um die Lebenswirklichkeiten der Menschen im Guten wie im Bösen. Er ist der Erlöser von Sünde, Tod und Teufel. Er hat auf die Lebenswirklichkeit der damals üblichen Ehescheidung, den Neid und die Mißgunst der Pharisäer, die politische Gewalt der Römer nicht mit Anpassung und einem »Paradigmenwechsel« in der Glaubenslehre Israels reagiert. Vielmehr hat er in Vollmacht den ursprünglichen Heilswillen Gottes gegen alle Verflachung und Verfremdung wieder zur Geltung gebracht. Er hat die Welt nicht nur anders interpretiert und hie und da etwas verändert, sondern ein für allemal zum Guten gewendet. Er begleitet nicht den Sünder auf seinem Weg in den Abgrund, sondern ruft ihn zur Umkehr, damit er auf dem »schmalen Weg, der zum Leben führt« (Mt 7, 14), geht.

RILINGER: Dürfen wegen des Wunsches, die eine heilige Kirche herbeizuführen, konstituierende Voraussetzungen der römisch-katholischen Kirche aufgegeben werden?

MÜLLER: Die katholische Kirche könnte sich selbst aufgeben, wenn sie eine bloß von Menschen gemachte religiöse Gruppierung wäre. Warum sollte sich ein Sportverein nicht auflösen oder mit einem andern vereinigen? Aber die katholische Kirche glaubt an den dreifaltigen Gott, der sein Volk zusammengerufen und die Apostel mit der universalen Verkündigung des Evangeliums und der Zueignung der Gnade in den Sakramenten beauftragt hat. Und somit glaubt die Kirche, daß sie in Christus »das allumfassende Sakrament des Heils der Welt ist« (*Lumen gentium*, 1 u. 48).

Gewiß mag uns ein Nichtkatholik diese Überzeugung empört als Selbstüberschätzung und Anmaßung vorwerfen oder im aufgeklärten Skeptizismus sich darüber lustig machen. Aber mit welchem intellektuellen und moralischen Recht behauptet er apodiktisch seinen Relativismus und bestreitet anderen – als einzelnen und als Gemeinschaft – das Menschenrecht der Glaubensfreiheit? Mir ist klar, daß er das aus der Gewißheit heraus unternimmt, daß es eine Offenbarung nicht geben könne und unsere Überzeugungen deshalb bloße Projektionen sein müßten. Aber das ist auch nur wieder seine subjektive Meinung, und er ist nicht berechtigt, diese als Maß an andere Gewissen anzulegen.

RILINGER: *Auch wenn die Kirche nicht dem Mainstream hinterherhecheln muß, um als modern angesehen zu werden, müßte sie nicht vielmehr versuchen, den Zeitgeist nach ihren Vorstellungen zu beeinflussen?*

MÜLLER: Das Einheitsdenken ist eine geistfeindliche Ideologie. Vom Standpunkt des Glaubens können wir mit den totalitären Ideologien nicht verhandeln, sondern müssen ihnen die Maske vom Gesicht reißen. Jede Demokratie einer pluralistischen Bürgergesellschaft auf der Basis der Gewissens- und Religionsfreiheit wurde und wird vernichtet durch die politischen Ideologien des Bolschewismus, Nationalsozialismus und des heutigen neomarxistischen Kapitalsozialismus in der westlichen Welt oder durch den Genderwahn, der die im Leib des Menschen begründete Zweigeschlechtlichkeit leugnet und zerstören will.

RILINGER: *Was verstehen Sie unter dem neomarxistischen Kapitalsozialismus?*

MÜLLER: In China haben wir eine Vermischung von Kapitalismus in der Ökonomie und Kommunismus in der Ideologie, so daß beide Systeme zu Mitteln der absoluten Herrschaft werden. Im Westen haben die zehn reichsten Männer der Welt 550 Milliarden Dollar als Gewinn aus der Corona-Krise gezogen, während Millionen von Menschen ihre Arbeit verloren haben oder unter die Armutsgrenze gerutscht sind. Zugleich sind die wichtigsten Medien in der Hand jener Männer. Sie haben somit das Deutungsmonopol über das Weltgeschehen und betrachten das einfache Volk wie von ihnen zu betreuende Kleinkinder. Das ist eine neue Form der Vermischung von Kapitalismus und marxistischer Lenkung bzw. Beherrschung der Massen. Warum wohl bewundern interessierte Kreise im Westen das chinesische Kontroll- und Überwachungssystem?

RILINGER: Können Sie sich vorstellen, daß einzelne römisch-katholische Nationalkirchen – vergleichbar mit verschiedenen orientalischen katholischen Kirchen – eine Selbständigkeit erhalten, auf Grund deren diese Kirchen zwar den Papst als Oberhaupt anerkennen, aber gleichwohl eine andere, eigene Verfassung aufweisen?

MÜLLER: Nein, das wäre die Zerstörung der Kirche Christi und des katholischen Glaubens. Das Wesen der im Pfingstereignis zutage getretenen Kirche der endgültigen Heilszeit ist doch gerade, daß der Glaube verbindet, wo die Nationalität trennt. Es gibt keine deutsche Kirche außer in den Köpfen von autoritären, ihr Amt mißbrauchenden Bischöfen, machthungrigen Laienfunktionären und ideologisch verbohrten Professoren. Im Blick auf das Kirchenbild des Zweiten Vatikanums sind diese Deutsch-Nationalkirchler nicht so fortschrittlich, wie sie meinen, sondern noch reaktionärer, als sie scheinen.

RILINGER: Die Auseinandersetzung zwischen den deutschen Ortskirchen und dem Vatikan über die Formulierung der Lehre wird in der Öffentlichkeit als Streit empfunden. Könnte dieser Streit den Verdruß an der Kirche verstärken und zu weiteren Kirchenaustritten führen?

MÜLLER: Die menschlichen Schwächen und Mängel der höheren Vertreter sind immer eine Prüfung unseres Glaubens, ob wir nun wegen Christus in der Kirche sind oder wegen sekundärer Gefälligkeiten. Aber sie sollten nie ein Grund dafür sein, sich von der Kirche zu trennen. Denn diese ist der sichtbare Leib Christi und der Tempel des Heiligen Geistes. Wer sich aber durch schweres Versagen, Streitsucht und Machtgier an der Einheit der Kirche versündigt, der trägt auch Verantwortung für den Verlust der – äußeren – Glaubwürdigkeit der Kirche. Die innere Glaubwürdigkeit der Kirche, das ist die hingebende Liebe Christi zu unserem Heil und das gute Beispiel der großen Heiligen, aber auch der unscheinbaren ernsthaften Christen, die uns im Alltag begegnen – diese Glaubwürdigkeit kann durch keine irdische Macht innerhalb und außerhalb ihrer Gemeinschaft zerstört werden (vgl. Mt 16,18).

RILINGER: Könnte der Streit sogar zum Schisma führen?

MÜLLER: Ich fürchte: ja! und hoffe: nein![16]

Ein bloßes Kulturchristentum hat keine Zukunft

Die Welt scheint aus den Fugen zu geraten. Keine historische Überlieferung soll mehr Bestand haben, alles wird in Frage gestellt, jeder Wert soll umgewertet werden, und jegliche tradierte Vorstellung soll dekonstruiert werden, um etwas vollkommen Neues, etwas, was keine Bindung zum Herkömmlichen hat, zu erschaffen. Dieser Kampf hat inzwischen den marxistischen Klassenkampf überstiegen und die Kapitalismuskritik für obsolet erklärt. Es geht um mehr, es geht gleichsam um eine menschengemachte Neuschöpfung, in der die Toleranz nur der eigenen Meinung gegenüber gilt und jegliche Abweichungen auch mit Gewalt bekämpft werden. Die Umwertung der Werte soll vollzogen werden, damit ausschließlich die eigenen Werte Maßstab jeglichen Denkens und Handelns darstellen. Diesem diktatorischen Meinungs- und Tugendterror von Robespierreschem Zuschnitt gilt es etwas entgegenzusetzen. Wer könnte besser geeignet sein als die Kirche, sich der Meinungsdiktatur entgegenzustemmen?

LOTHAR C. RILINGER: *Bevor wir uns den politischen Aufgaben der Kirche zuwenden, lassen Sie uns über den Ursprung und das Wesen der Kirche sprechen. Die Kirche ist mehr als ein Geschöpf der Menschen, sie ist von Jesus Christus selbst eingesetzt worden. Das führt uns zu der Frage: Was ist Sinn und Zweck der Kirche?*

GERHARD LUDWIG KARDINAL MÜLLER: Martin Luther hat die Kirche eine »creatura verbi« genannt – ein Geschöpf des Wortes Gottes. Dem können wir Katholiken zustimmen, wenn es nicht beschränkt wird auf den Akt des Glaubens, in dem wir erfahren, daß wir lebendige Glieder am Leib Christi sind. Die Kirche besteht aus endlichen, sündigen und wankelmütigen Menschen, aber sie ist im wesentlichen eine Stiftung Gottes – beginnend in der Sammlung des Gottesvolkes und endgültig durch die Menschwerdung Gottes und die pfingstliche Ausgießung des Heiligen Geistes. Jesus hat mit der Berufung seiner Apostel den historischen Kern der Kirche geschaffen und seine Kirche (Mt 16,18) als sichtbare Gemeinschaft der Gottesverehrung und der Nachfolge Christi, des Glaubensbekenntnisses und der Gnadenvermittlung begründet. Sie ist Haus und Volk Gottes, die Herde seiner Schafe, der Leib und die Braut Christi sowie der Tempel des Heiligen Geistes. Nur mit den vom Glauben erleuchteten Augen können wir in dem sichtbaren Gebilde ihre Gründung im universalen Heilswillen Gottes erkennen. Von außen sehen die Nichtchristen nur eine religiöse Institution, die mit dem Evangelium eine schöne Botschaft predigt, aber im konkreten Verhalten ihrer Mitglieder und ihrer Repräsentanten nur eine mäßige »Performance« ihrer Glaubwürdigkeit bietet, manchmal sogar eine, die nur Ärgernis erregt. Auch die Gläubigen wissen, daß die Kirche eine gemischte Gesellschaft ist aus Heiligen, insofern wir auf das Gnadenwirken Gottes schauen, und aus Sündern, insofern wir im Blick auf uns schwache Menschen unser Versagen anerkennen müssen: »[Die Kirche] ist zugleich heilig und stets der Reinigung bedürftig, sie geht immerfort den Weg der Buße und der Erneuerung. Die Kirche ›schreitet zwischen den Verfolgungen der Welt und den Tröstungen Gottes‹ (Augustinus) auf ihrem Pilgerweg dahin und verkündet das Kreuz und den Tod des Herrn, bis er wiederkommt.« (*Lumen gentium*, 8)

RILINGER: Damit steht fest, daß die Kirche von ihrem Selbstverständnis her die Immanenz und die Transzendenz einschließt. Sie ist Werkzeug und Zeichen für die innigste Vereinigung der Menschen mit Gott, aber auch für die Einheit der ganzen Menschheit, wie es der belgische Theologe Gérard Philips zur Vorbereitung des Konzilsdekrets »Lumen gentium« ausgedrückt hat. Damit werden die zwei Dimensionen der Kirche erfaßt. Bedeutet dies, daß die Ethik oder vielmehr das Erfahrungswissen gleichberechtigt neben dem Glauben, also dem Offenbarungswissen, steht?

MÜLLER: Es gibt eine Reihenfolge, die nicht umgekehrt werden kann. Die Gnade Gottes ist zuerst eine Gabe und dann auch eine Aufgabe. Erst kommt das neue Sein und dann das neue Handeln auf Grund des Sollens. Aber das darf nicht als äußerliche Konsequenz angesehen werden, so daß der Christ nur legalistisch ein sachhaftes Gesetz befolgt. Wir folgen Jesus nach. Und die Gemeinschaft mit ihm, ja die neue Geschöpflichkeit, die uns auf Grund der Einheit mit dem gekreuzigten und auferstandenen Herrn durch die Taufe und den Glauben (mit Hoffnung und Liebe) zuteil geworden ist – diese neue Geschöpflichkeit also macht es möglich, daß wir in der Erfüllung der Gebote Gottes eins werden mit ihm in der Liebe.

Die Theologie beruht nur auf der Auslegung der Offenbarung, aber sie zieht dafür auch das Erfahrungswissen der Geistes- und der Sozial- und Naturwissenschaften sowie die praktischen Regeln der gesunden Alltagslogik heran, um eine geistige und moralische Orientierung der Glaubenden in ihrer jeweiligen Welt und Epoche zu ermöglichen. Aber das Wort Gottes kann niemals der endlichen Vernunft eines geschaffenen Verstandes untergeordnet werden. Wenn sich, um ein Beispiel zu nehmen, unser Wissen über die kosmologische Entstehung unseres Kosmos im Verhältnis zu den naturwissenschaftlichen Erkenntnissen zur Zeit der Abfassung des Buches Genesis im Alten Testament auch unermeßlich gewandelt hat, so ändert das nichts an unserem philosophischen und theologischen Wissen, daß alles, was existiert und was nicht Gott ist, sein Dasein und sein Sosein durch den Willen Gottes empfangen hat.

Rilinger: Da die Moral Teil der Religion ist und die Kirche somit auch auf den Umgang der Menschen miteinander Einfluß nehmen muß, könnte deshalb der Kirche die Verpflichtung obliegen, sich in den politischen Diskurs einzuschalten? Ist sie hierzu verpflichtet, und wenn ja, in welchem Umfang und auf welchem Gebiet soll sich die Kirche politisch engagieren?

Müller: In einem demokratischen Staat, in dem politische Parteien legitim um die Mehrheit kämpfen, kann sich die Kirche von ihrem Wesen und ihrer Aufgabe her, den universalen Heilswillen Gottes zu verkünden und in den Sakramenten zu vermitteln, nicht in die Parteipolitik einmischen. Etwas anders ist das Engagement der Bürger aus ihrem christlichen Glauben heraus für das Gemeinwohl. Aber die Kirche, gerade auch durch ihre höchsten Repräsentanten, den Papst, die Bischöfe, die Geistlichen vor Ort, muß Stellung nehmen zu den Grundlagen jedes Gemeinwesens. Dazu gehört das Bekenntnis zur unveräußerlichen Würde eines jeden einzelnen Menschen und zur Garantie der grundlegenden Menschenrechte wie der Rechte auf Leben, auf Freiheit des Gewissens und der Religion, um einige Beispiele zu nennen. Sie darf aber nicht wie eine Lobbygruppe materielle Eigeninteressen vertreten – unabhängig von der Tatsache, daß die Kirche zur Erfüllung ihrer Sendung auch irdischer Güter bedarf. Dem Staat kommt kein Recht zu, die Kirche – wie im Zuge der Säkularisationen – zu enteignen und dann die Bischöfe mit einer staatlichen Besoldung von sich abhängig zu machen. Hier gibt es manche historische Verwerfung, und manches ist zu korrigieren. (Die Kirchensteuer in Deutschland ist – nebenbei gesagt – kein Geld des Staates an die Kirche, sondern der nach dem Einkommen gestaffelte Beitrag ihrer Mitglieder.)

RILINGER: *Die Kirche muß sich also zumindest beratend in den politischen Diskurs einschalten. Erwächst hieraus die Verpflichtung, christliche Werte herauszubilden und zu versuchen, diese in der Gesellschaft zu verankern?*

MÜLLER: Ja, das ist eine große Aufgabe. Besonders die katholischen Vereine und Verbände, die Erwachsenenbildung und die Universitäten bieten den Raum für eine geistige, kulturelle und politische Bildung Heranwachsender und Erwachsener.

RILINGER: *Auf Grund unserer aufklärerischen Vorstellungen hat sich das Prinzip der Trennung von Kirche und Staat durchgesetzt, so daß die Kirche nicht mehr als Staatskirche angesehen werden kann. Sie ist aber gleichwohl existent und damit Teil der Gesellschaft. Die Kirche leidet unter einem Mitgliederschwund. Besteht deshalb die Gefahr, daß der Einfluß der kleiner werdenden Kirche im gesellschaftlichen Bereich und damit auch in der Politik abnimmt?*

MÜLLER: Weder eine Staatskirche noch eine »theokratisch« konzipierte Gesellschaft wie im Islam kann unser Modell sein. Unser demokratischer Staat ist übrigens kein Obrigkeitsstaat, der religiöse Aktivitäten reguliert. Er dient der Gesellschaft, die aus den einzelnen Personen mit deren Grundrechten und deren individueller und korporativer Religionsfreiheit besteht. Der Einfluß des Evangeliums und der Lehre der Kirche auf die Gesellschaft kann nicht über die Autorität des Staates laufen, sondern über das Wahrheitsgewissen der Menschen.

Das ist auch die Konzeption der Religionsfreiheit und damit auch der Freiheit der Kirche in einem modernen demokratischen, auf den Menschenrechten gegründeten Staat – wie es das Zweite Vatikanische Konzil im Dekret über die Religionsfreiheit, *Dignitatis humanae* (1965), formuliert hat.

RILINGER: *Kann somit der Einfluß der Kirche auf die Politik unabhängig von der Größe der Kirche und der Anzahl ihrer Mitglieder gesehen werden?*

MÜLLER: In den Staaten des Westens ist die Mehrheit seit vielen Jahrhunderten christlich geprägt. Aber seit der Reformation gibt es dort auch wechselnde Mehrheiten und Minderheiten zwischen katholischen und protestantisch gewordenen Staaten, mit all den Problemen der Diaspora. Außerhalb Europas und Amerikas sowie Australiens, in Asien und Afrika, gibt es christliche Minderheiten inmitten nichtchristlicher Mehrheitskulturen, die ihnen gegenüber teils tolerant, teils aggressiv-kirchenfeindlich gestimmt sind. Wenn es sich um sehr aktive christliche Gemeinden handelte, vermochten sie einen bestimmten Einfluß auf das Menschenbild der sie umgebenden Gesellschaften auszuüben, und zwar durch das Bewußtmachen dessen, daß jeder einzelne Mitmensch über eine Würde verfügt, und durch ihre karitative Einstellung. Man denke etwa an Mutter Teresa und ihre Mitschwestern.

RILINGER: *Um den Mitgliederschwund zu bremsen und um die Kirche wieder für mehr Gläubige attraktiv zu machen, ist es notwendig, sie einem Erneuerungsprozeß zu unterziehen. Übereinstimmung herrscht zwar innerhalb der Kirche, daß eine Erneuerung vollzogen werden müsse, doch wie dieser Prozeß ausgestaltet sein müßte, ist heftig umstritten. Joseph Ratzinger hat schon 1972 empfohlen, die Erneuerung der*

Kirche einzuleiten, und deshalb in seinem Buch »Das neue Volk Gottes« den Vorschlag unterbreitet, »dem reinen Bild des Ursprungs Geltung zu verschaffen«[17] und sich nicht der Modernisierung hinzugeben, denn in der Konkurrenz mit anderen Modernisierern werde die Kirche immer ins Hintertreffen geraten. Können Sie sich dieser Vorgabe anschließen?

MÜLLER: Christ wird man im Innersten des Verstandes und Herzens durch den Glauben an Jesus, den Sohn Gottes und den Retter der Welt. Diesen Glauben können wir nicht modernisieren, d. h. verweltlichen. Aber wir können ihn in seiner Aktualität aufzeigen als das Vertrauen, das wir im Leben und Sterben allein auf Gott und nicht auf Menschen setzen. Jedoch müssen wir die geistige Konzeption des Christentums auch mit dem modernen wissenschaftlichen Weltbild und der Gesellschaftsentwicklung in eine Synthese bringen oder falschen Tendenzen widersprechen. Den Sozialdarwinismus eines biologistischen Menschenbildes gab es nicht in der Zeit Jesu. Zu Recht hat die Kirche gegenüber der angeblich wissenschaftlichen Rassenlehre des Nationalsozialismus und der kommunistischen Theorie von der Geschichte als Folge mörderischer Klassenkämpfe an dem Prinzip der wahren Gleichheit und Solidarität aller Menschen als der Geschöpfe Gottes festgehalten.

Wir bejahen grundsätzlich alle Möglichkeiten der Medizin, den Menschen in ihren Leiden und Krankheiten zu helfen. Aber wir bestehen bioethisch auf dem Grundsatz, daß der eine nicht auf Kosten des andern geheilt werden dürfe, wie es in der verbrauchenden Embryonenforschung praktiziert wird oder auch beim Handel mit Organen, wenn diese Menschen gegen deren Willen, mit Gewalt entnommen werden, oder auch im Rahmen der Leihmutterschaft, wenn die Notlage von Frauen ausgenutzt wird, um ihren Körper für eine

Leihmutterschaft – besser: »Mietmutterschaft« – zu kaufen, um nur einige besonders verwerfliche Beispiele aufzuführen.

RILINGER: *Besteht die Gefahr, daß, die Kirche ihren spirituellen Charakter verliert, wenn sie sich die Vorstellungen des Mainstreams zur Grundlage ihrer Erneuerung erkoren hat und sich dadurch ihrer eigentlichen Aufgabe als Werkzeug Gottes entledigt?*

MÜLLER: Der sogenannte Mainstream ist heute die Methode, mit der Ideologen die Weltgesellschaft geistig und moralisch gleichschalten, damit eine kleine Finanzelite die große verdummte Masse leichter lenken und ihr dabei erfolgreich einreden kann, daß sie sich aus eigener Überzeugung hat entmündigen lassen. Die Kirche ist – nach Jürgen Habermas, dem bekannten Philosophen der Frankfurter Schule – mit ihrer Lehre und Liturgie in der säkularen Moderne »die Vergegenwärtigung einer starken Transzendenz und ein Pfahl im Fleisch einer Moderne, die dem Sog zu einem transzendenzlosen Sein nachgibt«.[18] Die Kirche ist damit der letzte Hort der Freiheit gegenüber einer totalitären Gleichschaltung.

RILINGER: *Wenn sich die Kirche auf der Grundlage ihrer Ursprünge erneuert und die Glaubensverkündigung in den Vordergrund ihres Engagements stellt, könnte sie dann in der Gesellschaft wieder stärker wahrgenommen, ja auch akzeptiert werden?*

MÜLLER: Der Weg zur gesellschaftlichen Bedeutung der Korporation der Kirche kann nur über die Überzeugungsarbeit des einzelnen führen. Ein Fluß, der von seiner Quelle getrennt wird, ist zum Austrocknen verurteilt. Ein bloßes Kulturchristentum ohne den persönlichen Glauben an den dreifaltigen Gott, den Schöpfer, Erlöser und Versöhner, hat keine Zukunft.

Rilinger: Können Sie sich vorstellen, daß der Prozeß einer schleichenden Entchristlichung unserer Gesellschaft durch das Beispiel der verbliebenen Mitglieder der Kirche gestoppt und ins Gegenteil verkehrt werden könnte?

Müller: Rein menschlich betrachtet, ist das schwer vorstellbar. Aber bei Gott ist alles möglich, und warum sollen sich die Menschen auf Dauer zum eigenen Schaden dem Evangelium seiner Liebe verschließen? Die Gnade ist nicht nur Gottes Gunst, sondern auch seine Kraft, die uns verändert und die resignierten Zyniker der Dekadenz in opferbereite Apostel der Frohen Botschaft verwandeln kann.

Rilinger: Grundlage der kirchlichen Verkündigung ist die Heilige Schrift und die Tradition. Die sich hieraus ergebenden Wahrheiten müssen verkündet werden. Wie stellen Sie sich eine Neuevangelisierung vor, und wie meinen Sie wieder die Herzen der Menschen erreichen zu können, damit sie sich für das Wort Gottes öffnen?

Müller: Wir müssen lebendige Zeugen sein. Wer nicht überzeugt ist, kann auch andere nicht überzeugen. Aber wir können nur die Botschaft Christi verkünden und vorleben. Gott allein kann innerlich die Herzen berühren. Es steht nicht in menschlicher Macht, andere zur Hingabe ihres Herzens an Gott zu bewegen. Ein Überreden mit klugen Worten und propagandistischen Tricks wäre ohnehin der Freiheit des Menschen unwürdig und hätte mit dem inneren Glauben des Herzens und dem dazugehörigen äußeren Bekenntnis wenig zu tun (vgl. Röm 10, 9 f.).

Rilinger: Welche Möglichkeiten der Verkündung der Lehre Christi können Sie sich vorstellen, um die Herzen der Menschen zu erreichen?

Müller: Wie war es denn den Aposteln und den verachteten Christen der ersten drei Jahrhunderte gegenüber der griechisch-römischen Hochkultur gelungen, den Samen des Wortes Gottes und der Gnade Christi in die Herzen der einfachen Menschen und in den Kopf der Intellektuellen auszusäen? Sie konnten niemals, besonders nicht nach dem diokletianischen Totalvernichtungsprogramm, mit der Konstantinischen Wende rechnen – die allerdings auch das neue Problem der opportunistischen Massenbekehrung mit sich brachte. Die Zukunft kennt allein Gott, und er führt die Kirche auf ihrem Pilgerweg, von dem wir nur das Ziel, aber nicht die verschlungenen Pfade kennen. Wir können uns als Gottes Mitarbeiter zur Verfügung stellen durch ein echt christliches Leben, durch das Gebet und die geistige Überzeugungsarbeit, durch die Katechese für Heranwachsende, und wir können versuchen, über die christliche Allgemeinbildung zu wirken sowie durch die Vermittlung der Spitzenleistungen großer Theologen wie des Athanasius, des Basilius des Großen, des Augustinus, des Thomas von Aquin, Bonaventuras, Johann Adam Möhlers, Matthias Joseph Scheebens, John Henry Newmans, Hans Urs von Balthasars usw.

Man sagt: Die Heiligen retten die Kirche. Aber sowohl die sakramental vermittelte heiligmachende Gnade wie auch die heroische und spirituelle Heiligkeit der von der Kirche zur Ehre der Altäre erhobenen Mitchristen können ja von uns nicht organisiert werden, sondern sind die Frucht der Gnade, die wir demütig von Gott erbitten.

Rilinger: Der Mitgliederschwund wird auch finanzielle Konsequenzen haben. In Deutschland gibt es die Verpflichtung, Kirchensteuer, die für die Kirche vom Staat eingezogen wird, zu zahlen. Je weniger Mitglieder die Kirche aufweisen kann, desto weniger Steuern fließen, und damit wird auch der Spielraum kleiner, in dem die Kirche handeln kann. Die Kirche könnte zur armen Kirche werden. Halten Sie es für möglich, daß eine arme Kirche attraktiver für die verlorenen Schafe ist und deshalb wieder erstarken könnte?

Müller: Nicht per se. Wir können arme Kirche sein in dem Sinn, daß alle merken, daß die Kirche kein Geldinstitut ist und die materiellen Güter vielmehr nur Mittel zu einem höheren Zweck sind. Ein Priester bekommt eigentlich keine Vergütung für seine Dienste, sondern nur für seinen Lebensunterhalt. Die eigentlichen Heilsgüter haben wir von Gott alle umsonst empfangen. Klar ist, daß auch ihre Weitergabe durch die Apostel und deren Nachfolger gratis zu geschehen hat. »Umsonst habt ihr empfangen, umsonst sollt ihr geben« (Mt 10, 8).

Rilinger: Können Sie sich vorstellen, daß die Kirchensteuer abgeschafft wird und die Kirche nur noch auf freiwillige Spenden angewiesen ist?

Müller: Die Kirchensteuer hängt in dieser Form von der Vereinbarung zwischen Kirche und Staat ab und hat auch zu tun mit der gewaltsamen Aneignung von Kirchengütern durch die absolutistischen Fürstenstaaten mit Hilfe Napoleons (1803). Bei einer anderen Regelung kann nur herauskommen, daß die regelmäßige, dem Einkommen entsprechende Abgabe der Glieder der Kirche an den Bischof, der für die Gesamtsendung der Kirche verantwortlich ist, von kirchlichen Stellen erhoben wird – statt wie bisher von den staatlichen

Finanzämtern, die sich für diese Dienstleistung bezahlen lassen. Etwas anderes sind die freiwilligen Spenden der Gläubigen für bestimmte Organisationen (»Misereor«, »Adveniat«, »Kirche in Not« ...) oder einzelne Projekte.

RILINGER: *Halten Sie es für realistisch, daß eine Kirchenmitgliedschaft einmal auch ohne Zahlung der Kirchensteuer möglich sein wird?*

MÜLLER: Die Kirchensteuer in dieser Form gehört natürlich nicht zum sakramentalen Wesen der Kirche, sondern ist eine unter bestimmten historischen Konstellationen gewachsene Form der Finanzierung der kirchlichen Aktivitäten, die sich bewährt hat und die man nicht willkürlich beenden sollte. Der reelle Schaden wäre momentan größer als der erträumte Nutzen.

RILINGER: *Andres gefragt: Ist die Zahlung der Kirchensteuer oder eines wie auch immer zu bezeichnenden Beitrags eine Conditio sine qua non für die Mitgliedschaft in der Kirche, oder könnte auch eine Mitgliedschaft für Gläubige möglich sein, die sich weigern, Kirchensteuern oder Beiträge zu zahlen?*

MÜLLER: Die Bereitschaft, die Sendung der Kirche auch materiell mitzutragen, ist eine moralische Konsequenz aus unserem Christsein. Wie hoch der Beitrag ist, den der einzelne erbringen zu können meint, bleibt seinem Gewissen überlassen – wie schon der hl. Petrus gegenüber Hananias und seiner Frau Saphira feststellte (vgl. Apg 5, 4). Es herrschte in der Urgemeinde keineswegs ein Zwangskommunismus. Unter den Konkordatsbedingungen in Deutschland hat jeder Angehörige einer anerkannten Religions- und Weltanschauungsgemeinschaft das bürgerliche Recht, dort seine Mitgliedschaft zu erklären oder sich abzumelden. Für uns Katholiken gehört das öffentliche Bekenntnis zur sichtbaren Kirche als Sakraments- und Rechtsgemeinschaft dazu und ist die innere Bedingung der Zugehörigkeit zur realen Heilsgemeinschaft (vgl. *Lumen gentium,* 8).

Leider gibt es auch Gründe, über den unsachgemäßen Umgang mit Kirchengütern und Spendengeldern verärgert und manchmal sogar entsetzt zu sein. Doch ist hier mit einer Abstellung der Mißstände zu reagieren und nicht mit der völlig unkatholischen Trennung der Kirche in eine idealistisch-unsichtbare Gnadengemeinschaft und eine sichtbare Religionsorganisation. Die Kirche besteht nach der Analogie des gott-menschlichen Mysteriums Christi in der sakramentalen Einheit von göttlichen und menschlichen Elementen. Und sie ist, was die Menschen in ihr betrifft, eine gemischte Gesellschaft aus Heiligen der Gnade und Sündern dem menschlichen Unvermögen nach. Erst beim Endgericht wird Gott die Spreu vom Weizen trennen. Uns bleibt nur die Mahnung: »Wer zu stehen meint, der sehe zu, daß er nicht falle.« (1 Kor 10, 12)

RILINGER: *Durch die Kirchensteuer ist die Kirche eng mit dem Staat verbunden, zumal der Staat durch den Einzug der Steuer nicht unerhebliche finanzielle Vorteile erwirtschaften kann. Doch gehören die Kirche und der Staat gleichwohl verschiedenen Welten an. Muß die Kirche diese Unterschiedlichkeit betonen und sich deshalb vermehrt auf ihre eigene Grundlage, die ja in der Schrift und der Tradition besteht, beziehen und sich von der Welt zurückziehen, um ein Gegengewicht zur Welt bilden zu können? Muß diese Entweltlichung auch in den einzelnen Gläubigen vollzogen werden, damit diese sich mit ihren Vorstellungen den religiösen Vorgaben annähern?*

Müller: Bei uns in Deutschland haben wir das Prinzip der Trennung von Kirche und Staat bei gleichzeitiger Kooperation zum Gemeinwohl (kirchliche Kindergärten, Krankenhäuser, Schulen ...). Das französische Modell des Laizismus versteht sich auch als Trennung von Kirche und Staat, wie sie durch die Laizismus-Gesetze aus dem Jahr 1905 festgelegt worden ist. Diese vollständige Trennung ist aber in Wirklichkeit eine kirchenfeindliche Ausschaltung der Kirche aus der Öffentlichkeit, was der korporativen Religionsfreiheit und der öffentlichen Religionsausübung widerspricht. In dieser Hinsicht dürfen wir uns das Demokratiedefizit in Frankreich und anderswo nicht als Muster unterjubeln lassen.

Wir leben in dieser Welt, die Gott erschaffen hat, die aber unter der Last der Sünde aus den Fugen gerät, wenn sie seine Gnade verschmäht und vom Weg in der Nachfolge des gekreuzigten und auferstandenen Herrn abweicht. Die Kirche darf sich nicht verweltlichen. Sie muß verhindern, daß das Salz schal wird und aus einem eschatologischen Zeichen der kommenden Welt ein Büro für innerweltliche Lebenshilfe wird. Christus ist nicht gekommen, um diese oder jene Verbesserung ins Weltgetriebe einzubauen, sondern um die Welt ein für allemal zum Guten zu führen, indem er sie zu einer neuen Schöpfung macht. »Gleicht euch nicht dieser Welt an, sondern verwandelt euch durch die Erneuerung des Denkens, damit ihr prüfen könnt, was der Wille Gottes ist, das Gute, das Wohlgefällige und Vollkommene.« (Röm 12, 2)

Rilinger: Was halten Sie von der Entweltlichung der Kirche als kirchenpolitischer Strategie?

Müller: Eigentlich haben wir die ganze Zeit darüber gesprochen. Es geht um die Entpolitisierung und darum, daß wir uns vor der Welt, der Staatengesellschaft sozusagen als eine gesellschaftliche Macht legitimieren. Die katholische Kirche hat in der Bundesrepublik eine große Bedeutung, weil sie zusammen mit den Evangelischen größte Arbeitgeberin ist und weil wir viele Kindergärten und andere soziale Einrichtungen in kirchlicher Trägerschaft haben. Das Gesundheitswesen funktioniert in manchen Ländern schlecht, wenn die Caritas oder unsere internationalen Hilfswerke dort nicht tätig sind. Das ist alles wichtig und gut, aber wir dürfen uns nicht von daher definieren. Das, was wir sozusagen der Welt gegenüber als Dienst erbringen, ist nicht der Legitimationsgrund der Kirche vor der Welt. Die Legitimation ist in der Transzendenz gegeben, nicht aber in der Immanenz.

Es ist natürlich leichter, wenn Kardinal Marx auf dem Empfang des bayrischen Ministerpräsidenten den Aufsichtsratsvorsitzenden, den Firmenbossen, den Konzernchefs, die wenig mit dem Christentum anfangen können und nicht in christlichen Kategorien denken, erklären kann, wie nützlich und kostensparend die Kirche doch für die Zivilgesellschaft sei. Das ist allerdings nur eine Sekundärlegitimierung. Wir müssen vielmehr sagen, daß wir in kirchlichen Schulen aus unseren christlich-katholischen Quellen heraus den Kindern ein bestimmtes Menschenbild vermitteln, das positiv für das Ganze unserer Gesellschaft ist. Wir wollen den Agnostikern und Ungläubigen oder Abständigen nicht mit deren Kategorien, mit denen sie uns eigentlich ablehnen, unsere Legitimation erklären.[19]

Das Verhältnis zum Islam im Kontext von Brüderlichkeit und Fluchtgeschehen

Europa wird als Ziel der Flüchtlingsströme immer beliebter. Nach wie vor zieht es hunderttausende Menschen aus Afrika und Asien in den Raum der Europäischen Union, weil sie sich hier ein Leben in materiellem Wohlstand und in Sicherheit erhoffen. Der Zustrom von Flüchtlingen stellt allerdings die europäischen Staaten vor finanzielle Herausforderungen, aber auch vor kulturelle, die die europäischen Gesellschaften zu spalten drohen. Europa erwuchs aus dem Christentum und hat sich trotz den nihilistischen Revolutionen und Diktaturen noch nicht vollständig von dieser Grundlage entfernt. Noch basieren unsere westlichen Rechtssysteme – als eigentliche Grundlagen unserer Gesellschaften – auf der römischen Rechtstradition und den Werten der Evangelien, obwohl gerade diese ethische Tradition überwunden werden soll, wenn es nach den Meinungsführern geht. In der Flüchtlingspolitik prallen die kulturellen und religiösen Grundlagen der Migranten und die der einheimischen Bevölkerung aufeinander und damit auch die Auffassungen in bezug auf Grund- und Menschenrechte, die in diesen beiden Gruppierungen bestehen.

LOTHAR C. RILINGER: *Zunächst müssen wir uns mit der Begründung der Grund- und Menschenrechte beschäftigen, bevor wir dann auf Fragen im Zusammenhang mit dem Islam eingehen wollen. Auf welcher philosophischen Grundlage sollen die Grund- und Menschenrechte fußen? Auf der Grundlage der Aufklärung, wonach sie durch den »allgemeinen Willen« zugewiesen werden – ein Begründungschema, das sich in der französischen Erklärung der Menschen- und*

Bürgerrechte von 1789 wiederfindet –, oder auf der christlichen Grundlage, wonach jeder Mensch als »imago Dei«, als Ebenbild Gottes, über diese Rechte verfügt, ohne daß sie ihm erst von Menschen verliehen werden müssen?

Gerhard Ludwig Kardinal Müller: Man kann hier keinen Gegensatz aufbauen, da auch die Ideen der Menschenrechte in der Aufklärungsphilosophie in der abendländischen Tradition gründen, die ohne das christliche Menschenbild undenkbar ist. Es wurde versucht, jenseits der konfessionellen Gegensätze, die das christliche Ideal wegen der Greuel in den Religionskriegen des 16. und 17. Jahrhunderts unglaubwürdig gemacht haben, eine gemeinsame Basis des Zusammenlebens nach den Prinzipien der natürlichen Vernunft und Moral zu errichten. Konkret wurden auch die Grundrechte des Menschen gegen die absolutistische Staatsgewalt, die die Fürsten mit ihrem angeblichen Gottesgnadentum rechtfertigten, erkämpft. So ergab sich der Haß der Revolutionäre nicht nur gegen den Adel, sondern auch gegen »die Kirche«. Gemeint ist mit »Kirche« hier natürlich nicht die von Christus gestiftete Heilsgemeinschaft mit ihren Gnadenmitteln und ihren vom Heiligen Geist bestellten Dienern an Wort und Sakrament, sondern die in der Feudalgesellschaft als Erster Stand bezeichnete Kirche, die als ein politischer Machtfaktor und eine ideologische Rechtfertigungsinstanz der absoluten Königsgewalt angesehen wurde.

So sehr man im allgemeinen die Erklärung der Menschen- und Bürgerrechte in den USA, in Polen und in Frankreich begrüßen kann, so sehr muß man auch das Fehlen einer Bremse der Volkssouveränität konstatieren. Auch und gerade der demokratische Staat kann seine Autorität dem Bürger gegenüber nur rechtfertigen, wenn er die Grundrechte auf Leib und Leben, religiöse und bürgerliche Freiheit als unverfügbar anerkennt, weil sie in der geistig-sittlichen Natur des Menschen liegen und weil das natürliche Sittengesetz den Unterschied von Gut und Böse vorgibt, also nicht die Staatsmacht positivistisch entscheiden kann, was wir sittlich zu tun oder zu lassen haben. Mit der Staatsräson werden Verbrechen nicht zu Tugenden. Die Perversion der Volkssouveränität zur Rechtfertigung von Terror, Angriffskriegen und Völkermord haben wir seit der Terrorherrschaft der Jakobiner, dem gewaltsamen Kolonialismus im 19. Jahrhundert, den totalitären Ideologien des 20. Jahrhunderts zur Genüge erleben und erleiden müssen.

Es ist darum wichtig – so wie im deutschen Grundgesetz nach den Schrecken der nationalsozialistischen Gewaltherrschaft –, die Menschenrechte auf die Transzendenz der Person zu beziehen, auf die »Verantwortung vor Gott«, und sie damit der menschlichen Willkür – selbst dann, wenn diese von einer Mehrheitsentscheidung herrührt – zu entziehen.

RILINGER: *Nach der Französischen Revolution wurde in der Kirche Notre-Dame zu Paris die Göttin der Vernunft angebetet, verkörpert von einer jungen hübschen Frau, die sich auf dem konsekrierten Altar lasziv räkelte. Es wurde also in der Hauptkirche Frankreichs ein Götzendienst abgehalten. Gehen Sie gleichwohl davon aus, daß sich der Kampf der aufklärerischen Revolutionäre gegen die Kirche, der als Laizismus bezeichnet wird, nur gegen die sichtbare, von Menschen gemachte Kirche gewandt hat, nicht aber gegen die unsichtbare, diejenige, die von Gott selbst gestiftet worden ist?*

MÜLLER: Diese wenig subtilen Revolutionäre waren geistig nicht in der Lage, zwischen dem Göttlichen und dem Menschlichen in der Kirche zu unterscheiden. Aber am tiefsten war bei ihnen der Haß auf Gott, den sie an den armen Priestern,

Ordensleuten und gläubigen Laien grausamst ausgelassen haben.

Rilinger: *Wenn jedem Menschen, unabhängig von seiner Herkunft, Hautfarbe, Geschlecht etc., die Menschenrechte zustehen, können dann auch alle Menschen als Brüder oder Schwestern, also als Geschwister, angesehen werden?*

Müller: Nach dem christlichen Glauben ist Gott der Schöpfer aller Menschen, der sie väterlich umsorgt und der ihr Wohl und Heil bei unserem kurzen Erdenlauf und nach dem Tod in alle Ewigkeit will. Wir Menschen stammen durch die Generationenfolge von der Urmenschheit ab (biblisch repräsentiert durch Adam und Eva). Darum sind wir untereinander Brüder und Schwestern in der Menschheitsfamilie, und wir haben *einen* Gott und Vater im Himmel. Das Wissen um eine Grundsolidarität aller Menschen untereinander ist auch in den Religionen und Philosophien außerhalb der jüdisch-christlichen Überlieferung vorhanden. So hat es sein Echo auch im Islam, wo Gott als der eine Schöpfer aller Menschen geglaubt wird.

Rilinger: *Das führt mich zu der Frage: Ist jeder Nächste der Bruder, oder kann der Nächste nur Bruder sein, wenn er es in Christus ist?*

Müller: Auf doppelter Ebene können wir argumentieren: Von der Natur, von der Schöpfung her sind wir alle Geschöpfe Gottes, insofern sind wir auch Brüder und Schwestern. Aber wir werden durch die Gnade Christi und durch den Glauben in den Leib Christi inkorporiert. Wenn wir dann unsere Brüder und Schwestern Christen heißen, sind wir auf der Ebene der Christusgemeinschaft – in der Sohnesrelation Jesu zum

Vater im Heiligen Geist – Söhne und Töchter Gottes. Daß Christen sich als Brüder und Schwestern in Christus verstehen, ist eine höhere Ebene als die der allgemeinen und natürlichen Ebene der Mitmenschlichkeit. Muslime würden das total ablehnen. Sie vertreten zwar die Auffassung, daß sie untereinander Brüder seien. Die Christen und die Muslime haben aber nicht denselben Vater. Allah ist kein Vater, und er hat keinen Sohn. Bei uns steht fest, daß Gott der Schöpfer und Vater ist; das fällt in unseren Vorstellungen in eins. Aber das setzt auch voraus, daß Gott Sohn in sich selber ist, was von den Muslimen völlig abgelehnt wird. Deshalb sind für sie die Schöpfer- und die Vatervorstellung völlig voneinander getrennt und gegensätzlich. Gott ist nur ein abstrakter, allgemeiner Welthervorbringer. Schöpfung heißt bei uns etwas wesentlich anderes; insofern lehnen die Muslime es auch ab, daß wir Christen Kinder Gottes sind. Christus ist nach muslimischer Auffassung nicht der Sohn Gottes, lediglich ein Prophet, deshalb werden wir nicht als Kinder Gottes angesehen.

RILINGER: *Auch wenn alle Menschen als Kinder Gottes angesehen werden und damit als Geschwister – könnten Sie sich vorstellen, daß durch den gemeinsamen Glauben an den dreifaltigen Gott, an den Gott des Alten und des Neuen Testamentes eine besondere Beziehung, die auch eine besondere Verantwortung gegenüber den Geschwistern in Gott einschließt, gebildet wird?*

MÜLLER: Die Jünger Jesu sind durch den Glauben und die Taufe zu Söhnen und Töchtern Gottes geworden und darum in einem tieferen Sinne Brüder und Schwestern in Jesus Christus, dem menschgewordenen Sohn Gottes. Auf der Ebene der Gnade sind wir nur Brüder in Christus, aber trotzdem soll man auch für andere Menschen beten und sie im analogen Sinn auch als Brüder und Schwestern behandeln. Der barmherzige Samariter war nicht ein Glaubensbruder, aber er war der Nächste. Insofern ist jeder Mensch, auch wenn er nicht meiner Glaubensgemeinschaft angehört, brüderlich und schwesterlich zu behandeln.

RILINGER: Wenn durch den Glauben an Gott eine besondere Gemeinschaft zwischen den Juden und den Christen gebildet wird, würde es sich deshalb rechtfertigen, daß Flüchtlinge aus dieser Gemeinschaft im Rahmen der Verteilung auf die einzelnen europäischen Staaten eher einreisen dürfen als Flüchtlinge, die aus anderen Kulturkreisen kommen?

MÜLLER: Die Aufnahme von Asylanten, Kriegsflüchtlingen oder Auswanderungswilligen ist Sache des Staates. Allerdings sind die europäischen Staaten – trotz antichristlichen Bewegungen – im Grunde noch ihrer christlichen Herkunft verpflichtet und damit der Menschlichkeit im Namen der Nächstenliebe. Aber die Staaten haben auch die Pflicht, die rechtliche Ordnung auf ihrem Gebiet zu gewährleisten.

RILINGER: Durch die Aufnahme von Flüchtlingen aus anderen Kulturkreisen dürfte sich das Meinungsspektrum in dem aufnehmenden Land verändern. Können Sie sich vorstellen, daß sich dadurch die denkerische, also geistige und kulturelle Grundlage einer Gesellschaft und damit auch die eines Staates verändert?

MÜLLER: Ein Staat ist ein abstraktes Gebilde. Erst durch die Kultur und die Mentalität der Bevölkerung bekommt er konkretes Leben. Die Menschen anderer Kulturen werden eine große Veränderung bringen, die sich in der Erziehung, in der Rechtsprechung etc. erheblich auswirken wird. Auch die

Interpretation unserer Verfassung wird davon beeinflußt werden. Denn sie ist nicht bloß aus einer überzeitlichen, abstrakten Vernunft abgeleitet, sondern von geschichtlichen Erfahrungen und anthropologischen Grundüberzeugungen geprägt.

RILINGER: Es drängen vornehmlich Flüchtlinge aus islamischen Ländern nach Europa. Es ist notwendig, sich mit dem Islam zu beschäftigen, da der muslimische Anteil an der Bevölkerung immer größer wird. Diese Religion wird als eine der drei abrahamitischen Religionen, neben der jüdischen und der christlichen, bezeichnet. Kann deshalb der Gott Allah als identisch mit dem der Juden und der Christen bezeichnet werden?

MÜLLER: Die Rede von den abrahamitischen Religionen ist künstlich und wird auch durch die allgemeine Verbreitung nicht wahrer. Judentum, Christentum und der Islam definieren sich durch ihr je eigenes Wahrheitsverständnis, und niemand will sozusagen nur eine Variante der andern sein oder nur die historisch relative Verwirklichung ein und derselben abstrakten Idee.

RILINGER: Allah hat dem Propheten Mohammed den Koran geoffenbart. Bezieht sich die Offenbarung auf den Koran in seiner Gesamtheit oder – wie im Alten und Neuen Testament – nur auf Teile, die den Glauben betreffen?

MÜLLER: Das Christentum ist keine Buchreligion. Gott hat sich seinem Volk im Laufe einer langen Geschichte offenbart, und dies hat seinen Niederschlag gefunden im Alten und im Neuen Testament, die von uns – im menschlichen Wort und Verständnis – als Gotteswort angenommen werden. Letztlich ist Christus als Mensch der Offenbarer des Vaters, weil er kraft seiner göttlichen Natur die Person des Wortes in der Dreifaltigkeit ist, also in den menschlichen Worten, Heilstaten und dem Geschick Jesu bis zum Kreuz und zur Auferstehung. Die Grundkonzeption hinter dem Koran als Diktat des Gottes (durch den Erzengel Gabriel) direkt an Mohammed ist etwas davon sehr Verschiedenes. Hier haben wir es mit einem ganz anderen Verständnis von Offenbarung zu tun, nämlich nur als Information über den göttlichen Willen und nicht als Selbstmitteilung Gottes in Wahrheit und Leben und Liebe, die eben Gott selbst ist (vgl. 1 Joh 4,8 u. 16).

RILINGER: *Nach unseren rechtlichen und religiösen Vorstellungen sind alle Menschen als gleich anzusehen, so daß eine Ungleichbehandlung als verwerflich verurteilt wird. Nach christlicher Auffassung und damit auch auf Grund der Allgemeinen Erklärung der Menschenrechte seitens der UNO darf also kein Mensch mehr als der andere gelten. In der 9. Sure, Vers 19 ist hingegen festgelegt, daß vor Allah nicht alle Menschen gleich sind. Ist diese Feststellung mit der juristischen und philosophischen Grundlage unseres Staates und damit unserer Rechtsordnung vereinbar?*

MÜLLER: Man muß unterscheiden zwischen der internen Auslegung des Korans, die den islamischen Autoritäten vorbehalten ist, und der Anwendung solcher Normen auf die zivile Gesellschaft. Kein Staat, der dem Wohl seiner Bürger verpflichtet ist, darf die Bürger rechtlich ungleich behandeln, gemäß den Vorstellungen einer Religion oder auch nur einer Ideologie, wie etwa in den USA noch bis 1865 die Sklaverei geduldet wurde oder im »Dritten Reich« durch die Rassenlehre aus pseudowissenschaftlichen Gründen Bürger entrechtet und verfolgt wurden. Nach dem christlichen Glauben sind vor Gott alle Menschen ihrer Natur und Würde nach sowie in ihrer Berufung zur Gotteskindschaft gleich. Es gibt aber Unterschiede in den Talenten, die in ihrer Verschiedenheit allen zugute kommen sollen. Der Mensch kann sich durch seine Freiheit vor Gott verschließen, so daß sich eine Ungleichheit von Sündern und Gerechtfertigten ergibt – eine Ungleichheit, die aber mit unserem gesellschaftlichen Zusammenleben im gemeinsamen Staat nichts zu tun hat. Und sie kann religiös kein Grund dafür sein, daß sich die »Guten« vor Gott rühmen und dafür Privilegien beanspruchen.

RILINGER: *Im Koran, Sure 9, Vers 5, wird gefordert, daß Götzendiener, also Personen, die nicht an Allah glauben, getötet werden. Sie sollen ergriffen werden und ihnen soll in jedem Hinterhalt aufgelauert werden, heißt es. Darf eine religiöse Mission auch mit dem Schwert erfolgen, wie es der Kriegsherr Mohammed verkündet hat, oder nur durch die Kraft der Argumente?*

MÜLLER: Es wäre eine Frage an die islamischen Autoritäten, wie dies mit ihrem Gottesbild vereinbar ist. Und wer entscheidet, ob jemand im Herzen gläubig ist – außer Gott allein? Der Glaube kann nicht erzwungen werden, sonst wäre er nur eine Heuchelei, die uns nicht bei Gott wohlgefällig machen würde. Es kann heute keine religiös homogene Gesellschaft mehr geben. Somit ist der inneren Forderung Genüge getan, daß der Glaube eine Sache der Gnade Gottes und der Freiheit des Menschen ist. Der Vergleich mit den christlichen Staaten des Mittelalters, um islamistischen Religionszwang zu relativieren, ist einfach nur anachronistisch. Das Herstellen von ideologisch gleichgeschalteten Gesellschaften durch »Mainstreaming« vollzieht sich heute gegen die wahre Religionsfreiheit. Und das sollte man auch in Staaten mit überwiegend islamischer Bevölkerung respektieren.

Rilinger: Halten Sie es mit den Grundlagen unserer Gesellschaft und unseres Staates für vereinbar, daß im Koran, Sure 22, 17. Teil, Vers 20, gefordert wird, für Ungläubige, also für Personen, die nicht dem Islam angehören, müßten Kleider aus Feuer zurechtgeschnitten und ihnen müsse siedendes Wasser über die Köpfe gegossen werden?

Müller: Natürlich nicht.

Rilinger: In Sure 2, 2. Teil, Vers 192, verlangt Allah ausdrücklich, daß diejenigen, die nicht seine Sache vertreten, also die Ungläubigen, getötet werden, ja, sie sollen vertrieben werden, »denn Verfolgung ist ärger als Totschlag«. Halten Sie es gleichwohl für möglich, daß derartige Textstellen des Korans, in denen ja zum bewaffneten Kampf gegen die Juden und Christen – aber nicht nur gegen diese – aufgerufen wird, gestrichen oder vielleicht einfach vergessen werden, wie es Karl Rahner hinsichtlich der Geltung von mißliebigen Dogmen vorgeschlagen hat, um ein gedeihliches Zusammenleben zu ermöglichen?

Müller: Bewaffneter Kampf gegen Menschen anderer Religionen im Namen Gottes ist absolut auszuschließen, und das nicht nur, weil es dem »aufgeklärten Bewußtsein« und dem Geist der bürgerlichen Toleranz widerspricht, sondern weil es ein Widerspruch ist zu Gott, der auch den Sünder liebt und Andersgläubige, deren Heil er allein zu realisieren weiß, entsprechend ihrem Gewissen leitet. Es gibt kein Dogma, d.h. keinen Glaubensartikel der christlichen Offenbarung, worin zu Gewalt aufgerufen wird. Die Dogmen sind so zu interpretieren, daß sie als kirchliche Auslegung des Wortes Gottes unter heutigen kulturellen Bedingungen besser verstanden werden können, aber nicht, um sie einer relativistischen

Mentalität anzupassen. Der Glaube, wie er im biblischen Wort Gottes und in der Lehre der Kirche dargeboten wird, ist ein inneres Ganzes und darf nicht positivistisch auf einen einzelnen, aus dem Zusammenhang gerissenen Einzelsatz reduziert werden, um das Ganze in Mißkredit zu bringen. Die Bibel kann nur im ganzen des kirchlichen Glaubens und konkret mit der historisch-kritischen Methode wissenschaftlich ausgelegt werden. Man kann nicht irgendwo einen Satz herausnehmen und daran seine kleinbürgerlichen Lebensweisheiten oder halbwisserischen Stammtischparolen als Maß anlegen, um sich von einem Bibelzitat bestätigt zu sehen oder sich darüber zu empören.

RILINGER: *Unsere gesellschaftliche Ordnung basiert auf der Vorstellung, daß sie nicht aus Klassen im Sinne von Karl Marx besteht, so daß immer eine Durchlässigkeit zwischen den einzelnen Gesellschaftsschichten gegeben ist. Die soziale Praxis bestätigt dies. Diese Durchlässigkeit bezieht sich auch auf die Religionszugehörigkeit. Im Koran, Sure 3, 3. Teil, Vers 29, hingegen ist festgelegt, daß »die Gläubigen sich nicht Ungläubige zu Freunden nehmen« sollen. Können Sie sich vorstellen, daß durch dieses Gebot die Integration von Muslimen erschwert wird?*

MÜLLER: Gegen ein Denken in Kasten und Klassen richtet sich die christliche Gesellschaftslehre mit ihren drei Prinzipien der Personalität, Solidarität und Subsidiarität. Ob Muslime andersgläubige Menschen am Arbeitsplatz oder in den Familien als ihre Freunde anerkennen, ist ihre Entscheidung. Man kann Sympathiegefühle für andere nicht erzwingen. Es wird gewiß schwieriger sein, in der Ehe und Familie mit Partnern eines gänzlich anderen Glaubens und Weltbildes zusammenzuleben. Aber niemand kann etwa die Ehe zwischen

Partnern anderen Glaubens absolut verbieten, weil sie aus dem Naturrecht hervorgeht. Darum gibt es im katholischen Kirchenrecht auch einen Dispens für die Eheschließung bei Konfessions- oder Religionsverschiedenheit.

RILINGER: *Halten Sie es für gerechtfertigt und mit unseren Vorstellungen von Freiheit vereinbar, daß der Leugner Allahs, wie in Sure 7, 8. Teil, Vers 38 vorgeschrieben, getötet werden darf? In diesem Zusammenhang ergibt sich auch die Frage, ob Sie es für gerechtfertigt erachten, daß – wie inzwischen von verschiedener Seite gefordert wird – die Blasphemie, die Verunglimpfung Gottes, nicht mehr unter Strafe gestellt werden soll?*

MÜLLER: Natürlich ist die Tötung eines anderen Menschen immer ein schweres Unrecht. Wir sind gegen die Todesstrafe in Kriminalfällen wie bei Delikten gegen die Religion, die früher auch als Straftaten von den weltlichen Gerichten geahndet wurden. Aber diese gesellschaftliche Konstellation gehört einer fernen Zeit an. Heute werden weltweit Tausende von Christen um ihres Glaubens willen getötet – in islamistischen und kommunistischen Staaten. Beim Blasphemie-Paragraphen in westlichen Ländern geht es nicht um die Beleidigung Gottes, den niemand beleidigen kann, ohne sich selbst lächerlich zu machen. Es geht darum, ob man Menschen wegen ihres Glaubens beleidigen darf, was manche als Meinungsfreiheit kaschieren. Die Würde des Menschen ist unantastbar. Das sollten sich die dümmlichen Spötter der Glaubensüberzeugungen ihrer Mitmenschen hinter die Ohren schreiben.

RILINGER: *Auch wenn viele Stellen im Koran die Differenz zwischen den Religionen des Judentums und des Christentums einerseits und dem Islam andererseits betonen – halten*

Sie es für möglich, daß sich gleichwohl Muslime in unsere nach wie vor auf dem Christentum aufgebauten Gesellschaften integrieren werden, und wenn ja, unter welchen Voraussetzungen?

MÜLLER: Ja, wenn Muslime die Erste Sure des Korans ernst nehmen, daß Gott gnädig und barmherzig ist, dann haben sie einen guten Leitfaden, sich in unserer Kultur zurechtzufinden – aber vorausgesetzt, daß unser Christentum kein Lippenbekenntnis ist und mit dem falschen Gefühl der westlichen Überlegenheit verwechselt wird, sondern Gottes- und Nächstenliebe bedeutet.

RILINGER: In den westlichen Staaten ist im Regelfall die Trennung von Staat und Kirche konstituierendes Moment des Staates. Wäre es deshalb vorstellbar, daß auch im Islam einmal eine Trennung von Moschee und Staat erfolgte, um den Islam in unsere Gesellschaft integrieren zu können?

MÜLLER: An dieser Konsequenz führt kein Weg vorbei.

RILINGER: Können Sie sich eine vollständige Integration des Islam und der Muslime in unsere Gesellschaft vorstellen?

MÜLLER: Es kann nur verlangt werden, daß jeder Bürger seine Pflichten erfüllt und die Rechte der anderen respektiert. Eine totale Integration würde eine totale Kontrolle bedeuten. Wer ist dafür zuständig? Die Partei, die Geheimdienste? Verhältnisse wie in totalitären Staaten wollen wir nicht. Es reicht der wechselseitige Respekt vor dem Anderssein des anderen, damit eine pluralistische Gesellschaft gedeihen kann.

Rilinger: Gehört also der Islam mit der von ihm herausgebildeten Staats-, Gesellschafts- und Religionstheorie, mit seinen religiösen Prinzipien und seinem Staats- und Gesellschaftsmodell schon jetzt zu unseren westlichen Staaten und Gesellschaften, oder gehören doch nur die Muslime dazu?

Müller: Die westlichen Staaten begründen sich naturrechtlich und nicht in bezug auf eine bestimmte Religion. Diese Grundlage wird fälschlicherweise als »säkular« bezeichnet, als ob sie im Gegensatz zur religiösen Gottbezogenheit der Menschen konstituiert wäre und als ob der Agnostizismus – in Frankreich etwa als Antikatholizismus – das Maß wäre. Nach dieser ziemlich intoleranten Vorstellung sind die Christen nur geduldete Bürger zweiter Klasse, die ihre Religion lediglich im Hinterzimmer als Privatsache praktizieren dürften.

Rilinger: Sie sehen die Grundlage des Staates im Naturrecht. Allerdings wird das Naturrecht inzwischen auch von anderen christlichen Religionen als eine katholische Sonderlehre angesehen, die vom Positivismus überholt sei. Wird das Naturrecht trotzdem allgemein als Grundlage unserer westlichen Staaten akzeptiert?

Müller: Aus welchem Recht haben denn die Staaten außerhalb des christlichen Kulturkreises ihre Legitimität bezogen? Hier bleibt nur die Alternative der bloßen Macht des Stärkeren oder des Rechtes, das in dem Dasein des Menschen als eines geistig-sittlichen Wesens gründet. Der Positivismus ist nichts anderes als ein theoretisch verschleierter Sozialdarwinismus.

Rilinger: Bedeutet die Feststellung, daß das Naturrecht die Grundlage eines Staates bildet, im Umkehrschluß, daß weder das Christentum noch der Islam zu unseren Staaten und Gesellschaften gehören?

MÜLLER: Der Staat hat nur die freie Religionsausübung zu garantieren. Die Religionsfreiheit ist ein Menschenrecht, das mit dem Menschsein mitgegeben ist. Eine Religionsgemeinschaft braucht von einem Rechtsstaat nicht – wie in China oder Nordkorea – eine Lizenz zu ihren Aktivitäten. Der Staat muß sich auf die zeitlichen Belange des Gemeinwohls beschränken und darf sich nicht in die Kunst, die Wissenschaft, die Religion wie ein »Big Brother« oder ein Demiurg der Neuen Weltordnung einmischen. Hier liegt der Unterschied zwischen einem Staat, der die in der Natur des Menschen begründeten Menschenrechte anerkannt hat, und einer Perversion des Staates in Form einer absolutistischen oder totalitären Diktatur.

Dahinter steht ein Irrtum über die Natur des Menschen. Es gibt einen Existentialismus, der dem Menschen ein bestimmtes Wesen abspricht. So kann jeder individuell autonom entscheiden, ob er sich als Mensch oder Tier fühlt, ob er Mann oder Frau oder divers sein will, ob er sich (eventuell mit Hilfe eines andern) selbst ermordet. Es gibt aber dann auch die kollektive Entscheidung der Partei, des Führers, der Oligarchie der Philanthropen, die entscheiden, wie viele Kinder ein Ehepaar haben darf, wann meine Organe einem andern zur Verfügung gestellt werden, ob Kranke und Senioren eine Last für die Gesellschaft sind und dann entweder freiwillig oder per Gesetz aus dem Leben zu scheiden haben.

RILINGER: *Zum Schluß gestatten Sie mir noch eine Frage zum Stellenwert des Christentums in der Welt. Die wichtigsten Rechte für das Zusammenleben der Menschen, die Grund- und Menschenrechte, basieren auf der christlichen*

Vorstellung des Menschen als »imago Dei«: Jeder Mensch verfügt ob seiner Gottesebenbildlichkeit über jene Rechte. Auch ist das Christentum die stärkste religiöse Gruppe auf der Welt, mit allein 1,3 Milliarden Katholiken, die den Bischof von Rom als Papst anerkennen. Dazu müssen wir noch die Christen hinzurechnen, die den Papst nicht als Oberhaupt anerkennen, die Mitglieder der Kirchen und kirchlichen Gemeinschaften der Reformation und die gesamten orthodoxen Kirchen. Meinen Sie, daß das Christentum trotz der Vielzahl an Gläubigen und trotz dem Rekurs auf christlich orientierte Regeln, um das Zusammenleben der Menschen zu ordnen, seine führende Stellung in der Welt verloren hat?

MÜLLER: Das Maß besteht in der Kraft, das Evangelium Christi zu verkünden, daß jeder Mensch zum ewigen Leben berufen ist. Der gesellschaftliche Einfluß folgt daraus, ist aber nicht die Existenzberechtigung des Christentums. Die Kirche ist keine Lobby für ihre eigenen Interessen. Das Zeugnis von der Würde jedes Menschen und die praktizierte Nächstenliebe sind Ziele ihres Wirkens hinein in die Kulturen. Die universale Mission der Kirche besteht darin, für das Kommen des Reiches Gottes zu wirken in Wort und Tat.[20]

Rassismus – ein direkter Widerspruch zu Gott

Der von Polizisten verursachte Tod des Afroamerikaners George Floyd am 25. Mai 2020 wirft die entscheidende Frage bezüglich der Geltung von Menschenrechten auf: die aus dem christlich geprägten Staatsverständnis hervorgehende Frage, ob die Menschenrechte, deren unterschiedslose Geltung in der Allgemeinen Erklärung der Menschenrechte seitens der UNO im Jahre 1948 festgeschrieben worden ist, wirklich für alle Menschen – gerade auch in den Vereinigten Staaten – Realität sind. Zweifel sind erlaubt, wenn wir uns die immer wieder auftretende Gewalt gegenüber dem afroamerikanischen Teil der Bevölkerung in den USA vor Augen führen.

Lothar C. Rilinger: *Ist Ihrer Meinung nach die Rassentrennung in den USA erfolgreich überwunden worden?*

Gerhard Ludwig Kardinal Müller: Es ist ein großer Unterschied, ob die Menschen aller Hautfarben gleiche Rechte nur vor dem Gesetz oder auch in der Mentalität der Mehrheit und der tonangebenden Kreise haben. Es ist bekannt, daß in weiten Teilen der US-Gesellschaft das Zusammenleben der Bürger afrikanischer und europäischer Herkunft nicht ohne Spannungen abläuft. Allerdings gibt es auch Millionen, die sich um ein gutes Miteinander ehrlich und erfolgreich bemühen. Ich habe vor kurzem die tief beeindruckende Lebensgeschichte des ehemaligen Sklaven Augustus Tolton (1854 – 1897) von Harold Burke-Sivers gelesen.[21] Gegen alle Hindernisse wurde der junge Tolton schließlich katholischer Priester, doch er mußte auch in der Kirche mit vielen Vorurteilen kämpfen. Die Kirche ist durch Gottes Geist pfingstlich zusammengerufen aus den Menschen aller Sprachen und Kulturen. Aber dennoch müssen auch die Christen in ihren Köpfen und Herzen die überlieferten Vorurteile, die sie über die Erziehung und die vorherrschende Mentalität einatmen, überwinden. Denn durch den Glauben und die Taufe sind alle trennenden Unterschiede aufgehoben. »Wir sind einer in Christus.« (Gal 3,28) Rassismus ist nicht nur ein intellektueller und moralischer Defekt, sondern auch eine schwere Sünde und damit ein direkter Widerspruch zu Gott, der uns alle in seine väterliche Liebe einschließt und zu Brüdern und Schwestern macht.

RILINGER: Haben die Afroamerikaner die gleichen Rechte wie die Weißen?

MÜLLER: Die müssen sie haben, wenn die amerikanische Verfassung auf den in der Würde eines jeden Menschen begründeten Grundrechten basieren soll.

RILINGER: Sehen Sie einen Zusammenhang zwischen der Polizeigewalt gegen Afroamerikaner und der Negierung von Menschenrechten?

MÜLLER: Theoretisch wird wohl kaum jemand in Amerika die Geltung der Menschenrechte für alle Personen in Frage stellen. Es geht aber um die Entwicklung eines Bewußtseins der Zusammengehörigkeit und Solidarität im ganzen Land, in den einzelnen Staaten sowie in den Städten und Gemeinden. Hier kann sich Amerika auf seine Wurzeln besinnen. Ursprünglich kamen die verfolgten »dissenters« aus England, dann im 19. Jahrhundert die Freiheitskämpfer aus Polen und Italien und danach die Auswanderer aus anderen europäischen Ländern. Sie alle suchten in Amerika eine würdige Existenz. Daß die Afroamerikaner von den Sklaven abstammen, die durch fruchtbare Verbrechen gegen die Menschlichkeit nach Nordamerika verschleppt wurden, ist eine Narbe, die unter Belastung wieder aufbrechen kann. Hier ist viel zu beten und zu tun im Blick auf eine Tiefenversöhnung. Gerade die überzeugten Christen sollten hier mit gutem Beispiel vorangehen. Rassistische Vorurteile, die es auch vice versa gibt, muß jeder aus seinem Herzen wie die sieben Wurzelsünden – Stolz, Neid, Habsucht, Zorn, Unkeuschheit, Unmäßigkeit, träger Überdruß – ausreißen.

Rilinger: In der französischen Erklärung der Menschen- und Bürgerrechte von 1789 ist festgestellt worden, daß durch den »allgemeinen Willen« zugeteilt werde, wem Menschenrechte zustünden, was dann in einem Gesellschaftsvertrag als Rechtszuteilung festgeschrieben wurde. Können Sie sich eine derartige Begründung der Menschenrechte als allgemeinverbindlich vorstellen?

Müller: Der Bezug auf den Gesellschaftsvertrag und die Unterscheidung der »volonté générale« und der »volonté de tous« sind zu sehr an die spezifische Theorie von Rousseau gebunden, als daß sie die Grundlage einer modernen Verfassung sein könnten. Es muß das Jakobinertum mit dem Tugendterror von vornherein ausgeschaltet sein. Die deutsche Verfassung beruht auf der unveräußerlichen Würde jedes Menschen und seiner Rechte, die in seiner Natur liegen, so daß alle staatliche Gesetzgebung hier ihr Maß und ihre Grenze vorfindet. Dahinter steht die furchtbare Erfahrung mit dem totalitären Willkürstaat, der vom Rechtspositivismus nicht aufgehalten werden konnte. Eine Verfassung kann nicht allein auf die wissenschaftliche Kompetenz von Juristen aufgebaut sein, sondern muß auch Lehren aus den positiven und negativen geschichtlichen Erfahrungen ziehen, ohne dabei das philosophische und theologische Menschenbild zu vergessen.

RILINGER: *Können Menschenrechte durch Menschen, also durch den Staat oder durch die Partei, zugewiesen werden?*

MÜLLER: Wenn alle Menschen gleich sind der Würde nach und in der Behandlung vor dem Gesetz, kann unmöglich ein Mensch das Maß des andern Menschen sein. Historisch gesehen, stammt diese Vorstellung aus dem Mißbrauch jener Macht, die den legitimen Vertretern des Volkes immer nur zum Gemeinwohl und nicht zum Eigennutz anvertraut wurde.

In der Kirche ist den Aposteln und deren Nachfolgern im Bischofs- und Priesteramt keine Macht über andere übergeben worden, sondern die geistliche Vollmacht, das Wort Gottes zu verkünden, die Sakramente der Gnade zu feiern und das Volk Gottes zu leiten wie der gute Hirte, der sein Leben hingibt für die Schafe und Lämmer Christi.

RILINGER: *Wenn Sie die Zuteilung der Menschenrechte durch Menschen ablehnen, muß dann nicht die Geltung der Menschenrechte dadurch begründet werden, daß jeder Mensch als Ebenbild Gottes anzusehen ist und deshalb alle Menschen gleich und ausnahmslos alle Menschen Inhaber der Menschenrechte sind?*

MÜLLER: Die Gottesebenbildlichkeit seit unserer Erschaffung und die Gotteskindschaft, die uns durch die Taufe geschenkt wird, sind für uns Christen die Grundlagen der Menschenrechte, die in die Liebe Gottes zu jedem Menschen hineinreichen. Es gibt aber auch viele Menschen anderen religiösen Glaubens oder Agnostiker, die von der Existenz Gottes nicht überzeugt sind oder nicht an ihn glauben im Sinne des jüdischen und christlichen Bekenntnisses. Diese müßten aber im Sinne des Philosophen Immanuel Kant zu der Einsicht kommen, daß eine Gesellschaft ihr Ziel, nämlich das Handeln aller nach dem Moralgesetz (kategorischer Imperativ), nur erreichen kann, wenn der andere Mensch nicht Selbstzweck ist. Niemals darf ein Mensch Mittel zum Zweck sein.

RILINGER: *Wenn also jeder Mensch Inhaber von Menschenrechten ist, stellt sich uns die Frage, warum eine Bevölkerungsgruppe schlechter als die anderen behandelt wird. Werden Afroamerikaner nicht immer als Inhaber von Menschenrechten angesehen?*

MÜLLER: Die Verantwortlichen in der Politik, im Erziehungswesen und in der Bildung der öffentlichen Meinung müssen gemeinsam alles tun, um ein Klima der wechselseitigen Achtung vorzubereiten. Erzwingen kann man eine sittliche Haltung nicht. Propagandawellen und Gehirnwäsche mit Denk- und Sprechverboten, also Gleichschaltung im Sinne der »Political correctness«, sind meist wirkungslos oder rufen die gegenteilige Wirkung hervor. Es geht darum, die Menschen zu überzeugen – am besten durch Vorbilder und das Anknüpfen von Freundschaften. Die Kirche – Priester, Ordensleute und Laien – muß beispielhaft vorangehen.

RILINGER: *Die Abschaffung der Sklaverei erfolgte erst spät. Hat das also damit zu tun, daß das Menschenrechtsbewußtsein nicht ausreichend in die gesellschaftliche Praxis vorgedrungen war?*

Müller: Der Skandal lag schon in der Einführung der Sklaverei in Ländern christlicher Tradition, die sich später auf die Aufklärung so viel einbildeten. Doch erst viele Jahrzehnte nach der Verabschiedung der amerikanischen Verfassung, im Jahre 1865, wurde das Verbrechen der Versklavung von Menschen verboten. Auch im russischen Zarenreich ist die Leibeigenschaft erst 1861 abgeschafft worden, ohne daß es in der Folge zur echten Gleichbehandlung der entwürdigten und geknechteten bäuerlichen Bevölkerungsmehrheit kam. Aber schauen wir auf den rassistischen Sozialdarwinismus im hochzivilisierten Deutschland zwischen 1933 und 1945, dann wissen wir zu welchen Exzessen falsches und unmoralisches Denken führt. »Denn aus dem Herzen kommen die bösen Gedanken, Mord, Ehebruch, Unzucht, Diebstahl, falsche Zeugenaussagen und Lästerungen.« (Mt 15,19)

Rilinger: Die Vereinigten Staaten gelten noch als ein christlich geprägtes Land. Gleichwohl können wir Diskriminierungen der schwarzen Bevölkerung feststellen. Was sind nach Ihrer Auffassung die Gründe für die teilweise schlechtere Behandlung und Benachteiligung der afroamerikanischen Bevölkerung?

Müller: Ich bete und hoffe, daß gläubige und engagierte Christen sich in keiner Weise vom Rassismus verführen lassen. Das wäre ein Verrat an ihrer Berufung. Die Meinung, daß diese oder jene Ethnie einer andern überlegen sei, hat weder eine naturwissenschaftliche noch eine geschichtlich-kulturelle Begründung und Rechtfertigung. Wir sind in der Wurzel des Menschseins, d.h. in Adam, gleich, weil wir im Schöpfungsakt sowohl unmittelbar zu Gott hin geordnet sind als auch – nicht zuletzt durch die Generationenfolge – eine Schicksalsgemeinschaft bilden, wie Paulus den Athenern erklärte (Apg 17,25). Gott will daß alle Menschen gerettet werden und zur Erkenntnis der Wahrheit gelangen. Es gibt nur einen einzigen Mittler zwischen Gott und den Menschen, Jesus Christus (1 Tim 2,4 f.). Der Sohn Gottes hat unsere menschliche Natur angenommen. Zu unserem Heil gab er am Kreuz sein Leben dahin. Und in seiner Auferstehung hat er für alle das Tor zum Himmel geöffnet, denn er hat »mit seinem Blut Menschen für Gott erworben aus allen Stämmen und Sprachen, aus allen Nationen und Völkern« (Offb 5,9).[22]

Der Souverän der Kirche ist nicht das Volk, sondern Gott

Daß sich die Kirche in der westlichen Welt seit geraumer Zeit in eine Krise bewegt hat, ist unübersehbar. Deshalb wird auch der Ruf nach Reformen immer lauter. Während die einen die Reformen mit den Mitteln der Politik angehen wollen und sich dadurch selbst als fortschrittlich feiern, wollen andere auf der Grundlage der Schrift und der Tradition die Kirche in eine bessere Zukunft führen. Kardinal Müller argumentiert vom Prinzip her, und das verleiht seinen Argumenten eine Stringenz, die weder im »Synodalen Weg« noch in der Amazonas-Synode zu erkennen ist.

LOTHAR C. RILINGER: Können die Argumente aus dem »Mainstream« den Weg zu den nötigen Reformen weisen?

GERHARD LUDWIG KARDINAL MÜLLER: Der »Mainstream« ist ein Konstrukt, das einfach der Gleichschaltung entspricht. Wie bei den Diktatoren: Das Denken wird kontrolliert. Wer anders dachte, landete in Sibirien oder in Dachau. Insofern ist das »Mainstreaming« der Ausdruck einer angezielten Meinungsdiktatur. Das widerspricht allen Grundsätzen unserer freiheitlichen Demokratie. Demokratie heißt doch, daß jeder Mensch seine begründete Meinung äußern und zur Diskussion stellen darf und daß er auch durch Gegenmeinungen etwas lernen kann.

RILINGER: Der Kirche wird von den fortschrittsgläubigen Kritikern vorgeworfen, sich in klerikale Strukturen zu verstricken, anstatt sich dem Modernismus zu öffnen und demokratische Strukturen zu übernehmen.

MÜLLER: Die Kirche ist keine politische Veranstaltung, und deshalb passen die Staatsmodelle nicht, sie können nicht auf die Kirche übertragen werden. Wenn die Kirche eine Art staatliches Unternehmen wäre, wo es um weltliche Herrschaft ginge, könnte man Demokratie fordern, von der Volkssouveränität ausgehend. Aber die Kirche ist das Volk Gottes, und der Souverän in der Kirche ist Gott selber. Die Hierarchie, also das Amt der Bischöfe und des Papstes, gibt es, damit das Lehr- und das Hirtenamt der Kirche im Namen Gottes ausgeübt werden. In der Bischofs- und Priesterweihe ist es Gott, der uns dazu befähigt, sein Wort in Vollmacht zu verkünden und als Pastor die Seelsorge auszuüben, d. h. die Menschen zu Gott zu führen. Weder die Bischöfe noch die Laien können sagen, daß sie sich eine neue kirchliche Verfassung geben wollen. Die Kirche ist nicht unser Eigentum.

RILINGER: Mit dem Ruf nach demokratischen Strukturen geht auch der Ruf einher, Frauen als gleichberechtigte Partner in der Seelsorge zu akzeptieren und sie zu den Weiheämtern zuzulassen.

MÜLLER: Die Kirchenleitung wird durch die Bischöfe gebildet. Frauen können keine Priester werden, weil es aus der auf Grund der Natur des Weihesakramentes ausgeschlossen ist. Es ist eben nicht einfach ein Amt, das man *erstreben* kann. Auch ein Mann kann nicht einfach sagen, daß er ein Recht habe, Priester zu werden. Ins Priesteramt wird man berufen, und Jesus rief diejenigen zu sich, die er wollte. Er setzte die zwölf Jünger als seine Apostel ein. In der ganzen Kirchengeschichte ist dies immer als normativ aufgefaßt worden – und als eine Wahrheit, die in der Offenbarung enthalten ist, und nicht als Gewohnheit, die auch der Veränderung unterliegt.

Das Problem hängt daran, daß viele, die Priesterinnen sein wollen, die Kirche und das kirchliche Amt in einem politischen Sinn verstehen. Das Priesteramt ist aber nicht wie früher viele weltliche Berufe einer Art »Männerdomäne«, die es im Zeichen der Emanzipation der Frau zu knacken gälte. Männer und Frauen, die so denken, reduzieren das kirchliche Amt auf ein politisches Amt und sind jedem sehr böse, der sagt, aus theologischen Gründen sei dieses Ansinnen unerfüllbar. Sie unterstellen ihm Motivationen, die in sich absurd sind, und meinen, der Bischof sei einer, der die Macht habe, nach eigenem Gutdünken über Glauben und Moral zu entscheiden. Und man möchte als Frau auch so viel Macht und Prestige haben, um zu demonstrieren, daß man den Männern gleichwertig ist, was aber ohnedies theologisch nicht zu bestreiten ist.

Rilinger: Auch wenn Frauen und Männer keinen Rechtsanspruch auf ein Weiheamt haben, so müssen wir aber darüber nachdenken, wie Frauen stärker in den Bereichen der Kirche, die nicht an eine Weihe gebunden sind, eingesetzt werden können.

MÜLLER: Es gibt auch Männer in der Kirche, die nicht Priester sind und ein kirchliches, aber kein geistliches Amt innehaben – wie die Religionslehrer oder Mitarbeiter der Caritas. Und es gibt Laien, die in einem kirchlichen Beruf, auch in der Seelsorge, mitarbeiten können. Ich denke hier an Pastoralreferenten oder Pastoralreferentinnen. Aber das hat nichts damit zu tun, daß man jetzt einem gesellschaftlichen Trend folgen soll. Das ergibt sich nicht aus einer Nachahmung politisch-staatlicher Demokratieverhältnisse oder aus

Frauenquoten. Es hat vielmehr etwas damit zu tun, daß wir alle auf Grund des gemeinsamen Priestertums in der Taufe an der Gesamtsendung der Kirche beteiligt sind. Wenn eine Mutter ihr Kind beten lehrt, übt sie gegenüber dem Kind keine Macht aus, sondern sie erweist ihm einen Dienst. Oder der Religionslehrer: Er übt vielleicht Macht aus, wenn er Noten gibt. Aber wenn er im Religionsunterricht Kindern und Jugendlichen den Glauben an Gott und den Sinn des Lebens erschließt oder im Gymnasium sich geistig mit den jungen Leuten auseinandersetzt, erweist er ihnen einen wunderbaren Dienst. Wenn er aber Macht ausübt und die Kinder ideologisch manipuliert, ist er eigentlich schon auf dem falschen Dampfer.

Der Weg, durch die Weihe von Frauen zu Diakoninnen oder Priesterinnen dem Priestermangel abzuhelfen, ist somit verschlossen. Wir sollen deshalb für zahlreichere Berufungen beten, wie Papst Franziskus im nachsynodalen Schreiben *Querida Amazonia* anmahnte. Doch das Beten wird kaum etwas nützen, wenn wir uns nicht selbst bemühen, eine Atmosphäre der Christlichkeit in der Familie zu schaffen, um jungen Männern aufzuzeigen, daß der Dienst in der Kirche und damit die Hingabe an Gott nicht als Verlust an »quality of life« anzusehen ist, sondern im Gegenteil: als Gewinn, der ihnen die Gottesfreundschaft, das, was die Mystiker als Ziel ihres geistlichen Lebens anstreben, schenken kann.[23]

Im Krisenmodus sind wir immer

Die politischen Umbrüche aus den Jahren 1989/90 scheinen tiefer verwurzelt zu sein, als wir uns vorzustellen vermochten. Die Gewißheiten, mit denen wir uns eingerichtet hatten, wurden durch die Gewißheiten der frei gewordenen Bevölkerung aus dem Osten Europas in Frage gestellt, lösten sich auf und verquickten sich. Prinzipien wurden über Bord geworfen, alles wurde als gleich gültig angesehen, die Beliebigkeit, die sich als Toleranz camouflierte, wurde zur Grundlage des menschlichen Zusammenlebens. Mit Hilfe der »Political correctness«, die sich aus der Rousseauschen Vorstellung vom »allgemeinen Willen«, der »volonté générale«, herleitet, wollen einige wenige bestimmen, was die Bevölkerung zu denken hat. Schon vor Jahren hat sich der Philosoph Hermann Lübbe die Frage gestellt, ob wir als »Orientierungswaisen« durch das Leben gehen. Der Staat selbst ist nicht in der Lage, diese Orientierung aus sich selbst heraus zu vermitteln. Diese Impulse müßten aus dem vorpolitischen Raum kommen. Einer dieser Impulsgeber könnte die Kirche sein, die allerdings selbst eine Krise zu bewältigen hat. Sie müßte versuchen, das christliche Moment in der Gesellschaft wieder verstärkt zur Wirkung zu bringen.

LOTHAR C. RILINGER: *Eure Eminenz, Sie waren sechzehn Jahre Ordinarius in München und sind dieser Alma mater nach wie vor als Honorarprofessor verbunden. Danach wirkten sie zwölf Jahre als Bischof von Regensburg und unter den Päpsten Benedikt XVI. und Franziskus fünf Jahre als Präfekt der Glaubenskongregation. Nun werden Sie von vielen als innerkirchlicher Kritiker des neuen Papstes wahrgenommen …*

Gerhard Ludwig Kardinal Müller: Nur von denen, die von Theologie nichts verstehen. Die Treue zum Papst gilt seiner göttlichen Sendung, die Kirche in der Einheit des Glaubens und in der Gemeinschaft der Bischöfe und ihrer Ortskirchen zu halten (vgl. *Lumen gentium,* 18 u. 23). Wenn der Papst sich zum Klimawandel, zur Migrationspolitik äußert und sozialistischen Politikern ein größeres Engagement bei der Überwindung von Armut zutraut oder im Gespräch mit Agnostikern, Atheisten oder LGBT-Aktivisten seine besondere Mission sieht und diese versuchen, ihn über den Tisch zu ziehen – selbst dann respektieren wir ihn in seinem Bemühen. Aber jeder Katholik hat das Recht auf eine abweichende Meinung und darf sich daran erinnern, daß das Zweite Vatikanum von einer relativen Autonomie der irdischen Sachbereiche sprach (*Gaudium et spes,* 36).

Papst Franziskus spürt eine große Nähe zu den Marginalisierten an den Rändern der Gesellschaft. Aber die Verkündigung der großen Glaubenswahrheiten über die Menschwerdung Gottes, Christi sakramentale Gegenwart bis ans Ende der Zeit und die Hoffnung auf das ewige Leben sind darüber nicht einfach als bekannt vorauszusetzen. Auch die primäre Glaubensverkündigung und die Sorge um den rechten Glauben brauchen das Augenmerk des Papstes, der Bischöfe, der Priester und aller Gläubigen. So sehr in der Medienwelt sich alles auf Personen zuspitzt, so dürfen wir doch kein Spiel nach dem Motto treiben: Welcher Papst ist der populärere? Alles – nur keinen Papstkult! Christus ist Mitte und Grund der Kirche. Mir kann keiner imponieren, der zwar nicht an Christus glaubt, aber doch den Papst wegen seiner Medienprominenz wertschätzt. Wichtig ist das, was wir vor Gott sind, nicht, was wir bei den Menschen gelten.

Rilinger: In der Kirche scheint es mittlerweile nichts Wichtigeres mehr zu geben als die Frage, ob Frauen zum Priesteramt berufen werden können oder nicht. Auch andere traditionelle Gemeinschaften, wie Schützengilden oder Korporationen, sind diesen Angriffen immer wieder ausgesetzt. Was spricht bei Ihnen Ihrer Ansicht nach dafür, daß manche Funktionen nur Männern vorbehalten bleiben? Gibt es dafür auch Argumente, die nicht rein religiös begründet sind?

Müller: Es geht nicht darum, wie wir Ämter zwischen Männern und Frauen aufteilen wollen oder ob dem Eintritt von Frauen in sogenannte Männerberufe irgendwo Einhalt geboten wird. Da aber der Bischof und die Priester Jesus Christus als den Bräutigam der Kirche, die seine Braut ist, repräsentieren, kann logischerweise auch nur ein Mann – vorausgesetzt, er ist dazu von Gott berufen und von der Kirche anerkannt – durch das Sakrament der Weihe zum Priester Christi werden. Wer aber diese zeichenhaft-sakramentale Wirklichkeit des Priesteramtes nicht kennt und in diesem Amt deshalb – gemäß einem säkularisierten Denken – nur den profanen Beruf eines Religionsfunktionärs sieht, wird empört nach Gleichberechtigung schreien. Er wird dabei nicht merken, daß er das angezielte Amt falsch versteht und es damit auch zerstört. Selbst wenn ein Bischof den Weiheritus an Frauen vollziehen würde, käme die Wirkung des Sakramentes vor Gott nicht zustande.

Rilinger: Nach den großen zivilisatorischen Brüchen von Nationalsozialismus und Kommunismus wurden in beinahe allen gesellschaftlichen Bereichen die Traditionen gekappt. Auch in die Kirche sind modernistische Strömungen eingedrungen. Denken Sie, es wird wieder eine Trendwende, eine Rückbesinnung auf alte Werte geben?

Müller: Ja, die totalitären politischen Systeme im 20. Jahrhundert sind bis heute menschenfeindliche Ideologien ohne Gott. Nur wenn wir an Gott als Garant und Ursprung unserer Menschenwürde glauben, gibt es eine Zukunft jenseits von Hedonismus, Kapitalismus und Sozialismus. Und darum geht es in den westlich-säkularisierten Ländern bis hin zum kommunistischen China mit seiner Totalkontrolle der Bevölkerung.

Rilinger: Egal, ob es sich um die Existenz der Hölle oder handfeste Dogmen wie die Auferstehung Christi handelt – auch in der römisch-katholischen Kirche sind Gewißheiten nicht mehr so gewiß. Im Prinzip herrscht überall ein »Anything goes«. Wenn nun alles egal ist, was bringt einen dazu, einen derart Lebensweg einzuschlagen, der sich radikal gegen diesen Zeitgeist wendet und nicht dabei zuletzt in menschliche Grundbedürfnisse eingreift?

Müller: In der Tat kann der Relativismus nicht die Basis sein für eine höhere Auffassung vom Menschen, die dessen Berufung zur Teilnahme am Leben Gottes entspricht. In den evangelischen Räten von Gehorsam, eheloser Keuschheit (inklusive Priesterzölibat) und Armut verzichtet der charismatisch berufene Christ indes nicht auf Grundbedürfnisse, sondern weiht sich dem Dienst am Reich Gottes zum Zeichen für die kommende Welt. Es ist wichtig, hier die Logik des von Christus verkündeten Reiches Gottes statt des weltlichen oder sogar explizit hedonistischen Paradigmas ins Spiel zu bringen. Im übrigen, um ein Beispiel zu bringen, ist die Unauflöslichkeit der sakramentalen Ehe (»... bis daß der Tod euch scheidet ...«) auch nur in der Logik der bedingungslosen Liebe Gottes zu uns in Jesu Kreuz und Auferstehung erkenn- und lebbar.

Rilinger: *Warum lohnt es sich, einen Lebensweg abseits der breiten Masse zu gehen?*

Müller: Wir sollen nicht aus Prinzip konformistisch oder nonkonformistisch sein. Viele Möglichkeiten, die uns das moderne Leben bietet, dürfen wir dankbar annehmen (die allgemeine Schuldbildung, das medizinische System, das Pflegesystem usw.). Viele Christen haben an der sozialen und kulturellen Entwicklung auch in den armen Ländern mitgearbeitet. Aber auf der geistigen, religiösen und moralischen Ebene setzen wir unsere Hoffnung nicht auf die Gleichförmigkeit mit wechselnden Mehrheiten und Moden. Jesus sagt uns: »Geht durch das enge Tor! Denn weit ist das Tor und breit der Weg, der ins Verderben führt ...« (Mt 7,13). Wir sollen als Kinder des Lichtes leben und »Unzucht, Habgier, Sittenlosigkeit und Götzendienst« meiden, um, getragen vom Heiligen Geist, »Güte, Gerechtigkeit und Wahrheit« (Gal 5,9) hervorzubringen.

Rilinger: *Waren Sie selbst in einer Korporation aktiv?*

Müller: Ja, in jungen Jahren während der Studienzeit. Das ist eine gute Sache, auch deshalb, um eine innere Einheit von Religion und Wissenschaft zu erfahren.

Rilinger: *Das Verhältnis zwischen der katholischen Kirche und den Corps war nicht immer ganz einfach. Existieren diese Differenzen nach wie vor?*

Müller: Das weiß ich nicht so genau, wie die einzelnen Verbindungen zur Kirche vor Ort stehen. Das hängt auch von den beteiligten Personen ab.

Rilinger: Früher wurden die Mitglieder schlagender Verbindungen ja exkommuniziert. Warum ist das nun anders? Was halten Sie von der Mensur, und können Sie diese tolerieren?

Müller: Ehrlich gesagt, habe ich mich mit der Frage noch nicht näher beschäftigt. Sportliches Fechten ist ein legitimer Sport. Eine Körperverletzung, die man absichtlich oder leichtfertig einem andern beibringt oder – auf Grund eines falschen Ehrbegriffs – in Kauf nimmt, ist jedoch auf jeden Fall moralisch verwerflich. Besonders das Gesicht des Menschen soll die Herrlichkeit Gottes somatisch und spirituell widerspiegeln. Es ist schlimm genug, was alles durch Unfälle oder in Kriegshandlungen und Verbrechen passiert. Meiden wir unnötige Gefahren und Risiken. Das gilt auch in Bezug auf Alkoholexzesse sowie Drogenmißbrauch.

Rilinger: Ist das Toleranzprinzip der Corps mit den Werten der katholischen Kirche in Übereinstimmung zu bringen, oder genauer: Ist die Liberalität der Corps, was unter anderem die Religionszugehörigkeit betrifft, mit dem Katholizismus vereinbar?

Müller: Ich weiß jetzt nicht genau, ob hinter dieser Frage eine besondere Problematik steht, die die Beteiligten damit assoziieren. Deshalb sage ich nur ganz allgemein: Es gibt ja konfessionsbezogene und nichtkonfessionsgebundene Korporationen. Es ist wichtig, daß eine Korporation ihre Eigenart bewahrt und jedes ihrer Mitglieder in dessen Religion respektiert. Von der Mitgliedschaft in einer antichristlichen Vereinigung ist auf jeden Fall abzuraten, besonders dann, wenn eine Relativierung des Glaubens verlangt wird, wie bei den Freimaurern, die eine allgemeine Brüderlichkeit unter Abkehr von der übernatürlichen Wahrheit der geschichtlichen Offenbarung Gottes in Jesus Christus anstreben.

Man sehe sieht sich nur die eindeutig-zweideutigen Reaktionen auf die letzte Enzyklika von Papst Franziskus, *Fratelli tutti,* an. Der Papst appelliert darin an das Bewußtsein der menschlichen Zusammengehörigkeit. Da wir zu der einen Menschheitsfamilie gehören, sind wir in einem spirituellen und moralischen Sinn auch Brüder und Schwestern. Schon Alexander der Große hat als Schüler des Aristoteles – schon lange vor der christlichen Botschaft, derzufolge wir alle durch die Schöpfung und besonders durch Gottes Sohn Jesus Christus in der Gnade Kinder Gottes sind – die philosophische Einsicht ausgesprochen, daß »alle Menschen in Gott einen gemeinsamen Vater« hätten.[24] Alle Religionen und Weltanschauungen sollten – trotz ihrer Verschiedenheit – nach der Absicht von Papst Franziskus für das zeitliche Wohl der ganzen Menschheit solidarisch zusammenarbeiten. Im Licht der Offenbarung hat im Christentum diese aus der Vernunft prinzipiell ableitbare Wahrheit von der brüderlich-freundschaftlichen Solidarität aller Menschen noch eine tiefere Begründung im Wesen Gottes gefunden, den wir durch Christus »Abba«, »Vater« (Gal 4,6) ansprechen können oder wie im Gebet des Herrn »Vater unser«, das heißt: Vater von uns, den Jüngern Christi.

Rilinger: Früher war es ganz üblich, daß junge Studenten einer Verbindung beigetreten sind. Wäre das auch heute wieder wünschenswert?

Müller: Wie gesagt: Der Mensch ist ein gesellschaftliches Wesen, und »Gott hat es gefallen, die Menschen nicht isoliert voneinander zu retten, sondern sie zu seinem Volk zu machen« (*Lumen gentium,* 9). Ich begrüße es, wenn junge

Menschen, sich mit Gleichgesinnten zusammentun, Freundschaften schließen, sich geistig austauschen und wechselseitig moralisch bestärken. Auch frohe Geselligkeit ist Teil unserer Kultur und baut auf.

RILINGER: *Worin sehen Sie eigentlich den Grund, daß sich immer mehr Menschen – gerade hier im Westen – von Gott abkehren und sich mehr den weltimmanenten Werten zuwenden?*

MÜLLER: Das kann ich mir nicht erklären, weil es meiner Lebenserfahrung absolut widerspricht. Man kann sich ja über das »Bodenpersonal« ärgern, aber muß man dann gleich den ganzen Flug canceln? Wir gehören im Guten wie im Bösen auch zu dieser gemischten Crew. Wer hätte nicht sein »mea culpa« zu sagen? Aber wir setzen unser Vertrauen doch nicht auf Menschen. Auf die Frage nach dem Sinn des Seins und meines kurzen Gastspiels hier auf Erden können doch weder Marx noch Freud, weder Judith Butler noch Xi Jingping eine theoretisch befriedigende Antwort formulieren, und noch weniger können sie ein praktisch tragendes Konzept anbieten. Nur Gott allein ist Ursprung und Ziel meines Lebens. »Verlaßt euch stets auf den Herrn; denn Gott der Herr, ist ein ewiger Fels.« (Jes 26,4)

RILINGER: *Können Sie sich vorstellen, daß globale Lebenskrisen wie diejenige, die durch das Coronavirus verursacht wurde, eine Rückkehr der Religiosität bewirken?*

MÜLLER: So wichtig all die Vorsichtsmaßnahmen sind, so wenig können wir die Kontingenz und Todverfallenheit des Menschen aus der Welt schaffen. In den Zeiten der Freude sollen wir in Dankbarkeit unser Herz zu Gott erheben und in

Tagen der Not mit unseren Gebeten und Fürbitten für unsere Lieben Gott in den Ohren liegen. Unser Leben liegt in Gottes Hand. Es kommt die Stunde, da wir nichts mehr tun können, als unsere Hoffnung allein auf Gott zu setzen. Er wird uns retten aus aller Not – jetzt und für immer. Menschen vertrösten uns auf andere Gelegenheiten, die sie nicht garantieren können. Gott tröstet uns mit dem Trost, der er selber ist als unser Heil und Leben in Ewigkeit.

RILINGER: Thema Mißbrauchsskandal in der römisch-katholischen Kirche: Ist das der Grund, warum sich immer mehr Menschen von der Kirche abwenden? Ist dieser Skandal lediglich eine der Angelegenheiten der Kirche, oder ist er ein allgemein-gesellschaftlicher Skandal?

MÜLLER: Mit großer Bestürzung muß man konstatieren, daß diese Verbrechen an der leiblichen und seelischen Integrität unserer Heranwachsenden weiter verbreitet sind, als wir zu fürchten wagten. Und noch schlimmer ist es, wenn ein Diener Christi, des guten Hirten, sich als Wolf erweist, der Seine Schafe ins Unglück stürzt. Dadurch erleidet die menschliche Glaubwürdigkeit der Kirche einen großen Schaden, und man gibt ihren Feinden, die nur auf eine Gelegenheit warten, eine Waffe in die Hand, mit der sie auch unbescholtene Geistliche um ihren guten Ruf bringen können.

RILINGER: Sehen Sie einen Weg, wie die Kirche die jetzige Krise überwinden könnte?

MÜLLER: Im Krisenmodus sind wir immer, solange wir auf Erden unseren Weg gehen. Sehen wir auf den hl. Augustinus (354 – 430), dessen Welt des Christentums und der griechisch-römischen Kultur unter dem Sturm der Völkerwanderung zugrunde zu gehen schien. In der Geschichte aber geht es um den Sieg der Liebe Gottes über das Unheil in dieser Welt. Wir haben die Geschichte nicht in der Hand, aber wir können Mitarbeiter Gottes werden, damit sein Reich komme und sein Wille geschehe – wie wir im Vaterunser beten.

RILINGER: *Auf welche Grundlagen müßten sich eine Gesellschaft und ein Staat stellen, um ihren Mitgliedern ein gelingendes Leben zu ermöglichen?*

MÜLLER: Der Staat dient nur dem zeitlichen Wohl seiner Bürger. Ein höheres Ziel kann er nicht anbieten. Wir glauben, daß der Sohn Gottes, der unsere menschliche Natur angenommen hat und für uns aus Liebe am Kreuz sein Leben dahingegeben hat, die Offenbarung des höheren Zwecks und des unverlierbaren Ziels der menschlichen Existenz ist – in Zeit und Ewigkeit.[25]

Philosophie

Die Natur als Grundlage des Menschenbildes

Die gesellschaftlichen Entwicklungen, die von der Philosophie und der Theologie initiiert werden, haben auch immer das Bild vom Menschen geprägt. Wie sah der Mensch sich selbst an, wie ordnete er sich selbst als Teil der Welt oder – christlich gesprochen – der Schöpfung ein? Wurde er bedingungslos als Träger von Rechten angesehen oder als Sache, die sich im Eigentum anderer rechtsfähiger Menschen befindet, wurde er als Gleicher unter Gleichen oder als jemand angesehen, dem die Menschenrechte nur in dem Umfange zustehen sollten, wie es seine Stellung in der Gesellschaft bedingte? Das sind Fragen, die zwar vordergründig auf dem Feld der Politik diskutiert werden, doch zur Grundlage das Menschenbild haben, das von der Gesellschaft und deren Mitgliedern vertreten wird. Was ist der Mensch, müssen wir uns fragen. Ist er als Objekt eine Sache oder aber ein Rechtssubjekt? Es ist eine Frage, die das Menschsein in seinen Grundfesten berührt und freilich auch geeignet ist, diese zu erschüttern. Die Diskussion ist seit der Abschaffung der Sklaverei, welche Menschen als Sachen behandelt hatte, wieder aufgeflammt. Menschen werden heute wieder in die Dualität von Körper und Geist aufgeteilt und damit, von der Evolutionstheorie ausgehend, in tierische Wesen, die vor dem Recht als Sachen gelten, und geisthabende Personen. Deshalb wollen wir uns in mehreren Gesprächen mit dem Menschenbild, aus dem sich die Menschenrechte herleiten, beschäftigen.

LOTHAR C. RILINGER: *Bevor wir uns dem Menschenbild zuwenden, müssen wir erörtern, was wir unter Natur verstehen. Müssen wir uns unter Natur neodarwinistisch ein gleichsam »nescio quo casu«, aus sich selbst heraus in die*

Erscheinung Tretendes vorstellen, also etwas aus dem Chaos Herkommendes, das sich ohne ordnende Einflußnahme entwickelt hat und sich somit ausschließlich dem Zufall und der Selektion verdankt? Oder hat sich die Erde auf der Grundlage eines Gedankens Gottes gebildet, durch den der Welt Gesetze eingepflanzt sind, aus denen heraus die Entwicklung möglich wurde?

Gerhard Ludwig Kardinal Müller: Das ist die grundlegende Frage: Was ist der Mensch? In der jüdisch-christlichen Tradition ist die Besonderheit des Menschen in seinem Erschaffensein nach dem Bild und Gleichnis Gottes begründet. Der Mensch existiert und lebt auf Gott hin in einer alles relativ Gegebene und die Welt übergreifenden, universalen Relation. Gott ist Ursprung und Ziel von allen Seienden, die durch sein Wissen und Willen ins Dasein getreten sind und gemäß ihrer Wesensnatur und internen Zweitursächlichkeit im Dasein gehalten werden. Gott ist aber keineswegs der Demiurg, der sein Werk, die Welt und den Menschen, wie ein menschlicher Konstrukteur aus einem vorliegenden vergänglichen Material bildet – so wie wir es aus der klassischen griechisch-römischen Philosophie kennen. Dieser Philosophie – in einer idealistischen und materialistischen Version der Deutung des Seins des Kosmos – war die Einsicht in das personale oder trinitarische Gottsein Gottes und damit die Existenz der Welt als einer Schöpfung aus dem Nichts völlig fern. Nach Platon und Aristoteles – um hier nur die größten Denker zu erwähnen – ist der Kosmos von der göttlichen Vernunft, dem Logos, durchdrungen. Somit erschließt sich der Sinn der Welt in der von dem Logos ausgehenden Kausalität. Auf das Einzelding hin gesagt, ist dies die Kombination von Formal- und Materialursache. Auf das Ganze des Seins bezogen, manifestiert sich der Gott-Logos, also die sich selbst denkende Vernunft, jedoch in der Wirk- und Zielursache, die die Einzelseienden in den Sinnzusammenhang des ganzen Kosmos ein- und diesem zuordnen (Gott, der bewegt, aber nicht bewegt wird; Gott, der angestrebt wird, aber, weil er unbedürftig ist, nichts außer sich selbst anstrebt).

Dagegen gibt es – vereinfacht ausgedrückt – die atomistische, alles aus mechanischen Wirkungen erklärende Weltsicht von Demokrit, Epikur und Lukrez. Alle Dinge und Erscheinungen der Welt stehen danach in einem umfassenden Kausalnexus. Aber das Ganze des Seins läßt keinen überragenden und durchdringenden Logos erkennen. Statt dem Logos waltet über dem Ganzen das blinde Schicksal oder der Zufall. In diesem Sinn bleiben für eine sich methodisch auf die mathematisch-geometrische Denkform und den mechanischen Kausalnexus beschränkende neuzeitliche Naturwissenschaft das Universum als Ganzes und die Entstehung des Lebens sowie die Einzigartigkeit der sich auf das Sein als solches hin transzendierenden menschlichen Vernunft nur ein undurchdringliches Rätsel, wie es Stephen Hawking formuliert hat. Oder es kann im Blick auf die Entstehung des materiellen Substrates der menschlichen Vernunft, das heißt im Rahmen der Evolution der biologischen Spezies »Mensch«, nur die Deutekategorie des »Zufalls« angesetzt werden.

Gemeint ist hier freilich nicht der absolute Zufall, daß also das, was ist, ohne den Grund seiner Existenz bestünde. Gemeint ist vielmehr der relative Zufall, daß nämlich das, was existiert, ohne Sinn ist oder ohne planende Vernunft zustande gekommen ist. Das zufällig Existierende hat demnach kein Wesen, das seine Bestandteile von einem inneren Prinzip her zusammenfaßt und zu einem sinnvollen Ganzen vereint. Philosophisch nennen wir dies den Nihilismus, also die negative Erfahrung und die verzweifelte Meinung, daß das Sein ohne Sinn und Zweck ist und der Mensch sich bei seiner

Suche nach dem Sinn von Sein und der Orientierung seines Handelns am Guten selbst zum Narren macht. Der Mensch wäre also bloßes Hineingeworfen-Sein in einen Abgrund, der unserem Taumeln und Stürzen nie Halt geben könnte. Der Mensch sei dazu verdammt, seiner faktischen Existenz autonom einen Sinn zuzuschreiben, weil sein Dasein für sich genommen wesenlos ist, wie es Jean-Paul Sartre beschrieben hat.

Das Menschenbild der heute weltweit verbreiteten christlichen Kultur erwächst aber aus der Überzeugung des geoffenbarten Glaubens an den personalen, freien, souveränen Schöpfergott. Seinen reflexiven und begrifflichen Ausdruck findet dieses maximal optimistische Menschenbild – in absoluter Negierung des Nihilismus und des hyperpessimistischen Existentialismus – unter positiver Anknüpfung an die platonisch-aristotelische Metaphysik des Seins sowie verwandter Philosophien der menschlichen Geistesgeschichte, wonach sich der reale Grund der Wesenhaftigkeit der konkreten Dinge – wie Mineralien und Pflanzen sowie in höherer Weise Tiere und Menschen – in seiner irreduziblen Individualität zeige. Das Wesen des Menschen ist seine soziale und geist-leibliche Natur, die seiner Person zukommt. Person ist der Mensch insofern, als seine Existenz niemals Mittel zu einem Zweck ist. Deshalb ist die Person die höchste Verwirklichung des Seins.

In der Vernunft des Menschen offenbart sich der Sinn seines einmaligen Daseins – in der Hinordnung auf Gott, den Logos, der bei Gott vor allem Anfang von Zeit und Raum, das heißt im ewigen Anfang seiner Gottheit im Sein seines Wesens war und der als der Sohn mit dem Vater und dem Heiligen Geist der eine Gott ist: »Alles, (was geworden ist,) ist durch das Wort (durch den Logos, durch die göttliche Vernunft und Liebe) geworden« (Joh 1,3), und »aus seiner Fülle haben wir alle empfangen Gnade um Gnade« (Joh 1,16). Wir haben ein Wesen, aber nicht als starre Datenbasis materieller Prozesse und als bewegungshemmendes Netzwerk sozialer Kontrollmechanismen. Die geist-leibliche Natur ist vielmehr das Wesen des Menschen, durch das sich seine personale Transzendenz auf den Ursprung und den Sinn des Seins in Gott hin vollzieht. Die innerste Bestimmung seines Wesens ist sein Selbstvollzug in Freiheit – aber nicht in Absonderung von seiner Leiblichkeit oder in der Distanzierung von sich selbst und seinen Nächsten, sondern in der Liebe zu Gott über alles und zum Nächsten wie zu sich selbst. Das ist sein Ziel als Freiheit in Liebe.

RILINGER: Da die Welt nach dem Glauben der Christenheit von Gott geschaffen worden ist, ist die Natur einem göttlichen Plan unterworfen. Dadurch sind dem Menschen Rechtsvorstellungen intrinsisch und damit unaufhebbar zugeordnet worden, die wir als Naturrecht bezeichnen. Müssen deshalb diese Naturrechte Grundlage jeglichen menschlichen Zusammenlebens sein?

MÜLLER: Es ist die Frage, auf welcher Grundlage unsere Rechtsordnung mit ihren Geboten und Sanktionen in einem Gemeinwesen beruht. Wie gerade gezeigt, hat sich in der abendländischen Tradition der Begriff des Wesens des Menschen aus der Korrelation von Person und geist-leiblicher Natur entwickelt. Jeder Mensch steht denkend und wollend und fühlend sowohl biologisch als auch psychisch und sozial in einem Verhältnis zu sich selbst, zur anorganischen und organischen Umwelt, zur Gemeinschaft der Mitmenschen und – alles überragend und zusammenfassend – zu Gott, seinem persönlichen Schöpfer und Vollender.

In der Abwehr einer rein materialistischen Deutung der modernen Natur- und Humanwissenschaften wurde seit

René Descartes (1596–1650) die geistige Welt scharf von der materiellen Welt abgesetzt. Es bildete sich der Dualismus einer reinen Denkwelt und einer reinen Körperwelt heraus. Der Mensch sei ein denkendes Selbstbewußtsein in einem Körper, der ganz den Gesetzen der Mechanik – in Leib und Seele – unterliegt. Geist steht in diesem Sinn beziehungslos neben der Natur. Im Menschen streiten sich die höhere geistige und die niedere Welt der Triebe sowie der Leidenschaften. Sie tun dies auf Grund der Naturzwänge, denen unser Leib (etwa der Leib der Frau als Mutter) unterworfen ist, oder auf Grund der Rollenzwänge, durch die wir selbst in unserem gesellschaftlichen Rang als Adliger, Bürger, Arbeiter etc. vorgeprägt und eingeengt sind. In dieser Logik muß sich der Mensch von den gesellschaftlichen Rollenzwängen revolutionär befreien und sogar von den Bedingungen seiner leiblichen Konstitution als Mann und Frau oder sogar des Lebens überhaupt durch absolute Selbstbestimmung emanzipieren, indem er sich selbst ideologisch-politisch propagierte und juristisch einklagbare »Menschenrechte« auf Geschlechtsumwandlung, auf – schon im Begriff sinnwidrige – »Ehe mit einem Menschen gleichen Geschlechts« oder auf einen assistierten Selbstmord konstruiert.

Die dualistisch ansetzende Anthropologie, die die Einheit des Menschen in seiner geist-leiblichen Natur schon im Ansatz verfehlt, tendiert immer zu einer Auflösung in einen Monismus. Dann ist der Mensch – in idealistischer Weise – nur Bewußtsein, das sich gegenüber der »untergeistigen« Sphäre seines Leibes abgrenzen muß. Dadurch wird die Tatsache negiert, daß wir Gemeinschaftswesen sind, so daß sich das Individuum in ein beziehungsloses Ich auflöst. Und umgekehrt wird der Mensch, wenn er materialistisch gedacht wird, auf ein biophysisches, ein technisches oder nur gesellschaftliches Konstrukt reduziert. Danach wäre der Mensch nichts anderes als eine Maschine oder ein höher entwickeltes Tier, das nur vom Willen zum Überleben vorwärtsgetrieben wird und dem gnadenlosen Kampf ums Dasein unterliegt. Weiter wäre er nichts anderes als der biologische Träger eines datenverarbeitenden Gehirns, das zur Vermeidung größerer Dysfunktionalitäten der absoluten Kontrolle seiner menschlichen Beziehungen, seiner Meinungen und sittlichen Urteile, seiner wirtschaftlichen und finanziellen Aktivitäten zu unterwerfen ist. Selbstverständlich beanspruchen die Konstrukteure dieser transhumanen oder posthumanen Entität auch die absolute Herrschaft und Kontrolle über ihr »Produkt«.

Eine selbsternannte Elite des politisch-finanziell-massenmedialen Komplexes sieht in der Freiheit der Religion und des Gewissens, die das Zentrum des Wesensvollzugs des Menschen in dessen Unmittelbarkeit zu Gott bildet, die letzte Bastion, die der totalen Herrschaft von wenigen Menschen über die große Masse von ihresgleichen trotzt. Daraus resultiert ihre Verachtung des Christentums und ihr Haß gegen die katholische Kirche, die sich mit der Berufung auf Gott dem Programm jener, sich selbst zum Gott der Menschheit aufzuschwingen,[26] widersetzt. Ob wir diese Agenda »verschwörungstheoretisch« im Sinne von Hinterzimmer-Absprachen von »Big Tech«, dem Silicon Valley oder den Parteischulen der Kommunistischen Partei Chinas ausgetüftelt wähnen oder ob wir uns von der regierungsamtlichen Propaganda beschwichtigen und zu »Verschwörungsleugnern« umfunktionieren lassen, ist hier nicht die Frage. Die Folgerung ist nur, daß es ohne Freiheit keine Humanität gibt und daß ohne die Orientierung des Gewissens an Gott der Mensch seine unantastbare und unteilbare Würde nicht gegen die Machtansprüche weltlicher Konkurrenten wird behaupten können.

RILINGER: Im Naturrecht werden die Regeln der Natur aufgegriffen und als Recht deklariert. Doch in dieser Annahme ist die Frage versteckt, was die Natur denn sei und was sie für Regelungen enthalte. Der Rechtspositivist Hans Kelsen verwirft den Rekurs auf das Naturrecht, das er als einen »Trugschluß« bezeichnet. Er kam zu diesem Ergebnis, da ihm in der Auseinandersetzung zwischen Robert Filmer, einem politischen Theoretiker des 17. Jahrhunderts, und John Locke, einem Gegenspieler von Filmer, deutlich geworden war, daß auch das Naturrecht niemals habe letztverbindlich definiert werden können, sondern sich nur aus der Herleitung durch den Menschen erkannen lasse. Während Filmer nämlich die Rechtfertigung der absoluten Monarchie in der Natur der Welt begründet sah und diese Staatsform deshalb als Ausfluß des Naturrechts wertete, verwarf Locke diese Begründung und stellte darauf ab, daß sich das demokratische Staatssystem aus der Natur ergebe. Wie also kann Natur beschrieben werden, um aus ihr unhintergehbare Rechte ableiten zu können?

MÜLLER: Die genannten Autoren machen ihre Zustimmung zu dem, was mit Naturrecht gemeint ist, abhängig von den politischen Konsequenzen, die daraus gezogen werden. »Natur« bedeutet hier nicht sozusagen das Urwüchsige, das sich aus der Geschichte und Kultur instinktiv ergibt, so wie ein neu geborener Fisch im Unterschied zu einem Menschenkind nicht erst durch »Trainieren« schwimmen lernen muß. Natur ist hier das Wesen des Menschen, der, vermittelt durch seine Erfahrung der geschichtlichen Welt, die sittlichen Prinzipien erkennt, durch die er das Gute vom Bösen zu unterscheiden vermag. Ja, in diesem natürlichen Wesen liegt begründet, daß er überhaupt die Vernunft in ihrem Vollzug begreift und sie in den Kategorien der Logik und den Worten der Sprache zum Ausdruck bringt.

Auf die Politik bezogen, kann die sittliche Vernunft bestimmte Herrschaftsmodelle – wie beispielsweise den königlichen Absolutismus, den ideologischen Totalitarismus oder die Pöbelherrschaft und jede Form von Rechtsordnung, deren Basis die Willkür der Mächtigen wäre – ausschließen. Sie kann aber nicht eine bestimmte Regierungsform wie die Monarchie, die Aristokratie oder die Demokratie a priori als allein sittlich vertretbar postulieren. Im übrigen: Nach Aristoteles ist, pragmatisch gesehen, die beste Staats- und Regierungsform eine Mischung der besseren Elemente der real existierenden Verfassungen. Das Naturrecht, von dem hier die Rede ist, meint allerdings das natürliche Sittengesetz, insofern uns die sittliche Vernunft lehrt und im Gewissen bestimmt, das Gute unbedingt, ohne das Schielen auf Vorteile, zu tun und das Böse ohne Furcht vor Nachteilen und Repressalien zu meiden. Was Juden und Christen durch die übernatürliche Offenbarung im Dekalog bekannt gemacht und mit göttlicher Autorität bestätigt erhielten, können auch die Heiden im Zeugnis ihres Gewissens als Differenz von Gut und Böse unterscheiden, insofern ihnen das natürliche Sittengesetz »ins Herz geschrieben ist« (vgl. Röm 2,14 f.).

Rilinger: *Wenn also Rechte nicht nur aus der Natur hergeleitet werden können, sondern diese vielmehr in der Natur selbst verankert sind, müßten diese Rechte freilich in jedem Kulturkreis gleichermaßen anzutreffen sein. Ist es vorstellbar, daß es Rechte gibt, die in jeder Kultur in gleicher Weise durch die Natur begründet sind?*

Müller: Diese sittlichen Grundprinzipien, die wir im Dekalog als die Gebote Gottes erkennen, sind durchaus im wesentlichen in allen Kulturen bekannt, wenn sie auch nicht immer in der Praxis realisiert werden und aus ihnen durchaus unterschiedliche Konsequenzen in bezug auf die religiösen und kulturellen Gegebenheiten gezogen werden. Der Sklavenbesitzer beruhigt sein schlechtes Gewissen, indem er seinen armen Opfern das volle Menschsein abspricht oder ihr trauriges Los als eine verdiente Strafe rechtfertigt. Jeder Eroberer weiß, daß das wechselseitige Abschlachten von Menschen, das er mit seiner Aggression ausgelöst hat, der Vernunft der Humanität widerspricht, aber er rechtfertigt die Übel mit einem angeblich höheren Gut, das am Ende doch der Menschheit zugute kommen solle. Nichts ist aber unsittlicher als die Maxime: Der – gute – Zweck heiligt die – bösen – Mittel.

Rilinger: Basiert die Allgemeine Erklärung der Menschenrechte durch die UNO (1948) auf der Überzeugung, den Menschen als Ebenbild Gottes anzusehen – mit der Folge, daß alle Menschen gleich sind?

Müller: Die Gottebenbildlichkeit des Menschen ist im eigentlichen Sinn eine Glaubenswahrheit. Sie beruht auf der übernatürlichen Offenbarung, die nur durch das Licht des Heiligen Geistes in ihrer ganzen Tiefe erfaßt werden kann. Aber die natürliche Vernunft ist zu einem gewissen Grad auch in der Lage, in ihrem eigenen Licht die Sonderstellung des Menschen im Bewußtsein seiner Verantwortung vor Gott zu erkennen. Die Verfasser der amerikanischen, polnischen und französischen Erklärung der Menschen- und Bürgerrechte waren zwar mehrheitlich geprägt von der Aufklärungs-Theorie der »natürlichen Religion«, die angeblich dieselbe ist in der Vielfalt ihrer historischen Erscheinungen. Doch die Verfasser hatten nicht – wie sie meinten – eine geschichtslose Vernunft, die sie zu diesen allgemeinen Erkenntnissen führte. Konkret waren sie vielmehr vom christlichen Menschenbild geprägt, wenn sie es auch seiner Grundlage in der übernatürlichen Selbstoffenbarung Gottes beraubten.

Aber die endliche Vernunft der Menschen kann die Wahrheit nicht nur rein aus ihrem Begriff erkennen. Es bedarf auch der geschichtlichen Erfahrung. Diese lehrt uns, daß überall dort, wo die Allgemeinheit der Menschenwürde und der daraus folgenden Rechte des einzelnen Menschen und seiner natürlichen Gemeinschaftsformen wie Familie, Stadt, Volk, Staat, Religion etc. gegenüber dem totalen Machtanspruch des Staates oder einer Ideologie zurücktreten mußte oder gar zynisch verleugnet wurde, Verbrechen gegen die Menschlichkeit, verheerende Verwüstungen durch Kriege, Völkermorde und Vertreibungen die Folge waren. Aus der Argumentation des Nürnberger Kriegsverbrechertribunals von 1946 können wir bis heute viel lernen. Die desaströsen Wirkungen, die sich aus der Leugnung der Universalität der Menschenrechte zwangsläufig ergeben, sind der evidente Beweis ihrer unbedingten Gültigkeit.

RILINGER: *Auch in der arabischen Welt sind Erklärungen über Menschenrechte abgegeben worden. Sie scheinen der Erklärung der UNO nachempfunden zu sein, allerdings stehen sie unter dem Vorbehalt der Vereinbarkeit der aufgeführten Menschenrechte mit den Regeln der Scharia, die Ableitungen aus dem Koran sind. Wird durch diese islamischen Erklärungen der Menschenrechte unsere Behauptung widerlegt, daß die in der Erklärung von 1948 aufgeführten Menschenrechte als allgemein und universal zu verstehen seien?*

MÜLLER: Das Problem besteht in der nicht erfolgten Unterscheidung des Zwecks des Staates, der auf das irdische Gemeinwohl zielt, und der Religion, die in der freien Anerkennung und Verehrung Gottes gründet und auf die höhere, weltüberlegene Glückseligkeit zielt. Eine Religion, die nicht das Wahrheitsgewissen der individuellen Person und die Freiheit des religiösen Aktes anerkennt, pervertiert ihr eigenes Wesen. In einem Staat müssen Menschen verschiedener Religionen und Weltanschauungen friedlich und freundlich zusammenleben können. Den Regierenden, Gesetzgebern und Richtern kommt aber keinerlei Autorität in Fragen der Philosophie und Religion zu, diese den Bürgern mit Gewalt oder durch Lockmittel aufzudrängen. Eine Glaubensgemeinschaft beruht, gesellschaftlich gesehen, auf dem freien Zusammenschluß ihrer Mitglieder, die sich zu einem Credo und Kult bekennen. Auch der gesellschaftlichen Form der Religion gebührt gegenüber jedem Staat unbedingte Religionsfreiheit. Unabhängig von jeder menschlichen Gewalt definiert sie selbst, wie sie sich im Verhältnis zum höchsten Mysterium des Seins sieht.

Allerdings kann aus dem Verständnis einer Offenbarungsurkunde oder einer gewachsenen zivilen oder religiösen Rechtsordnung nicht die Berechtigung abgeleitet werden, die natürlichen Menschenrechte zu verletzen, wie es etwa durch die fälschlich als Beschneidung bezeichnete Verstümmelung von Mädchen im Genitalbereich, durch grausame Hinrichtungsarten oder ebenso durch eine Verbreitung des Glaubens mit kriegerischen Mitteln geschieht. Umgekehrt kann auch nicht aus den natürlichen Menschenrechten die Priesterweihe der Frau oder die sakramentale Ehe eines Mannes mit einem Mann statt mit einer Frau hergeleitet werden. Auch ergibt sich kein Anspruch auf ein Kind für ein gleichgeschlechtliches Paar aus dem Naturrecht, weil dies dem elementaren Recht des Kindes widerspricht, über seinen Vater oder seine Mutter bzw. im Adoptionsfall ersatzweise über einen Mann als seinen Pflegevater und eine Frau als seine Pflegemutter zu verfügen.

RILINGER: Können wir noch von einer einzigen, überall in gleicher Weise definierten Natur sprechen, um Naturrechte begründen zu wollen, oder ist die Definition der Natur doch nicht allgemeinverbindlich, sondern eher auch eine Folge der natürlichen und kulturellen Entwicklungen, die ja auf der Welt nicht uniform verlaufen?

MÜLLER: Überall existiert die gleiche Vernunft, auch wenn sie sich in verschiedenen Sprachen ausdrückt. Überall hat der Mensch Kultur, wenn auch in unterschiedlicher Weise und Qualität. Der Mensch ist entsprechend seinen realen Möglichkeiten ein Wesen des aufrechten Ganges, selbst wenn ein Kleinkind faktisch noch nicht gehen kann oder der kranke und alte Mensch das Gekrümmtsein seines Körpers als Defekt erleiden muß. Überall gibt es die gleichen Prinzipien der Logik, wenn auch die Folgerungen kulturell variieren.

Die katholische Kirche gibt es in den verschiedenen Kulturen, und sie verbindet in einer weltumspannenden Gemeinschaft ganz gegensätzliche Charaktere in demselben Glauben, in der gleichen Liturgie. Die Verschiedenheit in der Realisierung des Menschseins verhindert nicht die Einsicht, daß wir trotzdem Brüder und Schwestern einer Familie sind und uns dem einen Gott und Vater aller verdanken, der uns nicht als graue Masse, sondern in der Schönheit der individuellen Vielfalt geschaffen hat.

RILINGER: Die Erklärung der Menschenrechte seitens der arabischen Staaten steht teilweise im Widerspruch zu der Erklärung seitens der UNO. Ist es deshalb als eine geistige Kolonisierung der arabischen Welt anzusehen, wenn trotzdem die Erklärung der UNO Vorrang vor der arabischen haben soll?

MÜLLER: Gewaltsame Kolonisierung ist immer von Übel. Aber man darf diese und andere negative Erscheinungen auch nicht zu einem polemischen Waffenarsenal umschmieden, um sich einer höheren Einsicht zu verschließen. Gewiß gab und gibt es unterschiedliche kulturelle Rahmenbedingungen im Verhältnis der Männer zu den Frauen. Aber das muß unterschieden werden von Gewalt und Unterdrückung, die nicht zu dulden sind. Man kann auch nicht den Männern zugestehen, in der modernen Welt der Autos, des Computers, des Smartphones, der allgemeinen Bildung zu leben, und die Frauen gleichzeitig auf die Bedingungen einer Feudalgesellschaft vergangener Zeiten restringieren. Ein nüchternes Gerechtigkeitsgewissen kann uns helfen, die immer und überall geltenden geistigen und sittlichen Grundprinzipien von den immer sich wandelnden und hoffentlich sich auch verbessernden Lebensbedingungen der Menschheit zu unterscheiden.

RILINGER: Nach dem Evangelium ist der Kirche durch Jesus Christus selbst der Missionsauftrag übertragen worden. Könnte in diesem Auftrag eine gewollte, aber versteckte Kolonisierung der nichtchristlichen Welt gesehen werden? Immerhin ist in dem Missionsauftrag auch der Auftrag enthalten ist, der gesamten Welt das Sittengesetz, das sich aus dem Juden- und Christentum herleitet, als die wahre sittliche Grundlage des Lebens vor Augen zu führen und es auch als allgemeingültige, d. h. nationen- und kulturenübergreifende sittliche Ordnung zu proklamieren?

MÜLLER: Kolonialisierung in der europäisch-amerikanischen Praxis gegenüber Ländern in Amerika, Afrika und Asien war nichts anderes als die Inbesitznahme eines anderen Landes oder die Aufrichtung einer Fremdherrschaft zur Ausbeutung anderer Völker. Der Missionsauftrag Jesu erging vor zweitausend Jahren und ist genau die Fortsetzung der Predigt Jesu von der universalen Liebe Gottes, seines Vaters, für alle Menschen. Sein Reich ist nicht von dieser Welt und auch nicht nach der Art der politischen Imperien sowie der Konzentrationen von Macht und Geld. Nur in der Freiheit des Glaubens kann der einzelne vom Evangelium angesprochene Mensch, welcher Herkunft auch immer, dem Wort Gottes entsprechen und sich auch frei dem Kreis der Jünger Jesu, der Kirche, anschließen.

Die Diskussion um die Menschenrechte ist deshalb so dringend, weil eine globalisierte Welt eine Grundlage braucht, die vernünftig begründet und als sittliches Postulat allen zugänglich ist. Das natürliche Sittengesetz sagt mit spekulativer und pragmatischer Evidenz, daß die umfassende Anerkennung der grundlegenden Rechte jedes Menschen auf sein Leben, seine körperliche Unversehrtheit und ethische Freiheit zusammen mit den materiellen Bedingungen ihres Vollzugs die notwendige Voraussetzung dafür ist, daß die Völker in ihren eigenen Staaten wie auch im Weltverbund aller Staaten gedeihlich zusammenleben. Zwang, Terror, Krieg etc. verschaffen einzelnen Gruppen zwar vordergründig Vorteile im »Krieg aller gegen alle«, bewirken aber langfristig die Niederlage aller. Haben etwa die Gefallenen und Verwundeten den Krieg gewonnen, selbst wenn die Führer ihrer siegreichen Nationen Kränze an ihrem »Heldengrab« niederlegen?

Rilinger: *Halten Sie es für ethisch vertretbar, daß auf der Grundlage eines ideologisch geänderten Menschenbildes Menschenrechte die jeweilige und momentane Auffassung der Gesellschaft und des Staates widerspiegeln?*

Müller: Die gegenwärtig die westliche Welt überflutende LGBT-Ideologie entbehrt jeder Grundlage in der philosophischen und theologischen Vernunft und ist nur das Konstrukt einer Ersatzreligion für das verlorene und abgelehnte christliche Menschenbild. Das schließt nicht aus, daß auch in der Perversion noch die Goldkörner seiner ursprünglichen Fassung zu erkennen sind: Würde und Freiheit des Menschen, die positive und fruchtbare Bedeutung der Lebensgemeinschaft von Mann und Frau, die Geschlechtlichkeit als Gabe Gottes, die Teil der Verantwortung füreinander in der Liebe ist. Schlimm wird es erst, wenn – wie so oft in der Vergangenheit – Politiker, Finanzleute, Medienschaffende, Juristen ihre Macht mißbrauchen, um der von ihnen für dumm und rückständig gehaltenen Masse des Volkes diese Ideologeme aufzudrängen und diejenigen, die sich ihrer Meinungsdiktatur nicht fügen, mit Sanktionen zu belegen. So ist – um ein Beispiel zu nennen – die objektive Wissenschaft dort unter die Räder der Ideologie geraten, wo jungen Dozenten eine Anstellung an der Universität nur gewährt wird, wenn sie sich schriftlich auf die Genderideologie verpflichten.

Rilinger: Die Naturrechtslehre wird als eine katholische Sonderlehre angesehen, so daß sie nicht als allgemeingültig anerkannt ist. Kann sie, wie es der Theologe und ehemalige Ratsvorsitzende der evangelischen Kirche Deutschlands, Wolfgang Huber, vorgeschlagen hat, durch eine Sozialethik ersetzt werden, insofern diese auf der Grundlage »der Befähigung zum eigenen ethischen Urteil unter dem Gesichtspunkt verantworteter Freiheit« gedacht werde?

Müller: Die Lehre von der Begründung der Menschenrechte in der geistigen und sittlichen Natur ist alles andere als eine katholische Sonderlehre, weil sie sich nicht aus der Offenbarung, sondern aus der jedem Menschen eigenen ethischen und – wie es Kant sagen würde – praktischen Vernunft ergibt. Die evangelische Theologie hat einen anderen Begriff von der aus dem Schöpfungswillen hervorgehenden menschlichen Natur. Demnach ist die Natur des Menschen durch die Ur- und Erbsünde total verdorben. Nach katholischem Glauben ist die Natur des Menschen durch die Sünde verwundet und wird durch die Gnade von diesem schweren Defizit befreit, dann aber auch erhöht und vollendet.

Aber das ist eine andere Diskussion, in der es um innerchristliche Kontroversfragen rund um Sünde und Vergebung, Glauben und Gnade, Rechtfertigung und Heiligung geht. Bei der Frage des natürlichen Sittengesetzes geht es hingegen um die Frage, ob sich jede Religion nur im Kreis ihrer Anhänger bewegt oder ob es eine gemeinsame, in der Vernunft begründete Beziehungsebene gibt, auf der wir über die Würde jedes einzelnen Menschen, über die soziale Gerechtigkeit und Sorge um die gemeinsame Umwelt, über die wohlausgeglichene Nutzung der Ressourcen und den Frieden in der Welt nachdenken und zu allgemeinverbindlichen Beschlüssen gelangen.

Rilinger: Sehen Sie außer der Naturrechtslehre andere Möglichkeiten, um nichthintergehbares Recht zu formulieren?

Müller: Offen gesagt, nein.[27]

Der Kampf gegen die Natur führt zur Destruktion des Humanums

Das Europäische Parlament hat im Sommer 2021 mit großer Mehrheit – allerdings gegen die Stimmen der Fraktion der Konservativen und Christdemokraten – dem sogenannten Matic-Bericht zugestimmt. Dieser möchte u. a. die Tötung ungeborenen Lebens, die verharmlosend als Abtreibung bezeichnet wird, als ein Menschenrecht auffassen. Dadurch soll das ursprüngliche Menschenrecht auf Leben eines jeden Menschen, das Grundlage unserer Rechtssysteme ist, gewissermaßen um ein Menschenrecht auf Tötung erweitert werden. In der Abstimmung zeigt sich ein Paradigmenwechsel, der die ethische Grundlage unserer Gesellschaften und Staaten auf den Kopf stellen könnte. Dieser Paradigmenwechsel offenbart eine je unterschiedliche Begründung der Menschenrechte und damit auch eine je unterschiedliche Sicht auf den Menschen an sich. Während das christliche Menschenbild von einer naturbedingten Einheit von Körper und Geist ausgeht, spaltet die atheistisch-evolutionistische Sichtweise den Menschen in eine Dualität von Körper und Geist. In dieser Aufspaltung zeigt sich der Kampf gegen die Natur als Grundlage des neuen Menschenbildes. Die christlich fundierte Grundlage soll durch eine von Menschen erdachte ersetzt werden.

Nach christlicher Auffassung stehen jedem Menschen, ob geboren oder ungeboren, die Menschenrechte als intrinsische Rechte zu, während unter dem Vorzeichen des Dualismus von Körper und Geist nur dem Geist Menschenrechte zugeordnet werden. Der Körper selbst wird zur Sache oder – sollte er noch nicht geboren sein – zum »Zellhaufen« oder »Schwangerschaftsgewebe« degradiert. Über ihn darf daher frei verfügt werden. Das christliche Menschenbild geht von der naturrechtlichen Gleichheit aller

Menschen aus – unabhängig davon, in welchem Zustand der Mensch sich befindet –, während nach dem atheistisch-evolutionistischen Menschenbild erst das Vorhandensein des Geistes eine Gleichheit herstellt. Diese Theorie hat deshalb schwerwiegende Konsequenzen für unsere Menschenrechtssystematik.

LOTHAR C. RILINGER: ***Sind Menschenrechte aus dem Naturrecht hergeleitet und damit als Rechte zu verstehen, die dem Menschen immanent (»angeboren«) sind, ohne daß es eines Rechtsaktes bedürfte?***

GERHARD LUDWIG KARDINAL MÜLLER: Der christliche Glaube ist eine Antwort der Menschen, die die Selbstoffenbarung Gottes in der Heilsgeschichte Israels und zuletzt in seinem Sohn Jesus Christus mit ganzem Verstand und freiem Willen annehmen (vgl. *Dei verbum*, 5). Damit verbunden ist auch die Überzeugung, daß derselbe Gott mit der Erschaffung der Welt aus dem Nichts – er ist also Schöpfer und nicht nur Demiurg – jeden individuell existierenden Menschen nach seinem Bild und Gleichnis gestaltet hat. Wir sprechen von den Menschen als Einzelpersonen und nicht bloß von dem Abstraktum »der Mensch«, im Kollektivsingular von »der Menschheit«. Jedem einzelnen Menschen kommt auf Grund seines Menschseins eine unzerstörbare Würde zu, die ihn mit allen anderen Menschen in der gemeinsamen Menschennatur in deren geistig-leiblicher Konstitution verbindet. Damit sind auch die Gleichheit aller Menschen und deren Recht auf eine menschenwürdige Behandlung gegeben. Das hat auf faszinierende Weise der stoische Philosoph Seneca schon im 1. Jahrhundert n. Chr. in einem Brief über die Behandlung der Sklaven an seinen Freund Lucilius herausgestellt. Auf den Einwand, daß Sklaven eben doch nur Sklaven seien, antwortet er: »Aber doch Menschen, Hausgenossen, Freunde aus bescheidenem Stande, […] aber doch deine Mitsklaven, denn du mußt bedenken, daß Freie und Unfreie gleichermaßen der Macht des Schicksals unterliegen« (Brief 47). Seneca überwindet den Gegensatz von Herren und Sklaven naturrechtlich-philosophisch mit dem Verweis auf die Gleichheit im Menschsein, während sein Zeitgenosse Paulus den Unterschied theologisch aushebelt, mit dem Verweis auf den gleichen Gott, Schöpfer und Richter und Christus, den Erlöser aller Menschen (vgl. Gal 3,28; Kol 4,1; 1 Tim 2,5 u. a.).

Die Erlösung bringt nur Christus allein. Christus ist der einzige Richter der ganzen Menschheit, aber das ist schon jenseits der Zeit. Beim Endgericht erkennen alle Menschen in Jesus ihren Erlöser. Auf dem Wege dahin ist die katholische Kirche die geschichtliche Verfaßtheit des christlichen Glaubens. Leider gibt es die Abspaltungen und darüber hinaus auch jene Christen, die zwar mit der katholischen Kirche immer noch in einer Beziehung durch die Taufe stehen, ihr aber ansonsten entfremdet sind. Vieles ist im Christlichen gemeinsam, die katholische Kirche ist aber davon überzeugt, daß in ihr institutionell die ganze Fülle der Heilsmittel gegeben ist, ohne daß man den anderen etwas abstreitet, wovon sie subjektiv in ihrem Glauben überzeugt sind. Hiervon sind wir Katholiken von unserem Glauben her überzeugt, das ist die objektive Realität, aber das kann man innerweltlich nicht mehr entscheiden. Es gibt innerweltlich keine Instanz, die sozusagen über den Religionen steht. Das wäre auch wieder nur eine menschliche Instanz. Am Schluß offenbart Gott selber, was von ihm als Heilsweg gewollt war.

Gegenüber den frühneuzeitlichen absolutistischen und später sogar – mit wachsender Deutlichkeit – totalitären Überhöhungen der Staatsgewalt haben die Erklärungen der Menschen- und Bürgerrechte, wie in den USA 1776, in Polen und

Frankreich 1789, durch die Vereinten Nationen 1948 sowie in Deutschland 1949, die mit der Geburt gegebenen, unverfügbaren und unteilbaren Rechte des Menschen auf Leben, Freiheit und Streben nach Glück als unabhängig von der Willkür der Mächtigen erkannt und anerkannt. Weil diese Rechte dem Menschen von der Geburt her zustehen, gehören sie zu seiner »Natur«. Denn Natur kommt von lateinisch »nasci«, was bedeutet: »geboren werden«. Gemeint ist aber nicht lediglich der Zeitpunkt der Geburt im Unterschied zur Lebensentstehung aus väterlicher Zeugung und im Empfangen- und Ausgetragenwerden im Leib der Mutter, sondern der auch empirisch verifizierbare absolute Beginn des individuellen Menschseins mit der Befruchtung der Eizelle bis zum leiblichen Tod.

Rilinger: *Können Sie sich erklären, aus welchem Grund seit der Aufklärung das Naturrecht im wesentlichen abgelehnt wird?*

Müller: Es war im Westen die Philosophie der Neuzeit, die die natürlichen Rechte jedes Menschen herausgestellt hat – im Widerspruch zur Willkür der Fürsten, die mit Gewalt in die Religions- und Gewissensfreiheit ihrer Untertanen eingegriffen haben. Mit Berufung auf das Prinzip »cuius regio, eius religio« bestimmten die Machthaber die Religion bzw. Konfession, die auf ihrem Territorium allein öffentlich ausgeübt werden durfte. Die grundlegend neue Erkenntnis besagt aber: Jeder Mensch ist ein freier Bürger und in seinem Wahrheitsgewissen und den Prinzipien der Ethik nicht der politischen Gewalt, sondern unmittelbar Gott, also einer überweltlichen Instanz, verantwortlich. Die Obrigkeit, also die Regierung, hat sich auf die Organisation und Garantie des irdischen Gemeinwohls zu beschränken. Der Staat ist für die Menschen da und nicht der Mensch für den Staat. Die politischen

Gewalten dürfen nicht Menschen für eine sogenannte Staatsräson opfern, wie etwa: dynastische Interessen, Expansion des Herrschaftsgebietes, Hegemonie der eigenen Nation, Bereicherung der Oberschicht durch Ausbeutung von Leibeigenen, Sklaven und rechtlosen Lohnarbeitern, die Globalisierung der Technik und Monopolisierung des Kapitals, die Schaffung einer Neuen Menschheit durch Weltrevolution und Weltmachtstreben etc.

Was der Sinn des Lebens ist, wie er philosophisch begründet wird, auf welchen moralischen Prinzipien das individuelle und gemeinschaftliche Leben aufgebaut wird, ob wir nach diesem irdischen Leben auf ein ewiges Heil hoffen dürfen – all diese Fragen kann und darf der Staat nicht beantworten, wenn er nicht totalitär werden will. Und gerade ein demokratisch legitimierter Rechtsstaat muß bekennen, daß ihm die Bürger keine philosophische und religiöse Kompetenz übertragen haben und es prinzipiell auch gar nicht könnten, selbst wenn sie es wollten.

Gültig gegenüber den immer und überall lauernden Versuchungen der Mächtigen zum totalitären Denken bleibt die Note des Heiligen Stuhls an die Deutsche Reichsregierung aus dem Jahr 1934: Es sei zu unterscheiden zwischen dem notwendigen Gehorsam jedes Staatsbürgers gegenüber allen legitimen Anordnungen des Staates in dessen Sachbereich und den anmaßenden Übergriffen in andere Sachbereiche, in denen dem Staat keine Kompetenz zustehe. Falsch sei demnach die Meinung, »die Gesamtheit der Staatsbürger unterstehe auch in der Gesamtheit dessen, was ihr persönliches, familienmäßiges, geistiges und übernatürliches Leben beinhalte, dem Staate oder – was noch falscher wäre – dem Staat gar allein und vornehmlich«.[28]

Die Entscheidung einer staatlichen Gewalt, ob administrativ, judikativ oder legislativ, die Tötung eines Menschen durch andere Menschen für ein vorgegebenes und einklagbares Recht zu erklären, delegitimiert diese Instanzen und entlarvt die totalitäre Gesinnung ihrer Agitatoren. Hinter der Fassade schöner Emanzipationspropaganda versteckt sich der pure Wille zur Macht auf Grund des sozialdarwinistischen Prinzips: Das Recht ist auf der Seite des Stärkeren, und Moral ist, was dem Volke oder dem Eigeninteresse nutzt.

RILINGER: *Das Naturrecht wird als katholische Sonderlehre verworfen. Selbst die Kirchen und kirchlichen Gemeinschaften der Reformation begründen die Menschenrechte nicht mit dem Naturrecht, sondern durch eine Sozialethik, die aus der Vorstellung heraus begründet wird, daß die Gläubigen zum eigenen ethischen Urteil unter dem Gesichtspunkt verantworteter Freiheit befähigt seien [siehe das vorangegangene Gespräch]. Besteht darin die Gefahr, daß dann die Ethik nicht durch unhintergehbare Kriterien begründet wird, sondern aus dem jeweiligen Zeitgeist heraus, der diffuse und flüchtige Massenstimmungen reflektiert?*

MÜLLER: Die Kirche als Gemeinschaft des Heils der Welt in Christus ist auf göttliches Recht gegründet. Die Religionsfreiheit gegenüber allen irdischen Instanzen beruht in der Natur des moralischen Gewissens (vgl. *Dignitatis humanae*, 1 f.). Die katholische Theologie als Reflexion auf die heilsgeschichtliche Selbstoffenbarung in Christus hat keine eigene Lehre vom Naturecht, sondern entnimmt es der philosophischen Anthropologie und vertritt es nur mit größerer Kompetenz. Denn der Begriff »Natur« bezieht sich nicht auf die Flora und Fauna unseres Planeten, das biologisch Vorgegebene oder das soziologisch Faktische im Gegensatz zur Kultur als menschlichem Werk. Gemeint ist das Wesen des Rechtes, das im moralischen Prinzip gründet, und die Realisierung der Gerechtigkeit, die jedem Menschen zukommt. Prinzip und Ordnung dieses Rechtes werden in der Vernunft als der Grundsatz erkannt, daß das Gute zu tun und das Böse zu meiden ist.

Es war eine offenbarungstheologische Überzeugung der Reformatoren im 16. Jahrhundert, daß durch die Ur- und Erbsünde die »Natur« des Menschen totaliter verdorben sei und die Gnade der Rechtfertigung und Sündenvergebung dem Menschen allein aus dem Glauben, ohne eigenes Mittun zugesprochen werde. Daraus folgt die Reserviertheit der evangelischen Theologie gegenüber dem sogenannten Naturrecht. Aber dabei bestimmt man den Begriff »Natur« in der Dichotomie von »Natur« und »Gnade«, und man denkt den Kontrast zwischen »Geist« und »Natur« im Sinne von formaler Selbstbestimmung in autonomer Freiheit gegenüber den Zwängen der Naturkausalität, denen unser Körper unterworfen ist. Später geschieht ähnliches im Widerstreit von Idealismus und Materialismus. Aber es wird keineswegs in Abrede gestellt, daß die Vernunft zu wissenschaftlichen Erkenntnissen und staatlich-ordnungspolitischen Maßnahmen fähig ist. So entsteht gerade in protestantischen Staaten das System der natürlichen Wissenschaften und des zivilrechtlich-nichtkonfessionalistischen Staates.

Die Begründung der Menschenrechte aus der geistig-sittlichen Natur des leibhaft-sozial verfaßten Menschen steht in keinem Gegensatz zum Handeln der Person in verantworteter Freiheit. Denn menschliche »Natur« ist in diesem Zusammenhang nicht der Komplex der animalischen Instinkte, die erst durch das geistig-personale Subjekt »veredelt« werden müßten. Gemeint ist das Menschsein in seiner leiblichen, sozialen, geschichtlichen Konstitution, die immer Basis, Quelle und Horizont ihrer Verwirklichung in der personalen Individualität ist.

RILINGER: *Entgegen der christlichen Auffassung sollen die Menschenrechte jetzt auch positivistisch begründet werden. Um auf diese Weise die Menschenrechte fortzuentwickeln, soll der Mensch nach der Evolutionstheorie dualistisch in Geist und Leib aufgespalten werden, wobei der Körper noch dem tierischen Bereich zugeordnet wird, während lediglich der Geist den Menschen vom Tier unterscheidet und ihn zum Menschenrechtsträger erhebt. Ist es folglich gerechtfertigt, daß der Mensch gleichsam zweiteilig gedacht wird: Den einen Teil repräsentiert der menschliche, vernunftbegabte Geist, den anderen der tierische, vernunftlose Körper – mit der Folge, daß die Rechtsträgerschaft ausschließlich an den einen Teil, den Geist, geknüpft ist?*

MÜLLER: Abgesehen vom ethischen Dualismus bei den alten Manichäern, hat der anthropologische Dualismus seit René Descartes die abendländische Philosophie bestimmt – allerdings mit fragwürdigen und oft verheerenden Folgen. Dies geschah aber gegen die Absicht dieses Philosophen, mit dem im 17. Jahrhundert die Wende zur Bewußtseins- und Subjektphilosophie begann. Er wollte gegenüber dem einsetzenden mechanistischen Weltbild, das die Tendenz zur Reduktion des Menschen auf eine Maschine hatte, die Eigenwirklichkeit des Geistigen retten. Er glaubte damit auch an der Offenheit des Menschen für Gott, den Schöpfer der materiellen *und* geistigen Welt, festhalten zu können. Die Wahrheit der geist-leiblichen Einheit des Menschen liegt hingegen jenseits oder diesseits der beiden Extreme des Materialismus (Empirismus, Positivismus) oder Idealismus (Rationalismus). Diese philosophischen Systeme reduzieren den menschlichen Geist entweder auf ein Epiphänomen der Materie, oder sie minimieren die materielle Leibhaftigkeit des Menschen auf eine Zustandsweise des sich – in seiner Natur als im anderen seiner selbst – erfassenden Selbstdenkens des Menschen.

RILINGER: *Was steckt hinter der Idee, die vom Christentum gedachte Einheit von Körper und Geist aufzulösen und statt dessen einen Dualismus, in dem Geist und Körper voneinander geschieden sind, anzunehmen?*

MÜLLER: Schon Aristoteles hat in seiner Schrift *Über die Seele* gegenüber seinem Lehrer Platon hervorgehoben, daß sich die Seele als das intellektuelle und vegetative Lebensprinzip des Menschen nicht im Leib befindet wie ein Lenker auf seinem Wagen oder wie ein Gefangener in einem Kerker, sondern wie die seinsgebende Form, die das geistleibliche Kompositum erst zu dem individuell konkreten Menschen macht. Eine konkret existierende menschliche Seele kann sich also nicht in einem falschen Körper befinden, sei es in einem Tierkörper, sei es in dem Körper eines Menschen, der meint, daß er einem anderen Geschlecht zugehörig sei. Mein Körper mit allen seinen integralen Teilen gehört also nicht mir, so wie der von mir gekaufte Neoprenanzug mein Eigentum ist oder zu meiner Körpergröße paßt. Mein Leib, das bin ich. Wer mit böser Absicht meinen Körper beschädigt, der verletzt mich sowohl in meinem innerlich-seelischen wie auch in meinem äußeren leiblichen Sein. Mit dieser der Erfahrung entsprechenden und vernunftgemäßen Auffassung ist das biblische Menschenbild kompatibel. Der ganze Mensch sowohl in seiner Verbindung mit dem Stoff der Erde und deren Fruchtbarkeit als auch in seiner Fähigkeit, zu denken, zu sprechen und zu beten, ist Geschöpf Gottes und schließlich berufen zur Gotteskindschaft in Jesus Christus und zur Gottesfreundschaft im Geist des Vaters und des Sohnes.

Rilinger: Soll durch die Wandlung des Menschenbildes der Forderung von Friedrich Nietzsche nach Umwertung aller Werte nachgekommen werden, um ein Menschenbild zu schaffen, das in der Loslösung von Gott seine Rechtfertigung erfährt?

Müller: Ob unsere Politiker von heute in der Lage sind, sich kritisch mit Nietzsche zu beschäftigen, bleibe dahingestellt. Als geistigen Hintergrund würde ich mehr auf einen psychoanalytisch angehauchten Marxismus von Sozialingenieuren tippen, die in Sachen Umweltschutz hinter die bestehende Kultur, also »zurück zur Natur« im Sinne Rousseaus, wollen und denen im Bezug zur menschlichen Mitwelt der neue Mensch als ein biotechnisches Mischprodukt vorschwebt – alles ein billiger Verschnitt von neomarxistischer Gesellschaftsanalyse, Emanzipationsrhetorik und Genderideologie. Da es den Menschen an sich aber nicht gibt, sondern nur Individuen, denen das Menschsein zukommt, läuft die Tendenz hinaus auf eine Spaltung der Gesellschaft in Gestaltende und Gestaltete, Bestimmende und Bestimmte. Den wenigen Subjekten der Herrschenden steht die zu erziehende und zu betreuende Masse der Beherrschten gegenüber. Deshalb muß nach dieser Überzeugung auch die Weltbevölkerung radikal reduziert werden, nicht, damit nicht allen, sondern damit der herrschenden Klasse die Ressourcen nicht zu knapp werden. Das reicht von der verheerenden Ein-Kind-Politik der chinesischen Kommunisten bis zum Alarmismus des »Club of Rome« und zur Verweigerung der Entwicklungshilfe gegenüber armen Staaten, wenn diese nicht die Abtreibung als Frauenrecht akzeptieren. Die breiten Massen fühlen sich aber glücklich und emanzipiert, weil sie die Ziele der dominanten Klasse teilen und sich von dieser vorsorglich behütet wissen. George Orwell hat diese wechselseitige Verwiesenheit mit dem Slogan ausgedrückt: »All animals are equal, but some animals are more equal than others.«

Letztlich geht es nach dem Titel eines Buches von Yuval Noah Harari um den *Homo Deus,*[29] um den Menschen, der, sich selbst erschaffend, sein eigener Gott ist, aber in Wirklichkeit über den Demiurgen nicht hinauskommt. Wir stellen dem aber nicht ein konservatives Menschenbild gegenüber mit der Devise, es soll alles so bleiben, wie es ist, oder wieder werden, wie es einmal war. Aber der Mensch der christlich verstandenen Zukunft begreift sich zuerst als eine »Neue Schöpfung in Christus« (2 Kor 5,17; Gal 6,15). Wir wissen um die »Dialektik der Aufklärung« (Max Horkheimer/Theodor W. Adorno) und verkennen nicht »Das Unbehagen an der Moderne« (Charles Taylor). Aber als Christen denken und wirken wir in die Richtung einer »Moderne mit menschlichem Antlitz«, einer neuen Synthese von Humanismus und Glauben an den Gott der dreifaltigen Liebe. Subjekt dieses übernatürlichen Glaubens und weltlichen Handelns ist die Kirche. Sie bekennt: »Christus, der für alle starb und auferstand, schenkt jedem Menschen Licht und Kraft durch seinen Geist, damit er seiner höchsten Berufung nachkommen kann.« (*Gaudium et spes,* 10)

Rilinger: Wie sieht daher die christliche Perspektive auf Elternschaft und Überbevölkerung aus?

Müller: Wir erkennen das Prinzip der verantworteten Elternschaft. Die Kinder sind keine Last, sondern ein Geschenk Gottes, den Eltern zu treusorgender Liebe und guter Erziehung anvertraut. In Anbetracht aller geistigen und materiellen Umstände steht es den Eheleuten zu, im Gewissen zu entscheiden, wie viele Kinder sie haben möchten – auch im Kontext des Wachstums der Weltbevölkerung (vgl. *Gaudium et spes*, 50 u. 87). Als Mittel dazu aber ist die Tötung der Kinder nach der Geburt – wie es etwa bei den alten Römern noch möglich war – oder vor der Geburt ohne weiteres moralisch zu verwerfen. Im Gegensatz zur unverletzlichen Würde jedes Menschenlebens stehen »jede Art von Mord, Völkermord, Abtreibung, Euthanasie und auch der freiwillige Selbstmord« (ebd., 27).

Rilinger: Das christliche Menschenbild basiert auf der Vorstellung, daß Gott als Schöpfer die Welt ins Dasein gebracht hat. Soll durch das neue Menschenbild nicht nur dem Menschen eine neue Position in der Welt zugeordnet werden (evolutionistisch), sondern auch gleichzeitig der Nachweis erbracht werden, daß es keinen Gott gibt (atheistisch)?

Müller: Davon gehen die Akteure dieses Programms wie von einer absolut gesicherten Tatsache aus. Karl Marx hat sogar den Atheismus als Negation Gottes für überholt gehalten, weil die Verneinung irgendwie noch die Erinnerung an die Bedeutung des Verneinten aufbewahren würde. Ein Volk, welches das Elend der gesellschaftlichen Zustände hinter sich hat, braucht keine Religion mehr als Opium und als Ausdruck dieses Elends sowie zur Protestation dagegen.[30]

Und nun zu den Theorien zur biologischen Evolution der Lebewesen und zur Genese des zeitlich-räumlichen Universums: Sie widersprechen, für sich genommen, nicht dem Glauben an Gott als ihren Schöpfer und Erhalter. Sie belegen andererseits auch nicht den unvernünftigen Glauben (!) der Atheisten, daß die Gesamtheit des kontingent Seienden das Prinzip ihres Bestehens im Nichts statt im Sein habe. Die empirischen Wissenschaften untersuchen und beschreiben die strukturelle und prozessuale Zuordnung der bestehenden Elemente der Gesamtheit des kontingent Seienden. Das

Bekenntnis zu Gott als seinsgebender Urheber alles nicht notwendig Seienden beruht auf der Selbstoffenbarung Gottes als Ursprung und Ziel des ihn suchenden Menschen mitsamt der diesen tragenden und umgebenden Welt. Diese Einsicht kann im Prinzip auch ohne den Glauben an die übernatürliche Offenbarung, schon »mit der Vernunft als wahr angenommen werden« (Röm 1,20).

Rilinger: Hängt dann die Zuerkennung der Menschenrechte davon ab, ob der Mensch den utilitaristischen Vorgaben entspricht, so daß nur noch Menschen ein Lebensrecht haben, die für die Gesellschaft nützlich sind?

Müller: Gewiß müssen wir Menschen zur Bestreitung unseres Lebensunterhaltes, zur Bereitstellung einer Infrastruktur und bei der rechtlichen Ordnung des Gemeinwesens auch zweckrational, also im Gebrauch (»usus«) unserer Mittel, vorgehen. Aber die Grenze zum Unmenschlichen ist überschritten, wenn Menschen Wesen ihresgleichen, also ihre Brüder und Schwestern in der Menschennatur, als Mittel zum Zweck gebrauchen, statt sie als Personen in ihrer Würde und Freiheit zu achten (wie auch Immanuel Kant lehrte). Der Mensch ist Person, keine Sache; ein Er und eine Sie, aber kein Es. Dinge gebrauchen wir zu unserem Nutzen. Personen lieben wir, um über uns hinauszuwachsen und mit ihnen in einer Communio vereint zu sein: in Ehe, Familie, Freundschaft, Kirchenmitgliedschaft, Gottesfreundschaft.

Rilinger: Wenn die Zuerkennung von Menschenrechten ausschließlich auf Grund des Vorhandenseins des Geistes erfolgt, sind Tür und Tor geöffnet, auch geistig behinderten, dementen oder kranken Menschen das Menschenrecht auf Leben abzusprechen. Schon der spätere Kardinal Bischof

Clemens Graf von Galen hat diese Gefahr gesehen, als er sich gegen die Euthanasiegesetze im »Dritten Reich« wandte – gegen jene Gesetze also, die »lebensunwertes« Leben als nicht schützenswert deklarierten, um solche Menschen formal gesetzeskonform töten zu dürfen. Sehen Sie die Gefahr, daß das defizitäre Menschenbild, von dem wir gesprochen haben – das also mit einer Aufspaltung in Körper und Geist (»mind«) operiert –, zur Freigabe der aktiven Sterbehilfe und zur Entkriminalisierung der Tötung auf Verlangen führen könnte?

MÜLLER: Hinter den Euthanasiebewegungen von den verschiedenen politisch-ideologischen Richtungen her steht ohne Zweifel letztlich die Negation Gottes im biblischen Sinne als Schöpfers und Erlösers der Menschen. Auf dem Hintergrund eines nihilistischen Daseinsgefühls hat das Leben nur einen Sinn, wenn der Zustand von Geist und Körper ein lustvolles und möglichst leidfreies Leben garantiert. »Sich das Leben nehmen« kann dann Recht und »andern nicht zur Last zu fallen« kann Pflicht werden, wenn der Zusammenhang von Leiden und Lieben geleugnet oder das selbstlose Sein für andere als eine bloße Illusion des höheren Glücks verdächtigt wird.

RILINGER: Können Sie sich vorstellen, daß der Mensch bestimmt, wem von seinen Mitmenschen Menschenrechte zustehen, daß also zum Beispiel eine politische oder ideologische Elite darüber entscheidet, was den Menschen zum Menschen macht?

MÜLLER: Zweifellos nehmen dieses Entscheidungsrecht bestimmte Gruppen für sich in Anspruch. Ihr Kriterium ist ihr eigenes Ideal vom Menschen als Machthaber, Supermilliardär,

Schönheitskönigin, Forschungsgenie, globaler Unternehmer etc.

Unter »Elite«, wenn man das Wort gebrauchen will, verstehe ich hier diejenigen Menschen, die auf Grund ihrer besonderen Chancen und überragenden Fähigkeiten bereit wären, um so mehr der Gesamtheit der Menschen zu dienen, für die Gott ihnen eine Verantwortung aufgetragen hat und wofür er von ihnen beim Jüngsten Gericht Rechenschaft abverlangt. Wer sich das Recht zugesteht, den Mitmenschen den Lebenswert ab- oder zusprechen, der ist nicht nur blind und dumm gegenüber der »condition humaine«, die ihn selbst im nächsten Augenblick zum »Pflegefall« machen kann, sondern der ist vom christlichen und humanistischen Blickpunkt her nichts weiter als ein gemeiner Verbrecher, von denen wir so viele im letzten Jahrhundert wüten sahen.

RILINGER: Menschenrechte werden nach christlicher Auffassung dem Menschen intrinsisch zugedacht. Ist damit nicht der Rahmen, innerhalb dessen sie erweitert oder verändert werden können – etwa um den eigenen politischen Vorstellungen mehr Durchschlagskraft zu vermitteln –, von Haus eng begrenzt?

MÜLLER: Entweder liegen die Menschenrechte in der Natur, und dann können sie bei hinreichendem philosophischem Verstand und mit geschichtlicher Erfahrung immer deutlicher und differenzierter erkannt werden. Oder sie werden von irgendeinem selbsternannten Schiedsrichtergremium positivistisch, das heißt willkürlich zu- und aberkannt. Dann ist die Grenze vom Recht zum Unrecht, von der Vernunft zur Willkür und von der Anerkennung jedes Menschen als Person zu dessen Herabwürdigung als Sache endgültig überschritten. Die Hoffnung des Menschen auf ein künftiges Leben hält die

Christen keineswegs von der Befreiung aus ungerechten Verhältnissen und vom Aufbau einer gerechteren irdischen Gesellschaft ab, sondern gibt ihnen einen Motivationsschub, von dem der Atheismus nur träumen kann: »Wenn dagegen das göttliche Fundament und die Hoffnung auf das ewige Leben schwinden, wird die Würde des Menschen aufs schwerste verletzt, wie sich heute oft bestätigt, und die Rätsel von Leben und Tod, Schuld und Schmerz bleiben ohne Lösung, so daß die Menschen nicht selten in Verzweiflung stürzen. Jeder Mensch bleibt vorläufig sich selbst eine ungelöste Frage, die er dunkel spürt. [...] Auf diese Frage kann nur Gott die volle und ganz sichere Antwort geben; Gott, der den Menschen zu tieferem Nachdenken und demütigerem Suchen aufruft.« (*Gaudium et spes*, 21)[31]

Grenzüberschreitungen des atheistisch-evolutionistischen Menschenbildes

Teil 1: Umgang mit dem ungeborenen Leben

Das christlich-humanistische Menschenbild soll durch das atheistisch-evolutionistische abgelöst werden. Dieses Menschenbild vertritt einen Dualismus, wonach der Körper und der Geist getrennt sind. Der Körper wird als eine Sache angesehen, als ein Rechtsobjekt, so daß der Mensch erst zum Rechtsträger wird, wenn er über Geist verfügt – erst dann wird der Mensch zum Rechtssubjekt, das über Rechte, insbesondere über Menschenrechte, verfügen kann. Diese Aufspaltung des Menschen in ein Rechtsobjekt und ein Rechtssubjekt hat Konsequenzen für das Menschenrecht auf Leben, die als Paradigmenwechsel in der Auffassung vom Menschenleben angesehen werden müssen. Nicht mehr der Mensch an sich ist durch das Recht geschützt, sondern nur noch der menschliche Geist, der sich in der Selbstreflexion und formalen Selbstbestimmung zeigt. Wir wollen uns diesem Wechsel des Menschenbildes nähern und die Konsequenzen beleuchten, die sich in der Forderung nach einem Recht auf Abtreibung von »Zellhaufen« oder »Schwangerschaftsgewebe« zeigen. Denn so werden im atheistisch-evolutionistischen Diskurs ungeborene Menschen bezeichnet.

LOTHAR C. RILINGER: *Kann das atheistisch-evolutionistische Menschenbild aus christlicher Sicht akzeptiert werden?*

GERHARD LUDWIG KARDINAL MÜLLER: Der strikte Dualismus von Geist als denkendem Ding (»res cogitans«) und

Körper als ausgedehntem Ding (»res extensa«) geht in dieser Form auf den französischen Philosophen René Descartes zurück. Er verstand sich keineswegs als Atheist und legte sogar einen eindrucksvollen Beweis für die Existenz Gottes vor, die sich als notwendige Idee evident aus unserem Selbstbewußtsein ergebe. Erst die Materialisten der Popularaufklärung wie Baron d'Holbach, Helvetius oder La Mettrie reduzierten den Menschen auf die Materie. Der Mensch sei, wie diese Aufklärer vorgetragen haben, nichts anderes als eine Maschine, die vollständig mit den Gesetzen der Mechanik zu erklären sei. Oder der Mensch sei nur die Summe seiner gesellschaftlichen Bedingungen, wie es Comte und Marx formuliert haben, und müsse daher erst durch Verbesserung zu einem neuen Menschen umgeschaffen werden. Der Atheismus der Religionskritik im 19. und 20. Jahrhundert durch Max Stirner und Ludwig Feuerbach konnte in Verbindung mit dem Darwinschen Evolutionismus im Menschen keinen Wesensunterschied mehr zum Tier anerkennen.

Für Nietzsche war der Mensch »das noch nicht festgestellte Tier«, das sich erst in wenigen Exemplaren zum »höheren Menschen« entwickelt habe, während die breite Masse einen »Überschuß von Mißratenen, Kranken, Entartenden, Gebrechlichen, notwendig Leidenden« darstelle. Für die »Verschlechterung der europäischen Rasse«, das Ergebnis der »Umwertung« des Schwachen zum Starken und des Umschlags von der Verachtung der Leidenden zum Gebot des Mitleidens, macht Nietzsche – dieser Philosoph des Nihilismus und Künder vom »Tod Gottes«, auf den sich die Eugeniker und Rassisten des 20. Jahrhunderts zu Recht oder zu Unrecht beriefen – in seiner Schrift *Jenseits von Gut und Böse* (vgl. § 62) das Christentum verantwortlich. Der Mensch sei nur das Zwischenstück zwischen dem Tier und dem kommenden »Übermenschen«, der Nietzsche so »am Herzen lag«. Der aktuelle Transhumanismus oder Posthumanismus folgt dem Sirenengesang seines wahnsinnig gewordenen Propheten: »Wohlan! Wohlauf! Ihr höheren Menschen! Nun erst kreißt der Berg der Menschen-Zukunft. Gott starb: nun wollen wir, – daß der Übermensch lebe.«[32]

Darin fühlt sich die globalistische Elite von heute angesprochen, die sich alle Privilegien gönnt und den dumpfen Milliardenmassen, von Nietzsche der »Pöbel« genannt, die Roßkur der Selbstdezimierung und dem Rest der Menschheit das Glück von weidenden Kühen verordnet.[33] »Doch während die Gleichheit vor Gott eine war, die zu Anstrengungen anspornte, ist die Gleichheit der ›letzten Menschen‹ eine der notorischen Bequemlichkeit, weil es nichts mehr gibt, was der Anstrengung lohnt, und auch keiner mehr da ist, der dies einfordern könnte.«[34]

Hier ist genau die Bruchlinie zwischen dem Blick auf den Menschen als Bild und Gleichnis Gottes (Gen 1,27; Ps 8,6; Röm 8,29) und der naturalistischen Reduktion des Menschen auf das zufällige Produkt der Evolution, der Soziologie und des gentechnisch angereicherten Menschen als künftigen Mischwesens aus biologischem Organismus und künstlicher Intelligenz, dem Homunkulus oder Cyborg. Für uns gilt die geoffenbarte Wahrheit über den Menschen: »Denn auch die Schöpfung soll von der Knechtschaft der Vergänglichkeit befreit werden zur Freiheit und Herrlichkeit der Kinder Gottes.« (Röm 8,21)

Rilinger: *Ist es ethisch vertretbar, ein Geschöpf Gottes, als das auch ein ungeborenes Kind angesehen werden muß, als eine »Sache« oder als »Ding« zu bezeichnen? Denn das soll ja offensichtlich durch die Qualifikation als »Zellhaufen« oder »Schwangerschaftsgewebe« suggeriert werden, um vor der Bevölkerung die volle Wahrheit zu verschleiern.*

Müller: Jeder Mensch verdankt sich in seiner realen physischen Existenz dem Gezeugt- und Empfangenwerden von *seinem* Vater und *seiner* Mutter. Die Eltern produzieren nicht ein Gewebe, das dann zufällig eine Art von Wesensverwandlung in ein Menschendasein vollziehen würde. Jeder Mensch besitzt von Anfang der Zeugung an eine unverwechselbare DNA als körperliche Grundlage seiner personalen Identität. Jeder Mensch ist als Person einer geist-leiblichen Natur von Ewigkeit her von Gott gewollt, geliebt und zur heilsbringenden Gemeinschaft ohne Ende mit ihm bestimmt; »... denn die er im voraus erkannt hat, hat er auch im voraus dazu bestimmt, an Wesen und Gestalt seines Sohnes teilzuhaben« (Röm 8,29).

Rilinger: Schwangerschaft wird im neuen Menschenbild offensichtlich als Krankheit angesehen, anders kann der Begriff »Reproduktionsgesundheit« als Synonym für Abtreibung nicht verstanden werden. Die Abtreibung erscheint als Wiederherstellung der Gesundheit.

Müller: Die Schwangerschaft ist nichts anders als die leibliche Symbiose des von einem Mann gezeugten Kindes mit der Frau, die seine Mutter ist und bleiben wird bis zum Tode. Die Schwangerschaft bietet dem Kind die Wiege des Lebens und seines Wachstums bis zu dem Tag, an dem das Kind bei der Geburt das Licht der Welt erblickt. Krankheit bedeutet dagegen die Einschränkung und die Bedrohung des Lebens, der leiblichen Funktionen oder der seelischen und geistigen Integrität. Zeugung eines Kindes, Schwangerschaft, Geburt, Pflege des Säuglings, sein Genährtwerden mit der Muttermilch, die Küsse und Tränen der Mutter, die Sorge um das gesunde Heranwachsen des Kindes – das beschreibt alles andere als einen Störfall, der die Funktionsfähigkeit eines technischen »Produktes« in Frage stellt.

Die Zeugung eines neuen Menschen im Mutterschoß ist keine Reproduktion eines Genuß- oder eines Gebrauchsgegenstandes, sondern ein Mitwirken der Eltern am Schöpfungs- und Heilsplan Gottes. Jesus, der Sohn Gottes, hat die Kinder zu sich kommen lassen, um sie zu segnen und sie uns in ihrer Einfalt und Unverdorbenheit als Vorbild unserer Gotteskindschaft anzuempfehlen (Mt 18,1–4). Er ist somit das Urbild von Gottes Kinderfreundlichkeit. Er gibt uns zu denken, wenn er sagt: »Wenn die Frau gebären soll, hat sie Trauer, weil ihre Stunde gekommen ist; aber wenn sie das Kind geboren hat, denkt sie nicht mehr an ihre Not über der Freude, daß ein Mensch zur Welt gekommen ist.« (Joh 16,21)

RILINGER: *Da die Sexualität oft von der Zeugung eines Menschen abgekoppelt ist und deshalb nicht der Fortführung der Gesellschaft dient, sondern dem je eigenen Lustgewinn, wird die Schwangerschaft zuweilen als Beeinträchtigung des Lustgewinnes oder gar als Krankheit angesehen, für die man Abhilfe schaffen muß.*

MÜLLER: Nicht jede geschlechtliche Vereinigung von Mann und Frau führt zu einer Schwangerschaft. Aber sie darf auch nicht grundsätzlich davon getrennt werden, um die bloße Geschlechtslust – ohne personale Liebe – als Droge gegen die Erfahrung der Sinnlosigkeit des Daseins oder als Steigerung des Selbstwertgefühls zu »gebrauchen«. Die Ehe ist eine ganzheitliche Einheit von Mann und Frau in der Liebe, die die beiden Partner in der Erfahrung der bedingungslosen Liebe Gottes, die unser ewiges Glück ist, über sich hinausführt. »Der eheliche Akt ist im Hinblick auf den Lohn des ewigen Lebens *verdienstlich* und ohne jede schwere oder leichte Schuld, wenn er auf die Zeugung von Kindern und ihre Erziehung zur Gottesverehrung hingeordnet bleibt.«[35] Dies gilt selbst dann, wenn de facto kein neuer Mensch entsteht, soweit nicht die ausschließende Absicht der Eltern dafür verantwortlich ist.

Rilinger: *Die rechtliche Qualifikation eines ungeborenen Menschen als »Sache« legt nahe, daß damit die Grundlage dafür geschaffen werden soll, diese »Sache« bis zur letzten Sekunde der Schwangerschaft töten zu dürfen, ohne daß ein Tötungsdelikt vorliegt.*

Müller: Eine Sache ist ein unbelebtes Wesen, wie ein Buch, ein Auto, ein Computer. Der Mensch im embryonalen Zustand seiner Entwicklung ist aber ein Lebewesen mit den menschlichen Organen, die ihn zum echten menschlichen Denken und Handeln befähigen. Eine Frau gebiert auch keine Sache, sondern ein Kind, von dem sie hofft, daß sie es lebendig und gesund in ihre Arme schließen kann. Eine Argumentation gegen jene menschenverachtende Denkweise in bezug auf das Kind im Mutterleib ist überflüssig, weil das Menschsein des Kindes im Mutterleib evident ist und seine Leugnung in der Tat die Rechtfertigung des abscheulichsten Verbrechens gegen das Leben darstellt. Ein Kind im Mutterleib zur Sache zu erklären ist genauso pervers, wie Menschen zu Sklaven zu machen und sie dann zur Rechtfertigung dieses horrenden Verbrechens gegen die Menschlichkeit zur Sache zu erklären.

Rilinger: *Das Europäische Parlament hat dem sogenannten Matic-Bericht im Sommer 2021 zugestimmt, wonach Abtreibung als ein Menschenrecht angesehen werden soll [siehe das vorige Gespräch]. Man muß gar erwarten, daß die Weigerung, dieses neuerfundene sogenannte Menschenrecht zu beachten, nun zivil- oder strafrechtliche Folgen hat.*

MÜLLER: Wenn diese neuheidnischen Atheisten und Agnostiker von Menschenrechten und europäischen »Werten« sprechen, geben sie widerwillig zu, daß es ethische Maßstäbe gibt. Auch wenn sie in ihrer metaphysischen Orientierungslosigkeit, die sich aus dem Verlust des Glaubens an den allmächtigen Gott, unseren Schöpfer und unbestechlichen Richter über die guten und bösen Taten, ergibt, objektive und allgemeinverbindliche sittliche Normen ablehnen, müssen sie als ethisches Minimum wenigstens die Grenze der Selbstbestimmung am Leib und Leben des anderen Menschen anerkennen. Wer meint, daß die Mächtigen, die Gesunden und die Reichen mehr Recht auf Leben haben als die Schwachen, Kranken und Armen, der überführt sich selbst als Jünger des Sozialdarwinismus, der im 20. Jahrhundert zu Millionen von Opfern der politischen Ideologien geführt hat. Es reicht nicht, seinen Antifaschismus und Antistalinismus zu beschwören, man muß vielmehr im Denken und Handeln den menschenverachtenden Prinzipien solcher Ideologien abschwören. Aller Berufung auf die Emanzipation vom Dekalog, aller Berufung auf den Mehrheitsentscheid in Parlamenten oder das gewandelte Volksempfinden zum Trotz gilt das in der Vernunft und im Gewissen jedes Menschen aufleuchtende natürliche Sittengesetz. Die mit dem Leben anderer so verbrecherisch frivol umgehen, schreien am lautesten – wie man bei den Kriegsverbrecherprozessen sehen kann –, wenn es ihnen selbst an den Kragen geht.

Das Zweite Vatikanum hat in dem Konzilsdekret *Gaudium et spes* die Achtung vor der menschlichen Person mit den Worten eingefordert: »Alle müssen ihren Nächsten ohne Ausnahme als ein ›anderes Ich‹ ansehen, vor allem auf sein Leben und die notwendigen Voraussetzungen eines menschenwürdigen Lebens bedacht. Sonst gleichen sie jenem Reichen, der sich um den armen Lazarus gar nicht kümmerte.

Heute ganz besonders sind wir dringend verpflichtet, uns zum Nächsten schlechthin eines jeden Menschen zu machen und ihm, wo immer er uns begegnet, tatkräftig zu helfen, ob es sich nun um alte, von allen verlassene Leute handelt oder um einen Fremdarbeiter, der ungerechter Geringschätzung begegnet, um einen Heimatvertriebenen oder um ein uneheliches Kind, das unverdienterweise für eine von ihm nicht begangene Sünde leidet, oder um einen Hungernden, der unser Gewissen aufrüttelt durch die Erinnerung an das Wort des Herrn: ›Was ihr einem der Geringsten von diesen meinen Brüdern getan habt, das habt ihr mir getan‹ (Mt 25,40).«

Weiter wird ausgeführt: »Was ferner zum Leben selbst in Gegensatz steht, wie jede Art Mord, Völkermord, Abtreibung, Euthanasie und auch der freiwillige Selbstmord; was immer die Unantastbarkeit der menschlichen Person verletzt, wie Verstümmelung, körperliche oder seelische Folter und der Versuch, psychischen Zwang auszuüben; was immer die menschliche Würde angreift, wie unmenschliche Lebensbedingungen, willkürliche Verhaftung, Verschleppung, Sklaverei, Prostitution, Mädchenhandel und Handel mit Jugendlichen, sodann auch unwürdige Arbeitsbedingungen, bei denen der Arbeiter als bloßes Erwerbsmittel und nicht als freie und verantwortliche Person behandelt wird: all diese und andere ähnliche Taten sind an sich schon eine Schande; sie sind eine Zersetzung der menschlichen Kultur, entwürdigen weit mehr jene, die das Unrecht tun, als jene, die es erleiden. Zugleich sind sie in höchstem Maße ein Widerspruch gegen die Ehre des Schöpfers.« (*Gaudium et spes*, 27)

RILINGER: Darf – wie von den Verfechtern des neuen Menschenbildes gefordert wird – einem Arzt verboten werden, sich zu weigern, einen ungeborenen Menschen gegen sein sittliches Gewissen zu töten?

MÜLLER: Einen Menschen zu einem Handeln gegen sein Gewissen zu zwingen ist in sich selbst schon unsittlich. Ihn deswegen noch zu bestrafen ist das sichere Kennzeichen einer Perversion der Justiz in einem totalitär entgleisten Gemeinwesen, das seinen Anspruch auf Rechtsstaatlichkeit verloren hätte, selbst wenn es rein formal noch den Anschein einer Demokratie aufwiese.

RILINGER: Die Weigerung eines Arztes, eine vorgeburtliche Tötung vorzunehmen, wird von den Anhängern des atheistisch-evolutionistischen Menschenbildes als eine »geschlechtsspezifische Gewalt gegenüber Frauen« gebrandmarkt?

MÜLLER: Die Abtreibung selbst ist eine geschlechtsspezifische Gewalt gegenüber einer Frau als Mutter und ihrer Tochter oder ihrem Sohn.

RILINGER: Ist es mit unserer Rechtsordnung vereinbar, daß jedes Krankenhaus, also auch ein katholisches, Abtreibungen vornehmen muß?

MÜLLER: Man kann nicht das, was ethisch Unrecht ist, rechtspositivistisch zum Recht erklären.

RILINGER: Im Falle einer Schwangerschaft können Menschenrechte der Mutter und des ungeborenen Kindes kollidieren, wenn das Leben der Mutter durch die Schwangerschaft gefährdet wird. Muß in diesem Fall eine Güterabwägung vorgenommen werden, so daß sich der Arzt zwischen dem Leben der Mutter und dem des ungeborenen Kindes zu entscheiden hat?

MÜLLER: Kein Arzt hat überhaupt ein Recht, über Leben und Tod eines anderen Menschen zu verfügen. Seine Aufgabe ist es vielmehr, Leben zu retten. In einem Extremfall, wenn ein Leben nur auf Kosten eines anderen Lebens gerettet werden kann, kann keiner von außen entscheiden. Hier beginnt eine Logik »der größeren Liebe, in der einer sein Leben hingibt für seine Freunde« (Joh 15,13). Ich kenne Frauen, die in dieser Stunde ihr Leben für ihr Kind gewagt haben, die dabei gestorben sind, und andere, die trotz gegenteiligen Voraussagen der Ärzte überlebt haben und heute Gott für diese Gnade danken.

RILINGER: Abtreibungen, aus welchen Gründen auch immer, sollen von den Krankenkassen und Krankenversicherungen in deren Leistungskatalog aufgenommen werden. Ist es der Gemeinschaft der Versicherten zuzumuten, für nicht medizinisch indizierte Abtreibungen zahlen zu müssen, die ja unter dem euphemistischen Begriff des »Schwangerschaftsabbruchs« für viele bereits gleichwertig neben die modernen Maßnahmen zur Empfängnisverhütung getreten sind?

MÜLLER: Vom Standpunkt des natürlichen Sittengesetzes und des christlichen Menschenbildes ist eine Zwangsbeteiligung an jeder Form von Abtreibung, Euthanasie und anderen Formen von Beseitigung angeblich »nicht mehr lebenswerten Lebens« mit allem Nachdruck und unter jeder Bedingung abzulehnen. Es ist freilich Tatsache, daß in totalitären Diktaturen und auch in Staaten des »demokratischen Westens« bestimmte ideologische Gruppen – bis in die im Parlament vertretenen Parteien hinein – die Mitbürger zur finanziellen Kooperation bei Tötungen unschuldiger Menschen nötigen wollen. Christen werden dafür oft öffentlich diffamiert, benachteiligt und sogar gerichtlich verfolgt.

Rilinger: Der Matic-Bericht hat zwar vorerst keine rechtlichen Konsequenzen, da das Europäische Parlament über keine Gesetzgebungskompetenz im Hinblick auf das Abtreibungsrecht verfügt. Gleichwohl hat dieser Bericht Auswirkungen auf den politischen Diskurs. Offenbar soll mit dieser Resolution auch aufgezeigt werden, was wir als europäische Werte anzusehen haben und wie infolgedessen die Europäische Grundrechtecharta geändert werden müsse, was etwa Frankreichs Präsident Macron schon gefordert hat?

Müller: Die Abtreibung als Menschenrecht zu fordern ist in an menschenverachtendem Zynismus nicht zu überbieten. Das wird Papst Franziskus dem französischen Präsidenten sagen, der sich öffentlich als sein Freund ausgibt.[36]

Teil 2: Reproduktionsmedizin

Das atheistisch-evolutionistische Menschenbild sieht den ungeborenen Menschen als einen »Zellhaufen« und als ein »Schwangerschaftsgewebe« an, was bedeutet, daß er als Sache eingestuft wird, über die man auch entsprechend verfügen kann. Diese rechtliche Qualifizierung als Sache hat nicht nur für die Abtreibung rechtliche Konsequenzen, sondern auch für die sogenannte Reproduktionsmedizin. Wenn der ungeborene Mensch als eine Sache angesehen wird, kann über ihn nach sachenrechtlichen Vorgaben entschieden werden. Aus einem Rechtssubjekt wird ein Rechtsobjekt, das der freien Verfügbarkeit Dritter unterworfen ist. Als ich als Student eine römisch-rechtliche Arbeit über die Sachmängelhaftung bei Sklaven schrieb, ging ich davon aus, daß menschliche Leistung nie mehr unter den Gesichtspunkten der Sachmängelhaftung und des Sachenrechtes beurteilt werden dürfe. Doch im Rahmen des atheistisch-evolutionistischen Menschenbildes kehrt diese Vorstellung wieder ins Rechtsleben zurück. Inwieweit diese Tendenzen auch das christliche Menschenbild verändert haben, wollen wir anhand der Reproduktionsmedizin erörtern.

LOTHAR C. RILINGER: *Unsere Rechtsordnung kennt kein Recht oder keinen Anspruch auf einen Menschen – nur auf Sachen. Da aber nach dem atheistisch-evolutionistischen Menschenbild ungeborene Menschen als Sache angesehen werden, wird ein Recht oder Anspruch auf ein Kind eingefordert. Ist es mit der christlichen Vorstellung vom Menschen vereinbar, daß der Wunsch nach einem Kind in einen Rechtsanspruch umgedeutet wird?*

GERHARD LUDWIG KARDINAL MÜLLER: Unter »Sache« verstehen wir im allgemeinen ein lebloses Ding. Davon zu unterscheiden sind die Pflanzen und die Tiere und schließlich die Menschen. Der Mensch ist ein biologisch zu beschreibendes Lebewesen, das von einer geistigen Seele durchformt wird. Einem anderen Menschen das Menschsein abzusprechen und ihn auf die Stufe einer Sache zu reduzieren, ist genau der Unterschied zwischen dem christlichen Weltbild und dem rassistischen Faschismus oder soziologischen Kommunismus. Der andere, der nicht meinen Vorstellungen entspricht, darf im ideologisch pervertierten Denken verdinglicht, entwürdigt, versklavt und ermordet werden. Leider ist die Menschenverachtung der atheistischen »Heilslehren«, aus denen die fürchterlichsten Verbrechen gegen die Menschlichkeit entstanden sind, auch in den heutigen Ideologien der Abtreibung und des Kinderhandels als Prinzip des Handelns und der Propaganda verankert.

RILINGER: Kann der Wunsch, ein Kind zu bekommen, es rechtfertigen, daß alle tradierten ethischen Vorstellungen außer Kraft gesetzt werden?

MÜLLER: Der Wunsch nach einem Kind ergibt sich aus der personalen Liebe von Mann und Frau, die sich eine lebenslange eheliche Gemeinschaft versprochen haben. Daraus, daß man technisch zu einer In-vitro-Fertilisation in der Lage ist, leitet sich aber nicht das Recht ab, sich ein kleines Menschenwesen wie ein Hündchen in der Tierhandlung zu bestellen, zu bezahlen und sich zum eigenen Pläsier nach Hause mitzunehmen. Wenn ein Kind gezeugt ist, gibt es nur sein ureigenes Recht, geboren zu werden und bei seinem eigenen Vater und bei seiner eigenen Mutter aufzuwachsen. Denn für die Eltern ergibt sich nach der Zeugung ihres Kindes die Pflicht, ihr Kind als ihr eigenes anzunehmen, es zu lieben, zu pflegen und zu erziehen und ihm ein treusorgender Vater und eine liebende Mutter zu sein. Das proklamierte Recht auf Ermordung des eigenen Kindes, was man euphemistisch »Abtreibung« nennt, ist die Ausgeburt eines kranken Hirns von Menschen, die jede moralische Orientierung verloren haben, auch wenn sie sich mit medialer und juristischer Gewalt rücksichtslos als das Maß des Fortschritts etablieren wollen.

Rilinger: Ist es gerechtfertigt, das Schicksal aus unserem Leben zu verbannen und den Staat zu zwingen, alles zu unternehmen, damit das Schicksal überwunden werden kann?

Müller: An das Schicksal im Sinne des Fatalismus glauben wir als Christen ohnehin nicht. Alle sind wir in Gottes gnädiger Hand, der denen, die ihn lieben, am Ende alles zum besten gereichen läßt (vgl. Röm 8, 28). Aber es gibt auch die Zweitursächlichkeit der geschaffenen Wirklichkeiten und die aus der Sünde resultierende Verwirrung der moralischen Weltordnung. Deshalb gibt es auch tragische Unfälle und Krankheiten im Leben sowie Verbrechen, denen wir zum Opfer fallen können – wie jetzt unschuldige Menschen in der Ukraine Opfer von Kriegsverbrechen werden. In einem Rechtsstaat, der auf moralischen Prinzipien aufbaut, geht es um das »bonum commune«, um das Gemeinwohl möglichst aller Bürger des Landes. Man wird aber nicht jedes Unglück abwenden und jedes Verbrechen verhindern können – schon gar nicht um den Preis, daß der Staat unsittliche Mittel anwendet, wie zum Beispiel die Lüge von den chemischen Waffen im Irak, um den Diktator Saddam Hussein zu beseitigen. Am Ende dieser Operation war aber tausendmal mehr Unglück über die Iraker hereingebrochen, als von dem zu überwindenden Unrechtssystem ausgegangen war.

Rilinger: Der Rechtspositivist Hans Kelsen hat gefordert, daß Recht und Moral getrennt werden müßten. Ist nicht vielmehr Recht die in Gesetzesform gegossene Moral als Ausdruck der moralischen Vorstellungen eines Staatsvolkes und des natürlichen Sittengesetzes?

Müller: Der Rechtspositivismus geht auf die Staatstheorien von Niccolò Machiavelli und Thomas Hobbes zurück. Recht ist, was der Stärkere festlegt, und gut ist, was dem Staate oder seinem Repräsentanten, also der Partei oder dem absoluten Herrscher, nützt. Wer nach den Menschheitsverbrechen des deutschen Nationalsozialismus und des Sowjetkommunismus in Rußland und China immer noch am Rechtspositivismus als Grundlage eines Staates festhält, ist entweder selbst ein Nutznießer dieses Unrechtssystems oder ein verblendeter Prinzipienreiter. Ein demokratischer Rechtsstaat kann nur auf dem natürlichen Sittengesetz aufgebaut werden, das sich in der moralischen und metaphysischen Vernunft erschließt. Die Gebote: »Du sollst nicht töten, du sollst nicht stehlen, du sollst nicht lügen, du sollst nicht die Ehe eines anderen zerstören!« kann jeder auch ohne Schulbildung als die einzige Grundlage eines geordneten Gemeinschaftslebens begreifen. Auch wo sie mißachtet werden oder sogar eine Rechtfertigungsideologie dagegen entwickelt wurde, spricht doch das Gewissen eine klare Sprache. Das Gute braucht keine Rechtfertigung; das Böse hingegen muß sophistisch gedrechselte Gründe erfinden, um sich selbst zu rechtfertigen, wie es jetzt im Krieg Rußlands gegen die Ukraine in dem russischen Argument deutlich wird, wonach es sich gegen die NATO-Bedrohung verteidigen müsse, und deshalb seien die Russen nicht schuld am Tod unschuldiger ukrainischer Kinder und Alten, Väter und Mütter.

Rilinger: *Darf die sogenannte Reproduktionsmedizin nur die Rechte der Frau oder des Mannes berücksichtigen, oder müssen nicht auch die Rechte des zu schaffenden Kindes, das nach der Geburt sogar nach der atheistisch-evolutionistischen Theorie ein Rechtssubjekt wird, in dem Prozeß des Kinderwunsches berücksichtigt werden?*

Müller: Ein Kind wird nicht von Menschen »gemacht«, sondern auf Grund der geschlechtlichen Differenz von Mann und Frau gezeugt. Im absoluten Sinn, in der Hervorbringung des Menschen aus dem Nichts, ist Gott allein der Schöpfer jedes einzelnen Menschen, den er zur Teilhabe an seiner dreieinigen Liebe von Ewigkeit her vorherbestimmt hat: »In Christus hat Gott uns erwählt vor der Grundlegung der Welt [...] und in Liebe im voraus dazu bestimmt, seine Söhne und Töchter zu werden.« (Eph 1,4 f.)

Rilinger: *Um einen Kinderwunsch erfüllen zu können, können Ei- und Samenzellen Dritter außerhalb des Mutterleibes befruchtet werden, um diese befruchtete Eizelle dann der Frau, die den Kinderwunsch geäußert hat, einzupflanzen. Wen soll das Kind als Mutter ansehen – die Spenderin der Eizelle oder die den Kinderwunsch äußernde Frau, die das Kind ausgetragen hat? Und wen als Vater? Den, der die Samenzelle gespendet hat?*

Müller: Die wirklichen Eltern sind der Mann und die Frau, denen die beiden Zellen entstammen, die zur Zeugung eines Kindes notwendig sind. Die Mutterschaft ist unteilbar. Wenn eine Frau sich in die widersprüchliche Position gebracht hat oder dazu überreden oder nötigen ließ, ihren weiblichen Leib als eine Leihmutter zur Verfügung zu stellen, dann kann sich oft auch das natürliche Muttergefühl entwickeln. Auch wenn pragmatisch gemäß dem Kindeswohl zu entscheiden ist, bei wem der neugeborene Mensch dann aufwachsen soll, kann aber rückwirkend die unsittliche Trennung der Zeugung durch die wirklichen Eltern von der Schwangerschaft einer dritten Person nicht für ethisch einwandfrei erklärt werden. Das Nützliche des eigenen Vorteils ist nicht das Kriterium für das sittlich Gute im Handeln aller Beteiligten oder sogar des Kindes, das dadurch zu einem Mittel und Objekt gemacht wurde.

Rilinger: Unsere Rechtsordnung kennt das Adoptionsrecht, wonach fremde Kinder rechtlich als eigene – »an Kindes Statt« – angenommen werden. Kann das Adoptionsrecht zum Vorbild herangezogen werden, um für Kinder, die durch In-vitro-Befruchtung von Zellen Dritter erzeugt wurden, ein Verwandtschaftsverhältnis zu jenen Personen zu konstruieren, die einen Kinderwunsch äußerten und sich dabei fremder Zellen bedienten?

Müller: Die Adoption ergibt sich aus der Notwendigkeit, daß ein Kind seinen Adoptiveltern an Vater und Mutter Statt zugewiesen wird, wenn einem Menschen die eigenen Eltern entrissen sind. Aus der Überwindung eines derartigen Notstandes kann man aber nicht sophistisch den Rechtsanspruch entwickeln, um ein Unrecht zu begehen. Wenn ich als medizinischer Laie bei einem Unfall mit mehr Glück als Verstand erfolgreich Erste Hilfe leiste, könnte ich danach auch nicht beanspruchen, den Arztberuf auszuüben – ohne das entsprechende Fachstudium.

Rilinger: Durch die Mietmutterschaft, die fälschlich als Leihmutterschaft bezeichnet wird – schließlich ist die in Auftrag gegebene Schwangerschaft ja kostenpflichtig –, ist es möglich, fremde Eizellen durch fremde Samenzellen befruchten und durch eine Mietmutter austragen zu lassen. Da in diesem Fall kein genetisches Verwandtschaftsverhältnis zwischen den bestellenden Personen und dem geborenen Kind besteht und darüber hinaus die Schwangerschaft auch durch eine Dritte »erledigt« wird, können die den Kinderwunsch äußernden Personen keine wie auch immer gestaltete genetische Beziehung zu dem Kind aufweisen, so daß diese Form der »Produktion« eines Kindes als Kauf des Kindes angesehen werden muß. Es kann doch nicht mit unseren sittlichen Vorstellungen vereinbar sein, daß wir uns, wie zur Zeit der Sklaven, einen Menschen kaufen können!

MÜLLER: Dieser ganzen diabolischen Ideenkonstruktion liegt einfach nur die wirre Vorstellung zugrunde, der Mensch sei eine Sache, die man produzieren oder entsorgen, kaufen und verkaufen könne. Es ist immer so, daß die Sklavenhändler am meisten gejammert haben, wenn sie selbst versklavt wurden. Und daß diejenigen, die andere, denen sie das Menschsein abgesprochen haben, tausendfach in den Tod geschickt haben, am meisten Angst hatten, wenn der Strick um ihren Hals gelegt wurde oder sie dem Erschießungskommando gegenüberstanden, wie wir es zum Beispiel bei den hohen Nazis anläßlich der Vollstreckung der im Rahmen der Nürnberger Kriegsverbrecherprozesse ergangenen Todesurteile beobachten konnten. Die Goldene Regel, die in allen Kulturen gilt, lautet: Was du nicht willst, daß man dir tue, das füge auch keinem andern zu! (vgl. Mt 7,12). Wenn das gerade gezeugte Kind sich jetzt auch noch nicht wehren kann, so wird es als Jugendlicher und Erwachsener sich dagegen empören, als Gegenstand behandelt worden zu sein. Das Kind, das in eine Leihmutter zum Austragen eingepflanzt wird, ist das Opfer einer Beraubung seines natürlichen Rechts auf seine eigene Mutter und seinen eigenen Vater. Die menschlichen Samenzellen sind kein Handelsgut, sondern mit der Person verbundene Möglichkeiten zum Vater- und Muttersein, und sie dienen damit der Verantwortung für die Fortpflanzung des Menschengeschlechtes.

Rilinger: Ist es mit der Würde einer Frau vereinbar, daß sie für Dritte die »Durchführung« der Schwangerschaft vornimmt, ohne aber das geborene Kind als eigenes behalten zu dürfen?

Müller: Die Schwangerschaft ergibt sich aus der natürlichen Befruchtung und bildet einen einzigen personalen Bezug der Mutter zu ihrem Kind. Dieses Verhältnis auf ein Ausleihen oder Mieten des weiblichen Körpers für kommerzielle Zwecke zu reduzieren, ist eine Entwürdigung der Frau zu einer Maschine, die zur Produktion von kommerziellen Gebrauchswaren dienen soll.

Rilinger: Besteht nicht die Gefahr, daß durch die künstliche Erzeugung von Kindern mit Hilfe von Ei- und Samenspenden Dritter die Zellen wie bei der Zucht von Tieren nach bestimmten Merkmalen ausgesucht werden, um das gewünschte Zuchtziel zu erreichen?

Müller: Ja, das ist nichts anderes als Menschenzucht und damit die Reduktion des Menschen auf ein Tier. Im übrigen werden heute in der Kultur der »westlichen Werte«, als deren Vertreter sich die Brüsseler Weltverbesserer ausgeben, obwohl sie diese Werte zum Teil pervertieren und gegen die christliche Tradition lesen, die Tiere würdiger behandelt als diejenigen Menschen, die den westlichen ideologischen Vorgaben widersprechen. Diktatorischen Ländern, wie Rußland oder der Türkei – um zwei Beispiele zu nennen –, überweist man Milliarden von Euro, weil man sich davon Vorteile verspricht. Polen und Ungarn hingegen werden Wirtschaftssanktionen angedroht, und sie werden als undemokratisch diskriminiert, weil sie dem Widersinn von gleichgeschlechtlichen Ehen und der kriminellen Praxis der Frühsexualisierung von Kindern nicht folgen. Dieser schreiende Widerspruch läßt sich nur mit einer ideologischen Vernebelung der sittlichen Vernunft erklären.

Rilinger: *Ist es sittlich vertretbar, ungeborene Menschen auf ihre genetischen Eigenschaften hin zu überprüfen, ob sie der gewünschten und idealen Ausgestaltung entsprechen? Immerhin ist die Konsequenz, sollte das Ergebnis zu wünschen übrig lassen, oft die Tötung des Fötus durch Abtreibung?*

Müller: Wie gesagt, kann der Mensch nicht als Wunschprojekt produziert werden. Etwas anderes ist es, eventuelle Krankheiten oder Mißbildungen medizinisch schon im Mutterleib zu behandeln. Aber so wie ein kranker und behinderter Mensch ein ungeschmälertes Existenzrecht besitzt, so hat es auch der ungeborene Mensch im Mutterleib oder auch – im Notfall – im Brutkasten.

Rilinger: *Da auch der Kinderwunsch homosexueller Personen erfüllt werden soll, verändert sich die Vorstellung von Elternschaft. Nicht nur Mann und Frau können Eltern sein, sondern auch zwei Frauen oder zwei Männer. Muß nicht auch in diesen Beziehungen das Recht des Kindes auf Vater und Mutter berücksichtigt werden?*

Müller: Ein Recht auf ein Kind haben nur ein zeugungsfähiger Mann und seine Ehefrau, und darum ist ihr Wunsch auch etwas der Natur ihrer Ehe Entsprechendes. Ein Wunsch kann nur erfüllt werden, wo er legitim ist, und nicht einfach aus dem Grund, weil mir seine Erfüllung gefällt oder, vulgär gesagt, »Spaß macht«. Ein abgetakelter Oligarch hat kein Recht, sich viele junge Frauen für seinen Harem zu wünschen, nur weil er sich mehr Wollust mit seinem Geld kaufen kann.

Rilinger: Nach unserer Rechtsordnung hat jedes Kind das Recht, seine biologischen Eltern, von denen es ja unstreitig abstammt, zu kennen. Ist es sittlich gerechtfertigt, Kindern ihr Recht auf Kenntnis ihres Herkommens vorzuenthalten, da ihre rechtlichen Eltern sich anonymer Ei- und/oder Samenzellen bedient haben?

Müller: Es ist ein klares Unrecht, den Kindern die Identität ihrer Eltern vorzuenthalten. Denn ihre Eltern sind die beiden Personen, aus deren Ei- und Samenzellen sie gezeugt sind. Diese sind nicht ein dingliches Baumaterial, aus dem meine körperliche Hülle aufgebaut ist, sondern mein Leib, der meine individuelle Existenz als Person einer geist-leiblichen Natur ausmacht. Eine Rechtsordnung, die anderes festlegt, ist unsittlich und nichts anderes als eine Legitimation von Verbrechen gegen die Menschlichkeit. Abschreckend sind die totalitären Diktaturen, die den Kindern der von ihnen ermordeten oder vertriebenen Regimegegner die Identität geraubt haben.

Rilinger: Mir scheint, daß sich in dem Kinderwunsch um jeden Preis, auch um den Preis der Aufgabe tradierter Menschenrechte und der Einforderung neuer, positivistischer »Menschenrechte«, die Abkehr vom Gemeinwohl hin zum egoistischen Individualwohl zeigt. Darin wird auf das Wohl Dritter – in unserem Fall der Kinder – keine Rücksicht mehr genommen.

MÜLLER: Da der Mensch sowohl Person als auch Gemeinschaftswesen ist, hat es a priori keinen Sinn, Individualrechte gegen das Gemeinwohl geltend zu machen. Aber die Person ist keineswegs auf den Individualismus des bürgerlichen Kapitalismus festzulegen oder im Sinne des Kommunismus auf ihre Auflösung im Kollektiv. Die Menschenrechte liegen in der geist-leiblichen Natur des Menschen als Person, der nach Gottes Bild und Gleichnis geschaffen ist. Als solche wehren sie auch die totalitären Ansprüche des Staates ab, der nur ein menschliches Gebilde ist und keineswegs – wie Hegel und seine sittlich entgleisten Schüler von rechts und links meinten – eine Art »Gott auf Erden«.

RILINGER: Wir denken die Menschenrechte, wie sie sich aus dem Naturrecht ergeben, als universal und als allgemeinverbindlich, so daß wir jedes Handeln unter diesen Voraussetzungen überprüfen. Wenn aber die Menschenrechte durch neue, positivistisch begründete »Menschenrechte« ergänzt, aufgeweicht oder ersetzt werden, besteht die Gefahr, daß auch die tradierten Menschenrechte nicht mehr von der Mehrheit der Staaten als allgemeinverbindlich anerkannt werden. Wenn also die neuen, sogenannten Menschenrechte als veränderbar angesehen und dem Zeitgeist angepaßt werden, könnte dann die Gefahr bestehen, daß die wahren Menschenrechte insgesamt an Bedeutung verlieren?

MÜLLER: Ja, die westlichen Demokratien sind dabei, ihre eigenen Grundlagen zu untergraben, wenn naturwissenschaftliche Theorien zur sexuellen Differenz von Mann und Frau von Staatsanwälten und Richtern bewertet werden, wie wir es in Prozessen gegen Professor Ulrich Kutschera und Dariusz Oko in Polen erleben, oder wenn in Kanada Journalisten nur mit einem Qualitätsausweis des Staates arbeiten dürfen und deshalb nur Anhänger der Trudeau-Ideologie übrigbleiben. Hier wird rechtspositivistisch argumentiert, daß eine Meinung auch gegen alle Vernunft allein deshalb zu gelten habe, weil das Gesetz es befiehlt. Die Richter berufen sich auf den Befehlsnotstand statt auf ihr Gewissen, das ihnen sagt, daß die Politiker keine Prinzipienfragen der Theologie, Philosophie und Wissenschaft nur mit Berufung auf ihre Gesetzgebungskompetenz entscheiden können.

Entweder ergeben sich die Menschenrechte und -pflichten aus der geistigen und sittlichen Natur des Menschen als eines leiblichen Wesens im Kontext von Geschichte und Gesellschaft, oder sie sind ein willkürliches Konstrukt machtgieriger Politiker und Oligarchen, selbst wenn diese sich im Westen dem staunenden Publikum als Philanthropen darbieten.[37]

Transhumanismus und christliches Menschenbild

Der Kampf um das Menschenbild ist entbrannt. Die traditionelle Sicht auf den Menschen, die in der Natur begründet ist, soll durch das atheistisch-evolutionistische Menschenbild abgelöst werden. Der Mensch möchte sich von Gott lösen, um selbst zu definieren, was als Mensch zu verstehen ist. Das Christentum geht davon aus, daß jeder Mensch als Geschöpf Gottes angesehen werden muß, losgelöst von seiner individuellen Gestalt und seinem konkreten Denken, immer als »imago Dei«, als Ebenbild Gottes, was die unhinterfragbare Gleichheit aller Menschen impliziert. Währenddessen geht das atheistisch-evolutionistische Menschenbild, das sich im sogenannten Transhumanismus zeigt, davon aus, daß die natürliche, christlich gedachte Einheit von Körper und Geist, Leib und Seele aufzuheben sei, um sie durch einen neuen Dualismus von physischer und psychischer Materie zu ersetzen. Damit wird die Würde als von Fleisch und Blut losgelöst gedacht und als der Natur widersprechend. Im Transhumanismus wird Menschlichkeit nicht mehr als dem Menschen von Natur aus innewohnende Qualität angenommen, sondern als Ausfluß menschlicher Wünsche, die dem Zeitgeist unterworfen sind. Die Menschen sollen ihre Herkunft aus der Natur übersteigen, hin zu einem »homme dénaturé«, zu einem denaturierten Menschen, wie es Grégor Puppinck beschrieben hat. Hierüber haben Kardinal Müller und ich gesprochen.

Lothar C. Rilinger: In der Verfassung der Bundesrepublik Deutschland ist aufgeführt worden, daß die Würde des Menschen unantastbar sei. Damit ist festgelegt, daß jeder

Mensch über Würde verfüge. Im Transhumanismus ist die Würde aber an den Geist geknüpft, so daß Menschen, die über keinen Geist, sprich: über keinen vollwertigen Verstand, verfügen, auch das Recht auf Würde nicht geltend machen können. Es wird also der Mensch neu definiert, um einem Teil der Menschheit, auf gleichsam legale Art und Weise, die Würde absprechen zu können.

GERHARD LUDWIG KARDINAL MÜLLER: Der Transhumanismus ist identisch mit dem klassischen Antihumanismus der atheistischen Ideologien, nur geschickter getarnt und besser verkauft. Mit ihm erlebt der entchristianisierte »Westen« die »Wiederkehr des Gleichen« (Nietzsche), nämlich seines suizidalen Nihilismus. Wenn Nietzsches Satz »Gott ist tot« das Bewußtsein der Welt von heute widerspiegelt, dann ist klar, daß unter den Vorzeichen dieser nihilistischen Bewegung »ihre Entfaltung nur noch Weltkatastrophen zur Folge haben kann«.[38] Aus dem Schoß des seinsverneinenden und wahrheitsfeindlichen Atheismus kriechen die menschenfressenden Monster des Jakobinismus, Kommunismus und Nationalsozialismus. Hunderte Millionen von Menschen sind ihre unschuldigen Opfer. Statt herrlicher Kathedralen zur Ehre Gottes errichten sie Konzentrationslager mit dem einzigen Ziel der Entwürdigung und Vernichtung von Menschen durch diejenigen Menschen, die sich für die Elite und Avantgarde der Menschheit halten. Ihre Gedenkstätten erwecken in den Pilgern nicht Jubel, wie die bei den Christen der Anblick Jerusalems und Roms, sondern sie sind Orte des Grauens wie Babyn Jar und Katyn.

Der Transhumanismus ist das vierte Reich im Reigen der sich überstürzenden Nihilismen und ihr alles verschlingender Abgrund. Der Trans- oder Posthumanismus ist der schlimmste Vernichtungskrieg gegen die Menschheit und das denkbar brutalste Verbrechen gegen die Menschlichkeit in der Gegenwart und nächsten Zukunft.

Wir Christen und alle Menschen guten Willens und klaren Verstandes vertreten auf der Grundlage der Einheit von Natur und Gnade, von Vernunft und Glaube den »Humanismus mit Gott«, weil alle Ströme des »Humanismus ohne Gott«, wie ihn Auguste Comte, Ludwig Feuerbach, Karl Marx und Friedrich Nietzsche konzipierten, unweigerlich in die »Hölle auf Erden« münden.[39] Der Humanismus mit Gott ist die Lösung der existentiellen Fragen, und der Glaube an ihn vermittelt die Erlösung aus der Not und Endlichkeit des Daseins in der Welt.

Denn einer und derselbe ist der Schöpfer und Erlöser. Der uns »nach seinem Bild und Gleichnis geschaffen hat, männlich und weiblich« (Gen 1,27), der hat uns auch von Ewigkeit her »im voraus (zu unserer historischen Existenz in der Zeit) dazu bestimmt, an Wesen und Gestalt seines Sohnes teilzuhaben, damit dieser der Erstgeborene unter seinen Brüdern sei« (Röm 8,29).

Unter »Humanismus« versteht man nicht nur eine bestimmte Phase der Philosophie- und Kulturgeschichte oder das gleichnamige Bildungsprogramm in Anlehnung an die griechisch-römische Klassik. Im weitesten und tiefsten Sinn umfaßt der Terminus »Humanismus« jene Auffassung des Seins, die den Menschen als denkendes, fühlendes, erlebendes, hoffendes, liebendes, sittliches Wesen als Maß und Mitte, Sinn und Ziel des Kosmos ansieht. Der Mensch befindet sich nicht in der Welt wie ein Tier in seiner Umwelt oder ein Ding im dreidimensionalen Raum, sondern die Welt kommt in ihm zu sich selbst und übersteigt sich auf die Frage, warum überhaupt Seiendes ist und nicht vielmehr nichts. Der Mensch verhält sich geistig und leiblich zu sich selbst nicht wie zu einem Ding, und er sieht sich nicht bloß als empirisch konstatierbaren Teil der Welt. Der Mensch ist ein endlicher Geist, in dem die Welt in den Prinzipien ihres Seins erkannt wird und sich als Medium seiner personalen Selbstverwirklichung darbietet. Aus dem Sein und Wesen Gottes als trinitarischer Liebe, an der wir als Personen in Gemeinschaft untereinander teilhaben, folgt die Selbsttranszendenz und die Selbsterkenntnis, daß »der Mensch, der auf Erden die einzige von Gott um ihrer selbst willen gewollte Kreatur ist, sich selbst nur durch die aufrichtige Hingabe seiner selbst vollkommen finden kann« (*Gaudium et spes*, 24).

Der Mensch hat eine das Sein begreifende Vernunft. Er ist keineswegs zu reduzieren auf eine Maschine, wozu sich Julien Offray de La Mettrie in seiner atheistisch-naturalistischen Kampfschrift *L'Homme Machine* (1748) verstieg – eine Maschine, die, modernisiert gedacht, von einem intelligenten Programm gesteuert wird.

Also mit Klaus Schwab, dem Gründer und Nutznießer des Weltwirtschaftsforums in Davos, gesagt: »Die heutigen externen Geräte [...] werden mit ziemlicher Sicherheit in unsere Körper und unser Gehirn implantierbar sein. [...] Diese Technologien können in den bisher privaten Raum unseres Geistes eindringen, wobei sie unsere Gedanken lesen und unser Verhalten beeinflussen.«[40] Das ist also die Verneinung der Würde und Freiheit der Person, womit die Menschheit zerfällt in die Masse der Kontrollierten, der besitzlos Glücklichen und Dummen und die kleine Elite der Kontrolleure und alles Besitzenden und Wissenden.

Der Mensch aber ist Person in der sittlichen Freiheit und geistigen Selbsttranszendenz auf den Grund des Seins. Wir sind also, wenn wir unser Sein in der Welt denkend begreifen, in unserem Selbstbewußtsein und Selbstwertgefühl über uns hinaus transzendental verwiesen auf das absolute Geheimnis des Seins und der Liebe, das in seinem Wort, in Christi Wort, sich selbst als Ursprung und Ziel des Menschen und in dem Menschen Ursprung und Ziel der ganzen Schöpfung bezeugt hat.

Nicht nur im Blick auf die tragischen Folgen des Antihumanismus, sondern auch hinsichtlich des Selbstverlustes seiner sittlichen Würde und geistigen Herrlichkeit ist der »denaturierte« Mensch nichts anderes als die Einladung zum kollektiven Selbstmord.[41] Das Interesse der Kontrolleure ist nur der Wille zur absoluten Macht über ihresgleichen, die sie zum Objekt und Material ihrer Agenda erniedrigen, um sie als das Rohmaterial ihrer infantilen Allmachtsphantasien zu vernutzen.[42] Der Mensch ist reduziert auf seine gesellschaftliche Funktion als Verbraucher, Kunde, Versorgungsfall, Arbeiter und Soldat. Zu diesem finanziell höchst einträglichen Betrieb gehört auch der Handel mit kriminell entwendeten Organen oder die kommerziell betriebene Leihmutterschaft.

Transhumanismus beginnt mit dem Wahn der Selbsterlösung und endet im Alptraum der Selbstzerstörung der Menschheit.[43] Das ist die Bestätigung der Einsicht: Ohne Gott ist alles sinn- und wertlos. Biblisch gesagt, sehen wir hier den Teufel am Werk, der zuerst die Wahrheit und dann das Leben zerstört: Der Teufel ist keine mythologische Witzfigur, sondern »der Mörder von Anbeginn und der Vater der Lüge« (Joh 8,44) – der Spezialist der Perversion und Diversion, der Dekonstruktion, der aus der geschaffenen Zweigeschlechtlichkeit eine endlose Reihe von eingebildeten Varianten heraus-»gendern« kann.

Als Christen erkennen wir im Licht des geoffenbarten Glaubens, »daß Gott den Menschen nur ein wenig geringer gemacht hat als Gott und daß er von Gott gekrönt ist mit Pracht und Herrlichkeit und daß er eingesetzt ist als Herrscher über das Werk seiner Schöpfung« (Ps 8,6). Aber auch von seiten der philosophischen Vernunft erheben sich gewichtige Stimmen zur »Verteidigung des Menschen«[44] auf der Basis der evidenten Einsicht in die leiblich-geistige Einheit des Menschen. Denn der Mensch ist als Individuum Träger seiner Wesensnatur und damit als Subjekt oder Person das unüberbietbare Höchste in der Seinsordnung und im Wertgefüge.

RILINGER: *Wir haben bereits hervorgehoben, daß der Transhumanismus mit einem starken Körper-Geist-Dualismus arbeitet. Als Folge denunziert er den noch ungeborenen ebenso wie den mit einem unvollkommenen Körper ausgestatteten (»behinderten«) oder den alt und gebrechlich gewordenen Menschen, indem er ihn radikal verdinglicht. Er ist ihm gleichsam defizitäre Materie, die es zu »verbessern« oder zu »ersetzen« gilt.*

MÜLLER: Den anthropologischen Dualismus von Denken *(res cogitans)* und Ausdehnung *(res extensa),* also die unvermittelbare Gegenüberstellung von Geist und Materie, hat uns, wie schon gesagt, René Descartes beschert, wenn auch unbeabsichtigt. Damit begann die Geschichte der neuzeitlichen Philosophie mit ihrem dialektischen Hin und Her von Idealismus (Rationalismus) und Materialismus (Empirismus, Positivismus). Entweder ist dann alles (monistisch) nur und nichts anderes als Geist, und die Materie ist folglich nur dessen Erscheinung oder sogar nur Gestaltungsstoff eines formalen Entscheidungszentrums. Oder alles ist nur und nichts anderes als Materie, und der Geist als Selbstbewußtsein ist nur Epiphänomen an der stofflichen Materie des eigenen Körpers oder an der weiteren »Materie« der gesellschaftlichen und sozialpsychologischen Konditionen, die das Ich »erschaffen« und auch beliebig umformen können.

Und das sind die Instrumente, mit denen die kommunistische Weltrevolution oder die liberal-kapitalistische »Neue Weltordnung« durchgesetzt wird: Umerziehungslager, Orwellscher Überwachungsstaat, Gehirnwäsche, Gleichschaltung des Sprechens und Denkens, Sozialkontrolle, »Social scoring« (Sozialkredit-System), Gedankenpolizei, »Political correctness«, sogenannte Antidiskriminierungsgesetze, mit denen gerade alles Normale kriminalisiert wird, »Hate-speech«-Terror, Schauprozesse. Verblüffend aktuell ist die Studie von Hannah Arendt aus dem Jahr 1951, *Elemente und Ursprünge totaler Herrschaft.*[45] Die Tötung eines Menschen wird umgedreht zu einem Recht auf Abtreibung, die körperliche Integrität und Selbstbestimmung zu einem Recht auf Selbstverstümmelung in der sogenannten Geschlechtsumwandlung, der verzweifelte Suizid alter und kranker Menschen in einen Gnadentod (Euthanasie). Der Mensch ist nach allen Erkenntnissen der empirischen Wissenschaften und gemäß der philosophischen und theologischen Anthropologie eine organische Einheit seiner materiellen Körperteile und eine ihn zum unverwechselbaren Individuum machende personale Einheit seiner geistig-leiblichen Natur. Schon der Fingerabdruck und die DNA machen ihn körperlich-empirisch unverwechselbar. Die Seele, die uns zum individuellen Menschen macht, ist der Ausweis unserer unverwechselbaren und nicht austauschbaren Personalität. Wer den Menschen in seinem frühesten Stadium als Embryo zum »Zellhaufen« abwertet und damit zu einer Sache macht, sollte sich fragen, ob seine eigenen Gehirnzellen auch nur eine ungeordnete Ansammlung von Nerven sind, die, weil ihnen die Urteilskraft abgeht, zu solch empörenden Fehlurteilen kommen müssen.

Rilinger: *Durch die Aufspaltung von Körper und Geist soll auch erreicht werden, daß sich das Geschlecht eines*

Menschen nicht nach dessen Körper richtet, sondern nach dessen Geist. So kann es beliebig bestimmt werden. Frauen, die sich der Einheit von Geist und Körper verbunden wissen, mithin zu ihrem biologischen Geschlecht bekennen, wird zugemutet, sich gemeinsam mit Männern, die sich als Frau gerieren, umzukleiden, gemeinsam mit ihnen WCs zu benützen, mit ihnen Gefängniszellen zu teilen oder Wettkämpfe durchzuführen. Liegt in dieser Zumutung nicht eine Negierung der Rechte der biologischen Frauen?

MÜLLER: Hier offenbart sich das wahre Ziel des Genderwahns. Es geht nur darum, sich unsittlich den Menschen anderen Geschlechtes zu nähern und sich, besonders von seiten der Männer, mit eindeutigen Absichten voyeuristisch an Frauen heranzumachen oder die Gelegenheit zu sexuellen Übergriffen zu finden. So ist es in mehreren Fällen – etwa in einem englischen Gefängnis – schon zur Vergewaltigung gekommen. Hier verletzt der Staat seine Fürsorge- und Schutzpflicht, wenn durch naturwidrige Gesetze Verbrechen begünstigt werden.

RILINGER: Das christliche Menschenbild ergibt sich aus der Natur, die den Menschen als Gesamtheit ansieht und deshalb den Geist als untrennbar vom Körper denkt. Dadurch konnte erstmalig in der Geschichte der Menschheit der Rechtssatz aufgestellt werden, daß alle Menschen, unabhängig vom Geschlecht, Herkunft, Religion etc., im Rechtssinne gleich seien. Wäre deshalb die Aufspaltung des Menschen in Geist und Körper ein Rückschritt in der intellektuellen Entwicklung des Menschen, hin zu dem vormodernen Zustand, in dem von der vollen rechtlichen Gleichheit aller Menschen noch keine Rede war?

Müller: Die Gleichheit aller Menschen vor Gott, die das absolute Daseinsrecht der je eigenen Persönlichkeit voll umfaßt, ist auch die Basis und der Antrieb für ihre rechtliche und gesellschaftliche Realisierung in den unterschiedlichen Phasen der Menschheitsentwicklung. Das ist ebenfalls das Kriterium für die Rede von Fortschritt und Rückschritt. Nicht das jeweils letzte ist das Beste, wie sich an der Tatsache illustrieren läßt, daß die zu ihrer Zeit sich gegenüber dem Christentum fortschrittlich und modern gebenden Totalitarismen Stalins und Hitlers in Wirklichkeit ein Rückfall in die Barbarei waren und eine totale Unterschreitung des Maßes des Menschlichen. Genauso sind heute die diversen Umerziehungslager, medialen Diffamierungskampagnen und Berufsverbote für normal Denkende ein Rückfall hinter die Freiheit und Würde der Person, mögen sich die Ideologen noch so sehr progressiv geben.

Rilinger: In der atheistisch-evolutionistischen Weltanschauung wird der Geist nicht als Schöpfung Gottes angesehen, sondern als Ausfluß einer permanenten menschlichen Evolution. Nur wenn durch eine ständige Auslese der Geist geformt werde, könne er sich entwickeln. Die Trennung des Menschen vom Tier wird deshalb nicht als ein Akt Gottes angesehen, sondern als das Ergebnis eines Prozesses jenseits der Vernunft. Da der Mensch nicht als Schöpfung Gottes gedacht wird, wird der Geist als Produkt des Zufalls angesehen. Ist es vorstellbar, daß sich der Geist ohne Einflußnahme Gottes lediglich zufällig gebildet hat?

Müller: Die Evolution des Lebendigen hin zur Ausformung von Spezies, die in der Natur als individuelle Lebewesen existieren, steht keineswegs im Widerspruch zur Schöpfung alles real Seienden in seiner jeweiligen Natur aus dem geistigen Willen Gottes – inklusive der Entwicklung der Pluralität der Spezies und der Zeugung der Individuen in der Folge der Generationen –, sondern ist ein Spiegelbild Seiner unerschöpflichen Güte. Auch das Triumphgeheul der Atheisten über die drei »Kränkungen des modernen Menschen« (nach Kopernikus nicht mehr Mittelpunkt des Kosmos, nach Darwin nicht mehr die Krone der Schöpfung und nach Freud nicht mehr der Herr im Hause der von den unbewußten Trieben beherrschten Seele) wird den gläubigen Christen nicht wirklich erschüttern. Denn wir wußten schon immer, daß wir nicht notwendig existieren, daß wir aus dem Staub gemacht sind und wie die Tiere und Pflanzen sterben müssen und daß unser Geist nicht ein mathematischer Rechenapparat ist. Die Kontingenz unseres zeitlich und räumlich begrenzten Daseins auf Erden weist aber eher auf die göttliche Berufung des Menschen und die Erfüllung unseres Strebens in der Wahrheit und Liebe Gottes als auf den Gedanken, daß sich aus Nichts das Sein hervorgebracht habe oder daß wir unserer sinnlosen Existenz aus uns selbst heraus einen Sinn geben könnten. Wenn das Sein nur ein zufälliges und vernunftloses Produkt des Nichts wäre, wie könnte an einem nicht vorhandenen Kleiderbügel eines nicht vorhandenen Kleiderständers ein nicht vorhandenes Kleid aufgehängt werden?

Viel einfacher ist es einzusehen, daß Gott, der das Sein in unendlicher Fülle besitzt, es uns so mitteilt, daß wir ihn auch als das Ziel unserer Suche nach der Wahrheit erkennen und unsere Erfüllung in der Liebe zu ihm finden.

RILINGER: *Wenn sich der Geist ausschließlich durch einen Ausleseprozeß gebildet haben soll, könnte der Fortschritt in der Auslese auch den Umfang der Würde des Menschen bestimmen. Schließlich soll – wie es der Biologe und Eugeniker*

Julian Huxley postuliert hat – die Qualität des Geistes das »Hauptkonzept unseres Glaubenssystems« sein.

MÜLLER: Unsere gescheitesten Materialisten sind einfach nicht konsequent, wenn sie im strikten Gegensatz zu ihrem Prinzip des Monismus immer noch irgendwo doch einen Sinn der Menschheitsentwicklung sehen. Die Frage nach dem Logos der Schöpfung ist eben identisch mit unserem geistigen Sein, das immer schon über die bloß dinglich gegebene Welt kraft seiner auf Transzendenz gerichteten Natur hinaus ist. Was heißt hier schon »Ausleseprozeß«? Mögen in einem Kampf Mann gegen Mann vielleicht öfter die Stärkeren oder in einem Krieg die Leute mit den brutaleren Methoden und stärkeren Waffen gewinnen. Das Maß des Menschlichen ist nicht das Überleben des Stärkeren im Kampf aller gegen alle um Weideplätze, Rohstoffe und Geschlechtspartner, sondern die Gerechtigkeit und die Barmherzigkeit, die dem Leben Sinn und Weihe geben. »Die Gottlosen meinen, wir seien durch Zufall geworden« (Weish 2,1) und es gelte das »Recht des Stärkeren«. In Wirklichkeit aber kommt es an auf die »Erkenntnis Gottes, der den Menschen zur Unvergänglichkeit geschaffen und ihn zum Bild seines eigenen Wesens gemacht hat« (Weish 2,23). Deshalb dreht sich nicht alles um Reichtum und Macht, Geld und Gier, Glanz und Glimmer. Vielmehr bedürfen wir der »Weisheit, die ein Widerschein ist des ewigen Lichtes, der ungetrübte Spiegel von Gottes Kraft, das Bild seiner Güte« (Weish 7,26).

RILINGER: Wenn Menschenrechte je nach Kapazität des Geistes zugeteilt würden, könnte auch die Partizipation am demokratischen Prozeß eingeschränkt werden, indem sich das Gewicht der Stimme nach den geistigen Fähigkeiten richtete. Damit wäre das scheinbar eherne demokratische

Gesetz des »one man, one vote« – der Gleichheit aller Stimmen – außer Kraft gesetzt. Führt eine solche Entwicklung also zur Negierung demokratischer Grundprinzipien, ja, zur Aufhebung der Demokratie?

MÜLLER: Das ist keine unmittelbar theologische Frage. Aber im Sinne unseres modernen Demokratieverständnisses und nach so vielen tragischen Erfahrungen mit übergriffigen Potentaten ist dagegen zu fragen, wer für sich das Recht beanspruchen kann, anderen vorzuschreiben, ob und wen sie zu wählen haben? Das Votum ist eine freie Entscheidung und kann nicht in einer »post-voting society« auf eine Stimmungsumfrage reduziert werden, die irgendwie aus gespeicherten Daten der Wähler digital erhoben wird.

Genau an dieser Stelle befindet sich der Übergang der Demokratie zur Diktatur der selbsternannten »Eliten«, wie der Milliardäre, der Medienpäpste, der Philosophenkönige etc., die die Demokratie nur noch zum Schein bestehenlassen. Wo Sokrates von der Mehrheit zum Schierlingsbecher verurteilt wurde, ein Aristoteles fluchtartig seine Hochschule verlassen mußte, um den Athenern nicht ein zweites Mal die Gelegenheit zu geben, sich an der Philosophie zu versündigen, oder wo unter dem Fallbeil der Französischen Revolution die besten Köpfe abgeschlagen wurden, spätestens da war die Freiheit der Demokraten an die Diktatur der Ideologen verraten worden.

RILINGER: Der natürliche Ausleseprozeß wird im Transhumanismus nicht mehr als ausreichend erachtet, zumal der Mensch in seinem jetzigen Entwicklungsstand als nicht vollendet angesehen wird. Das erinnert daran, wie Friedrich Nietzsche die Gestalt des »Übermenschen« entwarf. Der zum »Übermenschen« Aufgestiegene wird als Vollendung der Schöpfung betrachtet, aber nur insofern, als der Mensch sich als »Übermensch« selbst *neu erschafft.*

MÜLLER: Aus dem Traum vom Übermenschen sind wir brutal gerissen worden, als an der Rampe von Auschwitz die Selektion von arbeitsfähigen und gleich zu vernichtenden Menschen durchgeführt wurde. Natürlich hatte Nietzsche sich nicht vorstellen können, was wahnsinnige Politverbrecher aus seinen verrückten Visionen machten, aber »jenseits von Gut und Böse« gibt es kein Kriterium mehr für das Gute, das unbedingt zu tun, und das in sich selbst Böse, das immer und unter allen Umständen zu unterlassen ist. Der Sozialdarwinismus hat sich durch seine kriminellen Wirkungen von apokalyptischem Ausmaß ein für allemal selbst widerlegt, so daß jede Neuauflage auch unter schön klingenden Namen selbst schon ein Verbrechen gegen die Menschlichkeit ist.

Der Mensch ist von dem allweisen und allgütigen Gott gut geschaffen und auf das Gute hingeordnet. »Doch durch den Neid des Teufels kam der Tod in die Welt, und ihn erfahren alle, die ihm angehören.« (Weish 2,24) Und wir kommen aus der Falle des Bösen nur heraus durch die Rettungstat unseres Schöpfers, der in seinem menschgewordenen Sohn und durch dessen Tod und Auferstehung auch unser Retter und Erlöser geworden ist. Wir brauchen kein Gerede vom Übermenschen, der als Kontrastfolie den Untermenschen braucht. In Christus sind wir neu geworden und tragen in uns die Hoffnung auf die Unsterblichkeit. Der Indikativ zieht den Imperativ nach sich: »Zieht den neuen Menschen an, der nach dem Bild Gottes geschaffen ist in wahrer Gerechtigkeit und Heiligkeit.« (Eph 4,24) Wir brauchen uns nicht zu überheben im Versuch, zu »sein wie Gott« (Gen 3,5), weil wir durch Seine Gnade und Liebe in Christus »teilhaftig wurden der göttlichen Natur« (2 Petr 1,4).

Rilinger: Auch Leo Trotzki hat einen »höheren gesellschaftlich-biologischen Typus« angestrebt, wie er es formuliert hat. In dem »Neuen Menschen« des Kommunismus, der von Trotzki ebenfalls als »Übermensch« gedacht wird, ist die Vorstellung der Höherstellung und Vollendung aus eigener Machtvollkommenheit also klar zu erkennen.

Müller: Weder durch biologische Züchtung noch durch technische Aufrüstung (»Enhancement«) wird es auf der ethischen und spirituellen Ebene des Menschseins besser. Die neuen Möglichkeiten in der Medizin und Technik, in der Produktion von Gebrauchsgütern und Nahrungsmitteln, der Kommunikation im globalen Maßstab und der internationalen Kooperation können die Lebensumstände des Menschen verbessern, wenn es Wissenschaftler, Unternehmer und Techniker, Politiker und Beamte gibt, die sich nach ethischen Maßstäben richten. Ansonsten kann man mit den Fortschritten in den materiellen Lebensbedingungen auch um so größeres Unheil anrichten, wie wir anhand der atomaren Selbstvernichtung und der irreversiblen Umweltzerstörung, um nur zwei Beispiele zu nennen, sehen können. Neu und besser wird der Mensch durch die Gnade Gottes, die er frei annimmt, um sich als Mensch dem sich offenbarenden Gott mit Verstand und Willen zu überantworten. »Dieser Glaube kann nicht vollzogen werden ohne die zuvorkommende und helfende Gnade Gottes und ohne den inneren Beistand des Heiligen Geistes, der das Herz bewegen und Gott zuwenden, die Augen des Verstandes öffnen und es jedem leicht machen muß, der Wahrheit zuzustimmen und zu glauben.« (*Dei verbum*, 5)

Rilinger: Pierre Teilhard de Chardin hat sich Gedanken über den »Ultramenschen« gemacht. Diesen denkt er nicht als neue Schöpfung eines Menschen, sondern als eine

»Weiterentwicklung des Menschseins«, um die guten Eigenschaften des Menschen weiter auszubilden. Können Sie sich vorstellen, daß die Entwicklung zum »Ultramenschen« mit christlichen Vorstellungen vereinbar ist?

MÜLLER: Wie gesagt, liegt die Höherentwicklung des Menschen nicht in den äußeren Lebensbedingungen. Auch ein Mensch mit Superintelligenz kann Böses tun. Das Problem all dieser irrealen Hoffnungen liegt in dem Kategorienfehler der Verwechslung von Ethik und Technik. Theologisch gibt es kein Entweder-Oder von göttlicher Gnade und autonomer Freiheit des Menschen. Im gott-menschlichen Geheimnis Christi liegen die Lösung der Vernunftfrage und die Erlösung des Willens in der Mitarbeit am Aufbau des Reiches Gottes und einer besseren und menschlicheren Welt. Gnade und Freiheit, Glaube und Vernunft sind die beiden Kräfte der Kooperation des Menschen mit Gott, dem Schöpfer und Retter der Welt. Weil Gott uns nicht geschaffen hat um eines Vorteils oder einer Bedürftigkeit willen, sondern weil er aus seiner unerschöpflichen Fülle unendlich viel mitteilt, ist allen Mühen und Enttäuschungen des irdischen Daseins zum Trotz das innerste Wesen des Menschen auf dessen Teilnahme am Leben Gottes in Freude und Liebe ausgerichtet.

RILINGER: Im Transhumanismus wird der Tod als Krankheit bezeichnet, die überwunden werden müsse. Der Geist soll durch die Technik weiterentwickelt werden, um dadurch die Unsterblichkeit zu erlangen. Durch den Prozeß des »human enhancement« soll das Individuum verbessert werden. Dies kann durch Kosmetik oder Implantate erfolgen oder durch reproduktive Technologien wie Präimplantationsdiagnostik, um im Rahmen der Eugenik die Geburt behinderter und kranker Menschen zu verhindern. Es wird allerdings auch darüber nachgedacht, durch »human genetic engineering« die Verbesserung zu erreichen. Dies soll durch das »Hochladen« des menschlichen Geistes auf einen Computer oder durch Gehirnimplantate bzw. neuronale Implantate erfolgen. Sind derartige naturwidrige technische Verbesserungen des Menschen Ausdruck der Unzufriedenheit des Menschen mit sich selbst und Ausfluß des Willens, sich als Neuschöpfer des Menschen aufzuspielen?

Müller: Der Tod kann mit technischen Mitteln nicht überwunden werden, weil wir biologische Wesen sind und darum einmal sterben werden. Das, was man hochladen kann, sind vielleicht einige frühere Gehirnleistungen, aber nicht sofern sie der leiblichen Person angehören, so wie ich im Buch eines verstorbenen Autors wohl mit seinen Gedanken kommunizieren kann, aber eben nicht mit ihm von Person zu Person. Die digital oder im Buchdruck gespeicherten Gedankenprodukte sind ja nicht der identische Mensch, der in seinem Ich gelebt, gefühlt, gelacht und gedacht hat. Zwischen Tod und Leben besteht eine absolute Grenze qualitativer Art und keineswegs nur ein relativer Unterschied, den man quantitativ verschieben kann. Die Alchemisten haben vergeblich versucht, den Homunkulus zu erschaffen, aus Blei Gold zu gießen, den Stein der Weisen zu finden oder aus Mann und Frau einen Hermaphroditen zu zeugen. Der vernünftige Mensch setzt seine Hoffnung allein auf Gott und kann darum nicht von Menschen enttäuscht werden: »Verflucht der Mensch, der auf Menschen vertraut, auf schwaches Fleisch sich stützt und dessen Herz sich abwendet vom Herrn. [...] Gesegnet sei der Mensch, der auf den Herrn vertraut und dessen Hoffnung der Herr ist.« (Jer 17,5–7)

Rilinger: Erst eugenische Maßnahmen machen es möglich, daß sich der Mensch als Schöpfer des »Neuen Menschen«

gerieren kann. Deshalb hat auch Julian Huxley der Eugenik eine bestimmende Rolle zugewiesen. Nach den eugenischen Experimenten im »Dritten Reich« wurden solche Planspiele von den Siegermächten allerdings scharf verurteilt. Dennoch steht die eugenische Verbesserung des Menschen heute im Zentrum der transhumanistischen Theorie. Ist eine eugenische »Verbesserung« des Menschen mit der Ethik des Christentums vereinbar?

MÜLLER: Die Eugenik ist eine Pseudowissenschaft. Sie handelt von den guten Erbanlagen, die über das Existenzrecht bzw. den höheren oder geringeren Lebenswert eines Menschen entscheiden sollen. Damit wurden der Rassismus und die Züchtung angeblich höherer Menschen begründet. Eugenik und Euthanasie sind als gefährliche Irrwege abzulehnen. Medizinische Forschung muß immer dem kranken Menschen unter Berücksichtigung seiner unverletzlichen Menschenwürde dienen.

RILINGER: *Zum Abschluß unseres Gesprächs lassen Sie uns noch einmal auf die Menschenrechte zurückkommen. Wie der Begriff »Menschenrecht« ja aufzeigt, soll es sich um Rechte des* Menschen *handeln. Allerdings wird in der transhumanistischen Diskussion darüber nachgedacht, die Adressaten dieser Rechte auszuweiten. Nicht nur Menschen mit Geist sollen diese Rechte zustehen, sondern auch Tieren, Pflanzen und sogar Robotern. Die kategoriale Sonderstellung des Menschen innerhalb der Welt soll dadurch überwunden werden. Was halten Sie von diesem Gedanken der Erweiterung?*

MÜLLER: Gewiß sind die Tiere keine Maschinen und haben einen Sinn in ihrer eigenen Existenz. Pflanzen sind rein zum Nutzen des Menschen oder zum Bestand der Welt notwendig und haben keine eigene Würde, und schon gar nicht Maschinen und Roboter, die nur der richtigen Wartung bedürfen. Nichts ist vergleichbar mit der Würde des Menschen. Es ist auch die alleinige Eigenart des Menschen, daß er sich seiner Würde bewußt ist und in einem Akt der Selbstverneinung sich gegen die ihm von Gott verliehene Würde oder die Würde seiner Brüder und Schwestern aussprechen kann. Das Paradox des nihilistischen Atheismus von heute besteht in folgendem: Man meint, das Gleichgewicht in der Natur dadurch herstellen zu können, daß man auf der einen Seite den Menschen – diabolisch – zu einem Tier oder gar zu einer Sache abwertet, während man auf der anderen Seite die toten Dinge und vernunftlosen Lebewesen zu »Menschen« aufwertet, als ob man Gott wäre. Menschen aber sind mit Vernunft und freiem Willen und ihrer Fähigkeit, Gott zu erkennen und zu lieben (»capax Dei«), geschaffen.[46]

Politik

Kirche und Politik

In der Aufklärung wurde die Trennung von Staat und Kirche gefordert, um die Macht der Kirche im Staat zu brechen. Im Zuge der dann erfolgten Trennung wurden nicht nur kirchliche Teilstaaten innerhalb des Heiligen Römischen Reiches Deutscher Nation ihrer Souveränität beraubt, sondern es wurde auch Kirchenvermögen in großem Umfang konfisziert, also entschädigungslos enteignet. Dadurch verlor die Kirche ihre wirtschaftliche Basis und verarmte vollständig, so daß sie auch nicht mehr die sozialen Aufgaben wahrnehmen konnte, die ihr jahrhundertelang oblegen hatten. Unabhängig davon, daß der Staat sich in der Folge gezwungen sah, der Kirche staatliche Mittel zur Verfügung zu stellen, damit die Kirche jene Leistungen erbringen konnte, die eigentlich er selbst zu erbringen hatte, wurde die Kirche auch nicht vollständig aus dem gesellschaftlichen und staatlichen Diskurs verbannt. Deshalb wird die Trennung von Staat und Kirche auch nur als eine »hinkende« angesehen.[47] Durch sie ist zwar eine formelle Trennung verfassungsrechtlich festgeschrieben, doch die Einflußnahme der Kirche auf den Staat bleibt nicht ausgeschlossen. Die Kirche hat die von der Verfassung legitimierte Möglichkeit, auf den Diskurs Einfluß zu nehmen, ohne aber selbst entscheiden zu können. Damit steht der Kirche das Recht zu, als politische Beraterin Einfluß auf die Politik nehmen zu können.

LOTHAR C. RILINGER: *Durch die lockere Verquickung von Staat und Kirche stellt sich uns die Frage, inwieweit die römisch-katholische Kirche Einfluß auf den politischen Prozeß nehmen soll.*

Gerhard Ludwig Kardinal Müller: Ich glaube, die Kirche – verstanden als Gemeinschaft der Gläubigen und nicht nur der Bischöfe – soll großen Einfluß nehmen, aber hauptsächlich durch die Laien, die sich in der Politik, in der Gesellschaft, in der Wissenschaft engagieren. Die Bischöfe und die Priester können sich nicht parteipolitisch betätigen.

Rilinger: Auch wenn ein parteipolitisches Engagement des Klerus ausgeschlossen ist – was im Konkordat von 1933, das zwischen dem Heiligen Stuhl und dem Deutschen Reich geschlossenen wurde, festgeschrieben worden ist –, so stellt sich gleichwohl die Frage, ob sich die Kirche in Gestalt ihrer geistlichen Führer zumindest in ethischen Fragen in den politischen Diskurs einschalten soll.

Müller: Die Kirche ist dazu berufen, die ethische Grundlage der Politik deutlich zu machen, nicht aber die Politik als solche zu formulieren. Man muß alles tun, damit im Mittelmeer keine Menschen ertrinken, aber das kirchliche Lehramt, vertreten durch die Bischöfe, kann nicht einfach sagen, wir müssen jetzt eine bestimmte »Bevölkerungsaustausch«-Politik gutheißen. Man kann auch kritisieren, daß Afrika von jungen Leuten entvölkert wird. Wie soll es dort jemals einen Aufbau geben, wenn diese Personen zu uns kommen, aber nicht integriert werden, d. h. von ihrer Heimat entwurzelt sind und auch hier keine Wurzeln schlagen können? Da kann man schon kritische Fragen zu einer bestimmten Politik stellen.

Rilinger: Durch die Teilnahme an der ethischen Diskussion hebt die Kirche die strikte Trennung von Religion und Politik auf und versucht auf diese Weise, religiöse Inhalte in die Politik einfließen zu lassen. Die Ethik des Christentums wird zuweilen als kompatibel mit dem Marxismus angesehen. Die im Urchristentum propagierte Vorstellung von Armut und Auflösung des Privateigentums findet sich wieder in den ökonomischen Vorstellungen von Karl Marx, so daß Christentum und Marxismus einander zu ergänzen scheinen. Kann deshalb der Rekurs auf den Marxismus Grundlage einer politischen Empfehlung seitens der Kirche sein?

MÜLLER: Der Marxismus hat in seinen geschichtlichen Ausprägungen nur Unglück gebracht – ausschließlich deshalb, weil er auf einer falschen Anthropologie aufbaut, ein falsches Geschichtsbild vertritt und mit den Kapitalisten, gegen die er kämpft, im Materialismus zutiefst verbunden ist. Wir haben deshalb in China die abstruseste Kombination von extremem Kapitalismus und extremem Kommunismus. China ist die vollkommene Selbstwiderlegung des Marxismus. Man nimmt die Praxis als Kriterium für die Theorie, aber die Praxis zeigt, daß die Theorie falsch ist. Von manchen marxistischen Analysen der Gesellschaft kann man sicherlich einiges lernen. Es gibt zwar die Klassengegensätze, trotzdem ist die Geschichte nicht das dialektische Ergebnis von Klassenkämpfen, da sie sich nicht im Kampf des einen gegen den anderen erschöpft. Das wäre eine falsche Einstellung. Die Kampfrhetorik müßte eigentlich überwunden werden. Wir haben nicht den Klassenkampf als treibende Kraft und als Ziel der Geschichte, sondern die Communio sanctorum, die Gemeinschaft der Heiligen. Das Ziel der Geschichte besteht von der Vorsehung Gottes her darin, daß wir unsere Sündhaftigkeit überwinden.

RILINGER: Auch wenn sich der Marxismus selbst ad absurdum geführt hat, scheint es mir, daß die Theologie der Befreiung nicht immer frei ist von Anklängen an die

Klassenkampfideologie. Inwieweit sehen Sie marxistische Tendenzen in der Theologie der Befreiung?

MÜLLER: Man kann de facto feststellen, daß es in manchen Gesellschaften Klassenkampf gibt. Aber es ist etwas anderes, ob man den Klassenkampf als Prinzip der geschichtlichen Entwicklung anerkennt oder ob man die Auffassung vertritt, daß die Klassenunterschiede überwunden werden müßten. Eine Gesellschaft muß im Sinne der katholischen Soziallehre solidarisch sein. Es ist infolgedessen unsere Aufgabe, das Klassenkampfdenken und das Klassendenken zu überwinden. Paulus sagt, im Leib Christi gibt es nicht den Widerstreit zwischen Armen und Reichen oder zwischen Griechen und Heiden, Männern und Frauen. Im soziologischen Sinn sind wir alle »einer« in Christus (Gal 3,28). Die frühe Gemeinde, heißt es in der Apostelgeschichte, hatte alles gemeinsam, allerdings nicht im Sinne einer Gütergemeinschaft. Die Reichen hatten ihre Güter nicht nur für sich gedacht, sondern auch für die anderen. Alle nahmen an allem teil. In der katholischen Soziallehre haben wir das Ziel, daß ein starker Mittelstand entsteht und daß der Gegensatz zwischen Reichen und Armen oder zwischen einer gesellschaftlich abgeschotteten Klasse der Oligarchie oder der Aristokratie und dem Volk, wie wir ihn im französischen Ständestaat oder im Feudalismus feststellen mußten, überwunden wird. Dieser Schritt ist bei uns in der Bundesrepublik Deutschland nach dem Krieg ganz gut gelungen. Es gibt nicht mehr Gruppen innerhalb der Gesellschaft, die so voneinander abgeschottet sind, daß sie gar nichts miteinander zu tun haben wollen und ihre Mitglieder auch niemals außerhalb ihrer Gruppe verheiraten würden.

Es wird niemals ein totales Gleichgewicht innerhalb einer Gesellschaft in dieser Welt geben, aber die gröbsten

Ungleichheiten kann man schon überwinden. Die Befreiungstheologie will Theologie sein. Sie fragt theologisch, wie kann man von der Liebe Gottes predigen angesichts des großen Leidens in dieser Welt und der materiellen Ausbeutung? Insofern muß sich die Kirche als Gesamtgemeinschaft, einschließlich auch der Hierarchie, also der Bischöfe und der Priester, in Zusammenarbeit mit christlichen Politikern dafür einsetzen, daß ein gerechtes Gesellschaftssystem entsteht, damit falsche Grenzen und Spaltungen überwunden werden können. Infolgedessen kann von der Theologie auch eine Politik mitgetragen werden, ohne daß der theologische Gesichtspunkt zur Grundlage einer absolutistischen Gesellschaftslehre wird.

RILINGER: *Aus Ihren Worten können wir entnehmen, daß Sie die Option für die Armen nicht als einen Kampf ansehen, der die Reichen ausschließt. Versteht sich folglich die Theologie der Befreiung als eine Theologie für alle Gläubigen? Schließt sie somit Arme und Reiche ein?*

MÜLLER: Die Verkündigung des Glaubens, die Vermittlung der Gnade bezieht sich auf jeden Menschen, ob reich oder arm. Doch was heißt »reich«? Bei uns sind die Staatsbürger reich im Verhältnis zu den Menschen in der sogenannten Dritten Welt – sie sind zwar reich, aber nicht in dem Sinn, daß sie im Besitz aller wirtschaftlichen Mittel des Landes wie, um Beispiele zu nennen, der Goldminen oder der Bodenschätze wären und daß sie die Gewinne aus ihren Geschäften ausschließlich für den eigenen Luxus nutzten, während sie ihren Mitarbeitern den gerechten Lohn vorenthielten oder für diese im Krankheitsfall und Alter nicht vorsorgten. In diesem Sinn müssen wir, muß die Kirche, auch gesellschaftsverändernd wirken, aber nicht im Sinn des Marxismus. Wir müssen nicht vom Nullpunkt aus eine neue Gesellschaft aufbauen, die schließlich nichts anderes sein kann als das Spiegelbild eines endlichen Verstandes, den übrigens auch Karl Marx nur hatte. Er konnte nicht das gesamte Sein überblicken, er war nicht der Urheber, nicht der Schöpfer des Seins, und er kannte auch nicht den tieferen Plan der Geschichte.

Rilinger: Welche Grundlagen der Verkündigung gibt es? Gibt es neben dem Evangelium und der Tradition noch weitere Grundlagen?

Müller: Die einzige Grundlage, die wir haben, ist das Wort Gottes, das in Jesus Christus, dem Wort des Vaters, Fleisch geworden ist im Kontext der gesamten Geschichte. Hier ist die Fülle der Zeit. Das ist die einzige Grundlage. »Einen anderen Grund kann niemand legen als den, der durch Jesus Christus gelegt wurde.« (1 Kor 3,11) Wir können es nur auf konkrete Lebenssituationen oder Lebenswirklichkeiten, wie es jetzt im Politischen genannt wird, hin auslegen. Aber was verstehen wir denn unter der Lebenswirklichkeit? Bei jedem Menschen ist sie doch verschieden. Es gibt Kinder, die in die Schule gehen – das ist deren Lebenswirklichkeit –, und es gibt Kinder, die die Schule schwänzen oder nicht lernen wollen. Muß der Lehrer jetzt auf den faulen Schüler, der manchmal den Unterricht schwänzt oder der nicht in die Schule geht, eingehen und einräumen, daß dieser Lebensentwurf eben dessen Lebenswirklichkeit sei, auf die man eingehen müsse? Und die Lebenswirklichkeit der Frauen auf der Reeperbahn in St. Pauli, die sich der sexuellen Gier von Männern darbieten müssen – ist das etwas, was wir respektieren, oder etwas, was wir als Mißstand anklagen müssen?

Das Wort Gottes ist zweischneidig. Es ist zum Aufbauen geeignet, aber es ist auch kritisch gegenüber dem, was schlecht ist. Man kann nicht sagen, die Lebenswirklichkeit ist eine Offenbarung des Willens Gottes. Da geht es nur um die Sexualität: Die jungen Leute leben jetzt, ohne eine Ehe eingegangen zu sein, zusammen, ebenso Männer mit Männern, als ob sie verheiratet wären, und das muß man irgendwie anerkennen. Aber ist es auch Lebenswirklichkeit, wie mir gerade berichtet wurde, daß ein Mann seine Frau verlassen hat, das neunjährige Kind ohne Vater leben muß und die Frau unendlich darunter leidet, daß sie von ihrem Mann verlassen worden ist? Das ist auch eine Lebenswirklichkeit. Soll ich das gutheißen oder gar noch als Willen Gottes anerkennen?

RILINGER: *Neben der Theologie der Befreiung wird in Südamerika auch die »Theologia india« vertreten, um auf dieser Grundlage die wirtschaftlichen Ungleichheiten zu überwinden Meinen Sie, daß diese Theologie hierzu einen gangbaren Weg aufzeigen kann?*

MÜLLER: Die »Theologia india« ist von der Glaubenskongregation schon kritisch beurteilt worden. Das ist nicht eine Theologie, die die besonderen Situationen der Eingeborenen im Amazonasgebiet miteinbezieht, sondern sie besagt, daß wir, unabhängig von der einmaligen und letztgültigen Offenbarung Gottes in Jesus Christus, aus dem Denken oder aus den Mythen der Eingeborenen eine gesamte neue Welterschließung herleiten könnten. Das ist meines Erachtens völlig überzogen und im Kern theologisch falsch.

Es wird sogar gesagt, die Menschen hätten dort gar keinen Jesus Christus gebraucht. Als die Missionare vor fünfhundert Jahren angekommen seien, sei Gott schon da gewesen. Gott war in der Tat schon da, allerdings in dem Sinn, daß sich der Schöpfer im Sein der Welt und im Gewissen der Menschen in seiner Gottheit kundgetan hat (Röm 1,20; 2,16). Aber das ersetzt doch nicht die geschichtliche Vermittlung des Evangeliums in Jesus Christus. Erst im Lichte Christi kommen wir zu dem universalen Verständnis von Gott. Man kann doch nicht sagen, die alten Griechen hätten eigentlich durch Homer und die Ilias schon eine Gottesbegegnung gehabt, die die Offenbarung Gottes durch Jesus Christus ersetzt oder die ganze Heilsgeschichte im Alten Testament überflüssig gemacht habe – einmal abgesehen davon, daß die mythische Erschließung der Realität schon lange durch die griechische Philosophie, also durch die Vernunft und den Logos, überwunden wurde. Wir streiten es nicht ab, daß auch Mythen und Märchen allgemeine existentielle Erfahrung widerspiegeln. Das kann aber kein Ersatz für eine vernunftgemäße Erschließung der sichtbaren, empirischen Realität oder auch der Offenbarung des Wortes oder des Seins selber sein. Man kann aus den Mythen kein Rechtssystem ableiten, sondern sich bloß – heidnisch-irrational – dem Wohlwollen oder der Rache der Götter anempfehlen.[48]

Meinungsfreiheit und Political correctness

Grundlage eines demokratischen Rechtsstaates ist die Gewährung der Grund- und Menschenrechte. Der Gebrauch dieser Rechte findet seine Grenze in den Grund- und Menschenrechten dritter Personen. Die Grenze wird durch Gesetz oder durch die Entscheidungen des nationalen Verfassungsgerichtes und – für die Unterzeichnerstaaten – des Europäischen Gerichtshofes für Menschenrechte festgelegt. Sowohl die Gesetzgebung als auch die Entscheidungen der Verfassungsgerichte unterliegen dem gesellschaftlichen Diskurs, so daß sich die Grenzen verschieben können. Ungewöhnlich sind allerdings Entwicklungen, die als »Cancel culture« und »Political correctness« bezeichnet werden und diese Grenzen jenseits der Gesetzgebungsverfahren oder der Gerichtsentscheidungen festlegen wollen. Von einer ideologischen Elite wird vorgegeben, was als gut und als schlecht angesehen werden müsse, um vor dem selbsternannten Gerichtshof der herrschenden Moral bestehen zu können.

LOTHAR C. RILINGER: *Das Recht auf Meinungsfreiheit wird als ein Menschenrecht angesehen. Sind Sie der Ansicht, daß dieses Menschenrecht die unveräußerliche Grundlage eines demokratisch verfaßten Rechtsstaates zu bilden hat?*

GERHARD LUDWIG KARDINAL MÜLLER: Was der Staat ist und was er gegenüber seinen Bürgern vornehmen kann, ist umstritten. Nach den negativen Erfahrungen mit der Übergriffigkeit eines totalitären Staates geht die Verfassung der Bundesrepublik Deutschland von der Unverletzlichkeit der Menschenwürde aus, die die Grundlage und die Grenze der

Ausübung aller Staatsgewalt ist. Wegen der philosophischen und religiösen Unterschiede im Menschenbild gibt es aber auch hier keine Auffassung von den daraus folgenden Grundrechten, die von allen geteilt wird. Was wir aus der Tradition des Naturrechts und des Christentums für nicht verhandelbar erachten, wird in manchen islamischen Staaten oder im KP-China als kultureller Import aus dem »Westen« verächtlich gemacht.

Ich meine aber, daß an der Wahrheit der Vernunft kein Weg vorbeiführt: Der Staat ist für den Menschen da und nicht der Mensch für den Staat. Der Bürger ist nicht Eigentum der Machthaber, sondern das Volk ist der Souverän, dem die Regierung Rechenschaft schuldig ist. Kein Mensch hat das Recht, über das Leben, die körperliche Unversehrtheit sowie die Freiheit des Gewissens und des Glaubens eines anderen Menschen zu entscheiden.

Man sollte auch nicht von einer Einschränkung der Grundrechte sprechen. Da sie uns von Natur aus zukommen oder nach unserer Auffassung von unserem Gott und Schöpfer verliehen sind, können sie nicht aufgehoben oder eingeschränkt werden. Nur ihr Mißbrauch oder ihr Gebrauch zu Lasten anderer können sanktioniert werden. Im Falle von Kriegen, Katastrophen oder Pandemien sind von der legitimen Autorität die notwendigen Maßnahmen im Sinne des Gemeinwohls zu treffen. Die Corona-Krise darf aber nicht der willkommene Anlaß sein, die Demokratie und die Freiheit der Bürgergesellschaft auszuhebeln zugunsten des Bevormundungswillens einer selbsternannten Elite, die der breiten Volksmasse beibringen will, was gut für diese ist. Der Staat darf sich nicht wie ein – schlechter – Lehrer verhalten, der seine Bürger wie dumme Schulkinder behandelt oder gängelt.

Rilinger: Muß der Staat seinen Staatsbürgern das Menschenrecht auf Meinungsfreiheit nicht nur aus juristischen Gründen gewähren, sondern auch, um ihnen die Persönlichkeitsentfaltung zu ermöglichen?

Müller: Ein Staat, der nach den Prinzipien einer parlamentarischen Demokratie aufgebaut ist, hat kein Recht, freien Menschen etwas zu gewähren. Das Gewähren und Entziehen entstammt dem Wörterbuch autokratischer Erziehungsdiktaturen. Die Meinungsmacher halten sich im Namen ihrer höheren Vernunft für berechtigt und sogar für moralisch verpflichtet, eine absolute Kontrolle über die Gesinnungen und die Gewissen ihrer Betreuungsobjekte ausüben zu müssen. Im Rechtsstaat – im Unterschied zu einem ideologischen Einheitsstaat – kommt es seinen drei getrennten Gewalten zu, die Ausübung der natürlichen Rechte der Bürger zu schützen und zu gewährleisten. Wir brauchen auch keine Politiker, Richter oder deren Sprecher in den Staatsmedien, die uns wie unmündige Kinder mal streng behandeln, mal an der langen Leine laufen lassen. So manchem Propagandisten der staatlichen Menschheitsbeglückung möchte man erst einmal den Abschluß seines Studiums oder eine längere Berufserfahrung wünschen, bevor er über immer neue Verbote oder höhere Steuern nachdenkt und gegenderte Sprachverhunzungen als höhere »Weisheiten« von sich gibt.

Rilinger: Muß das Recht auf Meinungsfreiheit ohne jedwede Einschränkung gewährt werden?

Müller: Die Meinung ist ein geistiges Konstrukt. Die philosophische Erkenntnistheorie müht sich seit Aristoteles bis hin zu Kant und der modernen Linguistik mit der Frage nach dem Ursprung und den Kriterien des Denkens ab. Und da kommen Nur-Politiker, die ihre Nebeneinkünfte noch nicht einmal richtig angeben können, und wollen die Freiheit des Geistes eingrenzen und beschneiden. Man muß schon beschränkt sein, wenn man nicht weiß, daß die Gedanken von Natur aus frei sind. Ob wir in Worten und Taten unsere Meinungen nach außen tragen, hängt von unserer bürgerlichen Freiheit ab. Der Gesetzgebung und der Rechtsprechung kommt innerhalb der Grenzen staatlicher Gewalt das Urteil zu, ob im konkreten Fall ein Vergehen oder sogar ein Verbrechen an einem Dritten oder dem Gemeinwohl begangen wurde. Eine andere Meinung, Philosophie, Religion muß ich aushalten, wie auch andere meine metaphysischen und moralischen Grundüberzeugungen ertragen müssen, ohne auf das Recht zu pochen, mich terrorisieren zu können, weil sie sich dadurch beleidigt fühlen.

In manchen Staaten besteht das Recht zu klagen, wenn ich mich durch die Meinung eines andern beleidigt fühle, nur weil ich keine Argumente dagegen habe. Das allerdings ist Gesinnungsdiktatur, auch wenn sie sich in formales Recht kleidet. Es ist ja absurd, daß man heute in Europa schon wieder die Respektierung der Grenzen der staatlichen Gewalt einfordern sowie die publizistische Meinungsfreiheit und die Religionsfreiheit verteidigen muß. Helmut James Graf von Moltke (1907–1945), der Widerstandskämpfer des Kreisauer Kreises, wurde nach dem Zeugnis von P. Alfred Delp SJ vom Volksgerichtshof durch Roland Freisler wegen »Rechristianisierungsabsichten« gegen den »Einheitsstaat« zum Tode verurteilt.[49]

In einer pluralistischen Bürgergesellschaft und in einem demokratischen Staat muß ich es als Christ ertragen, daß ein Nichtchrist meinen Glauben an die Dreifaltigkeit Gottes nicht teilt oder sogar für logisch widersprüchlich hält. Er hat auch das Recht, mir seine Meinung mitzuteilen, wenn ich ihn danach frage. Aber er macht sich moralisch oder auch juristisch strafbar, wenn er mich deswegen persönlich als Dummkopf beschimpft und mir verbieten will, christliche Kinder in einem Glauben zu unterrichten, den er für widersprüchlich hält. Meinungsfreiheit hat nämlich zwei Seiten: mein Wahrheitsgewissen und die Toleranz gegenüber Dritten.

Zur Zeit ist durch die aggressive Entchristlichungsagenda in EU-Institutionen, in der Biden-Administration, in islamistischen und atheistischen Staaten die Glaubens- und Kultfreiheit der Christen unwiderlegbar bedroht, manchmal auf subtile, manchmal auf brachiale Weise. Es widerspricht der natürlichen Ethik und auch dem christlichen Ethos, einen homosexuell empfindenden Menschen deswegen als Person zu beleidigen. Aber es ist auch ein Verbrechen des Staates, die Verkündigung der biblischen Wahrheit von der Sündhaftigkeit außerehelicher sexueller Handlungen, zumal unter Personen des gleichen Geschlechts, mit Geld- oder Freiheitsstrafen zu belegen, wie es durch die sogenannten Antidiskriminierungsgesetze »von Staats wegen« für rechtens erklärt wird. Wenn staatliche Gesetze die natürlichen Grundrechte aushebeln, kann von einer Demokratie im klassischen Sinn nicht mehr die Rede sein.

Rilinger: Selbst wenn der Staat der Meinungsfreiheit gewisse Grenzen ziehen darf, wodurch müssen diese Grenzen ihre Rechtfertigung erfahren?

Müller: Wie gesagt, hat die Glaubens-, Gewissens- und Meinungsfreiheit keine Grenzen, weil sie in der Natur des menschlichen Geistes metaphysisch begründet ist. Unter »Meinungen« verstehen wir hier nicht den Geschmack, über den zu streiten müßig ist. Es geht um die grundlegende Stellungnahme zum Sinn des Daseins und zum Ursprung unserer sittlichen Handlungen, die in der Philosophie und Religion begründet werden – unabhängig davon, welcher Ausprägung die einzelnen Menschen folgen. Aber auch im Alltag kann man nicht sagen, daß das Rot der Ampel eine Einschränkung der Bewegungsfreiheit sei. Gewiß ist die Symbolik der drei Ampelfarben positiv von der legitimen Autorität festgelegt. Aber der bürgerliche Gehorsam ist hier ganz leicht einzuhalten, weil mir meine sittliche Vernunft ein Verhalten verbietet, das andere und auch mich in Gefahr bringt.

Meine Bewegungsfreiheit dient dem konstruktiven Ziel, mich zum Beispiel zu meiner Familie, zur Kirche, zu meinem Arbeitsplatz oder zum verdienten Urlaubsort hinzubewegen. Aber ich bewege mich nicht, um andere anzustoßen, ihnen weh zu tun oder ihnen ihren legitimen Platz streitig zu machen. Alle unsere Grundrechte sind verbunden mit der Rücksicht auf andere. Der Mensch ist Person, aber auch ein Gemeinschaftswesen. Mein Recht auf Selbsterhaltung und Selbstverwirklichung ist innerlich verbunden mit dem Respekt vor dem Leben anderer und, christlich gesprochen: mit der Nächstenliebe. Der Nächste ist nicht der Konkurrent, sondern auch der Freund. So kommt auch etwas Humor und Empathie in die verbissenen Kämpfe um mein Recht gegen dein Recht, und unsere Politiker widerstehen etwas ihrem Regelungsdrang und Bevormundungswillen.

RILINGER: *Muß der Staat auch solche Äußerungen durch das Recht auf Meinungsfreiheit hinnehmen, die den Staat oder einen Teil der Bevölkerung verletzen, schockieren oder beunruhigen?*

MÜLLER: Wir haben es schon betont: Straftaten gegen einen anderen Menschen und die Gemeinschaft insgesamt verdienen sittliche Ächtung und juristische Strafe. Bei den Worten ist es schon schwerer zu entscheiden. Wenn es sich um Aufrufe zu Straftaten handelt, ist die Sache klar. Oder wenn schwerste Verbrechen wie Auschwitz, der Armeniermord, Katyn und andere Völkermorde unverschämt geleugnet werden, dann muß auch strafrechtlich vorgegangen werden. Vorsichtig muß man allerdings bei Bewertungen lange zurückliegender Vorgänge sein. Wer kann jemand moralisch oder gar strafrechtlich belangen, der Cäsars blutige Eroberung Galliens positiv oder kritisch beschreibt? Gegen einen, der die stalinistischen Straflager verteidigt oder herunterspielt, soll man nicht den Staatsanwalt auf den Plan rufen, sondern den Historiker, und man soll ihn daran erinnern, daß es eine letzte Gerechtigkeit bei Gott gibt, der man auch nicht mit Propagandalügen entkommt.

RILINGER: *Halten Sie das Recht auf freie Meinungsäußerung für das unverzichtbare Fundament einer geistigen Auseinandersetzung?*

MÜLLER: Geist und Freiheit lassen sich nicht trennen. Ich kann mir nicht vorstellen, daß die Polizei und die Staatsanwaltschaft die Hauptträger der akademischen Diskussion sind. Das ist nur Dekadenz, wenn Professoren nach dem geistigen Maß von Genderaktivisten, »Black-Lives-Matter«-Eiferern und LGBT-Fanatikern eingeladen oder hinausgeworfen werden. Wie viele Beispiele aus der Geschichte kennen wir, in denen große Denker oder Heilige die Brutalität der mediokren Machtpolitik oder einer zur Pöbelherrschaft degenerierten »Demokratie« zu spüren bekamen!

RILINGER: *Der Staat kann die Grenzen der Meinungsfreiheit definieren. Können Sie sich vorstellen, daß eine ideologische Elite bestimmt, was als politisch korrekt angesehen und damit ausgesprochen werden darf, ohne daß die dabei angewandten Maßstäbe entweder gesetzlich kodifiziert oder durch gerichtliche Entscheidungen festgelegt wurden?*

MÜLLER: Das wird im großen Stil versucht. Die amerikanischen Supermilliardäre, Big-Tech-Giganten und die Pharmaindustrie versuchen ja über ihre Stiftungen und in ihren Plänen für den »Great Reset« nach der Corona-Krise ihr dürftiges Menschenbild und ihre ökonomisch beschränkte Weltanschauung in Verbindung mit dem KP-chinesischen Modell der ganzen Welt überzustülpen. Es ist so schön, zu einer Community zu gehören, in der alle gleich sind, gleich denken und fühlen, in der man homogen in Empörung über die Abweichler verfällt und voller Bewunderung für die tapferen Helden im Sinne der Mächtigen ist.

RILINGER: Derzeit erleben wir unter dem Vorzeichen der sogenannten Cancel culture, daß selbst Werke der Weltliteratur nach den Gesichtspunkten einer ideologischen Elite bereinigt werden. Das ist eine deutliche Verschärfung gegenüber der bisherigen Praxis der Politischen Korrektheit.

MÜLLER: Das ist einfach nur Barbarei, geistiger Vandalismus, die Nachahmung der totalitären Regime des 20. Jahrhunderts im Stil von Orwells Alpträumen. Man sollte statt von »culture« eher von »vulture« sprechen, denn es handelt sich bestenfalls um eine Aasgeier-»Kultur«, und statt mit »Korrektheit« haben wir es mit bodenloser Respektlosigkeit zu tun. »Cancel culture« ist nur ein anderes Wort für das Brainwashing, das die Kommunisten in China und der Sowjetunion zur höchsten Perfektion entwickelt haben. Wie sind denn diejenigen geendet, die die Bücher renommierter Schriftsteller wegen »undeutscher« Stellen ins Feuer geworfen haben?

Statt mit »Gedankenreinigung« zu spielen, sollten diese Gewaltmenschen einmal selbst anfangen, zu denken und die Kritikfähigkeit anderer nicht zu unterschätzen. Ich brauche keinen Fouché, Goebbels oder Lenin, um Werke der Weltliteratur ohne Gefahr für meine geistige Hygiene zu lesen.

RILINGER: *Halten Sie es als emeritierter Dogmatiker und Dogmenhistoriker sowie Honorarprofessor der Universität München für vertretbar, daß zur Beurteilung von wissenschaftlichen Arbeiten Kriterien wie zum Beispiel politische Korrektheit oder Benutzung der Gendersprache herangezogen werden?*

MÜLLER: Die Gendersprache ist kein wissenschaftliches Kriterium, sondern ein Herrschaftsinstrument der Mediokren, geistig Minderbemittelten und autoritären Führer mit Blockwartmentalität. Die große Mehrheit der Deutschen lehnt den Mißbrauch ihrer Sprache zur geistigen Terrorisierung der Menschen rundweg ab.

RILINGER: *Sehen Sie die Gefahr, daß durch die ideologische Einschränkung der Meinungsfreiheit das Verhältnis der Bürger zueinander sowie die Wissenschaftsfreiheit beeinträchtigt und die diskursive intellektuelle Auseinandersetzung in Mitleidenschaft gezogen wird?*

MÜLLER: Es ist die ewige Auseinandersetzung zwischen dem Geist der Freiheit und der Borniertheit der Macht, zwischen der Individualität und dem erzwungenen Gleichschritt.[50]

Gibt es ein gutes Töten?

Das Problem der »aktiven Sterbehilfe«

Das Recht auf Leben wird als ein Menschenrecht angesehen – als ein Recht, das jeder auch als elementar ansieht, schließlich steht es zumindest theoretisch jedem zu. Ungeborene Menschen könnten sich – wären sie hierzu in der Lage – nicht immer auf dieses Recht beziehen, ihnen wird es nur selektiv zugebilligt, nur dann, wenn die Mutter hiermit einverstanden ist. Dieser Entzug des Menschenrechts auf Leben wird nicht nur im Abtreibungsrecht manifestiert. Über diese Rechtseinschränkung wird auch im Zusammenhang mit der sogenannten aktiven Sterbehilfe diskutiert, wobei sie in einigen europäischen Staaten sogar schon Rechtswirklichkeit geworden ist. Unterlag nach dem Zweiten Weltkrieg die Diskussion um die Freigabe der Tötung im Rahmen der »aktiven Sterbehilfe« noch einem allseits akzeptierten Tabu, so entwikkelte sich schrittweise die Diskussion bis zur Freigabe der Tötung durch Dritte, sollte dies gewünscht sein. Die ethische Dimension und die Relevanz dieser Diskussion sind immens. Vor diesem dramatischen Hintergrund versucht Kardinal Müller im folgenden Gespräch, seine Sicht auf die ethische und rechtliche Einstufung der »aktiven Sterbehilfe« darzulegen.

LOTHAR C. RILINGER: *Wird das Menschenrecht auf Leben den Menschen von einer politischen Elite zuerkannt, oder ist es doch ein Recht, das jedem Menschen, ob geboren oder ungeboren, als ein intrinsisches zusteht?*

Gerhard Ludwig Kardinal Müller: Jeder Mensch wird gezeugt und geboren von seinem Vater und seiner Mutter. Er geht aus deren leiblicher Zeugungskraft hervor und trifft – so hoffen und beten wir – auf Eltern und Verwandte, die ihn voller Liebe und Hochachtung annehmen und ihm so das Urvertrauen in die Gutheit des Seins vermitteln. Der Staat ist nur die Organisationsform des gesellschaftlichen Lebens, er ist aber nicht der Schöpfer des Lebens oder gar der Herr und Eigentümer der Bewohner seines Territoriums. Wir sind freie Bürger, nicht Untertanen von Potentaten und Sklaven in ihren Produktionsstätten. Jeder Staat pervertiert seine begrenzte Autorität, die ihm in den Fragen des Gemeinwohls zukommt, wenn die Lenker seiner Geschicke sich als Tyrannen aufführen und sich wie Götter verehren lassen. Denn der wahre Gott, wie er in der jüdisch-christlichen Tradition geglaubt wird, ist der freigebige und Freiheit garantierende Schöpfer des Lebens. Er begründet auch die unverlierbare Würde jedes einzelnen Menschen, indem er ihn zum ewigen Heil vorherbestimmt.

Das Thema der Menschenwürde ist keine abstrakte Reflexion, die nur den hellsten philosophischen Köpfen zugänglich wäre. Nach den ungeheuerlichsten Verbrechen totalitärer Staaten ausgerechnet im 20. Jahrhundert, das sich auf seine Aufgeklärtheit so viel zugute hielt, haben die Väter und Mütter der Verfassung der Bundesrepublik Deutschland die Unveräußerlichkeit der Würde jedes einzelnen Menschen und der fundamentalen Menschenrechte als Basis einer rechtsstaatlichen Demokratie formuliert. Diese Grundrechte gehen aller positiven Gesetzgebung als kritisches Richtmaß voraus. Jeder Staat und jede überstaatliche Organisation, die das in der vernünftigen, leiblichen und sozialen Natur unverfügbar vorgegebene Recht auf leibliche Unversehrtheit und das Recht auf Freiheit des Willens und Gewissens in Fragen der

Religion und Ethik leugnen und einschränken, sind automatisch zu einem Unrechtssystem pervertiert. Die Grundrechte müssen ableitbar sein aus der Vernunftnatur des Menschen und können nicht durch die staatliche Macht positivistisch und willkürlich per Mehrheitsbeschluß oder per Diktat einer Herrschaftsoligarchie »von oben her« verordnet werden. Die »politisch-mediale Klasse« kann nicht vorschreiben, was die Philosophen zu denken haben und was die Gläubigen bekennen dürfen. Auch die subtile Uniformierung der Überzeugungen und Meinungen im religiösen, geistigen und sittlichen Leben beschwört die Gefahr einer totalitären Diktatur, aber eben in modernem Gewand herauf.

Das gilt auch für europäische Staaten oder die Mitgliedsländer der Europäische Union, die aus ihrem Selbstverständnis als parlamentarische Demokratien den falschen Schluß ziehen, daß sie mit Mehrheitsbeschlüssen die Grundrechte einschränken oder sogar aufheben könnten. Um ein abschreckendes Bespiel zu nennen: Es ist und bleibt ein Verbrechen gegen die Menschlichkeit, wenn staatliche Stellen den Eltern ihr natürliches Sorgerecht entziehen, nur weil diese wohlüberlegt bestimmte Maßnahmen in der Corona-Krise, die im einzelnen durchaus diskutabel erscheinen, nicht akzeptieren.

Rilinger: Das Fünfte Gebot verbietet das Töten. Unter welchen Voraussetzungen könnte aber gleichwohl das Töten von Menschen gerechtfertigt sein?

Müller: Der biblische Dekalog spiegelt den Glauben Israels an Gott, den Schöpfer des Lebens und den Befreier aus der menschenunwürdigen Sklaverei, wider. Aber die Forderungen der Zehn Gebote sind als das natürliche Sittengesetz jedem vernünftigen Menschen einsichtig, weil das Gegenteil den Zusammenbruch aller Menschlichkeit bedeuten würde.

Ohne diese Grundsätze landen wir beim Recht des Stärkeren, d. h. dem Triumph der Macht über das Gute oder der Unterwerfung der Wahrheit unter die Lügen der Propaganda.

Die historische Rechtsform der Todesstrafe beruhte auf der Wahrheit, daß nur dann einer das Recht auf sein eigenes Leben verwirkt hat, wenn er freiwillentlich und wissentlich einen Mitmenschen aus niedrigen Beweggründen ermordet oder wenn er böswillig die Gemeinschaft in Todesgefahr gebracht hat, wie durch einen Landesverrat. Wir wissen aber zur Genüge, wie die Todesstrafe millionenfach als Macht- und Einschüchterungsmöglichkeit instrumentalisiert wurde. Auch die abertausenden Justizirrtümer und Justizmorde an Unschuldigen haben in den modernen demokratischen Rechtsstaaten die Todesstrafe – Gott sei Dank – obsolet gemacht.

Im Falle der Notwehr liegt die Schuld am eventuellen Tod des Angreifers bei ihm selbst, weil er mit der Bedrohung eines unschuldigen Mitmenschen sein eigenes Leben sittenwidrig aufs Spiel gesetzt hat. Dennoch ist die extreme Grenzsituation von den sittlichen Prinzipien her zu bewerten, und man darf nicht umgekehrt aus ihr das generelle Tötungsverbot relativieren. Das schwer zu bewältigende Dilemma in einer Schwangerschaft, sollte das Leben des Kindes gegen das Leben der Mutter stehen, kann nicht mit dem sittlichen Recht auf Notwehr bewältigt werden, sondern nur in der Logik der Liebe einer Mutter, der Gott allein beisteht.

Rilinger: Die Tötung menschlichen Lebens ist immer ein Akt, der nicht konfliktfrei vorgenommen werden kann. Um diesem Dilemma aus dem Wege zu gehen, hat der australische Philosoph Peter Singer den Vorschlag unterbreitet, zwischen dem Menschen an sich und der Person zu unterscheiden. Das Menschenrecht soll demnach nicht an das schiere Menschsein geknüpft werden – das Leben eines neugeborenen Menschen stuft er als weniger wert ein als das eines Schweines, Hundes oder Schimpansen –, es soll folglich nur Menschen zustehen, die über Rationalität, Autonomie und Selbstbewußtsein verfügen und damit als Personen anzusehen sind. Können Sie diese Unterscheidung hinnehmen?

MÜLLER: Diese »Philosophen« mit ihren Präferenzen für Schweine, Hunde und Schimpansen sind schon deshalb unglaubwürdig, weil sie ihre wahnhaften und menschenverachtenden Prinzipien nur auf andere, aber nicht auf sich selbst anwenden. Eine Mutter, die nach glücklicher Geburt ihr Kind liebkosend in die Arme nimmt, stünde nach dieser Logik sittlich auf einem tieferen Level als ein Hundenarr, der sich von seinem ausgewachsenen Vierbeiner ablecken läßt. Eine schwangere Frau oder ein neugeborenes Kind in seiner Wiege zu sehen erweckt in jedem psychisch normalen Menschen ein freudiges Staunen über das Wunder des Lebens und stößt zudem mehr Glückshormone aus als der Anblick einer Herde von grunzendem Borstenvieh oder einer kreischenden Affenbande.

Rationalität, Autonomie, Selbstbewußtsein, Intelligenz, Talent sind einerseits natürliche Anlagen in jedem einzelnen Menschen, andererseits aber angeborene oder erworbene Qualitäten, die in den einzelnen Menschen in gradueller Unterschiedlichkeit entwickelt und entwickelbar sind. Jeder Computer hat eine bessere Rechenleistung kraft »künstlicher Intelligenz«. Trotzdem ist er kein Lebewesen und schon gar nicht ein geistbegabter Mensch in sittlicher Verantwortung für sein Tun und Lassen, dessen individuelle Besonderheit man »Person« nennt. Die Definition des Personenbegriffs stammt übrigens von Boethius, einem wirklichen, aber von politischen Intrigen zu Fall gebrachten Philosophen. Der

Gotenkönig Theoderich hat ihn im Jahre 524/26 wegen Hochverrats brutal hinrichten lassen. Schon seit Sokrates steht die Macht mit dem Geist auf Kriegsfuß.

RILINGER: *Geriert sich der Mensch nicht wie ein Gott, wenn er durch die »aktive Sterbehilfe« in seiner Hybris die kreatürliche Gemeinschaft mit allem Lebendigen auf der Erde aufkündigt?*

MÜLLER: Das Wort »Sterbehilfe« klingt so schön nach Beistand und Empathie. »Euthanasie« tönt euphemistisch nach dem guten Tod, der uns erlöst von Schmerzen und Ängsten und überhaupt von den Qualen des irdischen Daseins sowie der Not, unsere Kontingenz bewältigen zu müssen. Die wahrhaft menschenfreundliche Hilfe für einen Sterbenden besteht darin, dessen Würde als Mensch in der letzten Phase des Lebens zu achten, ihm in seiner Angst Mut zu machen. Der Mit-Glaubende wird ihn mit der Hoffnung trösten, daß unser Schöpfer uns auch in und nach dem Tod nicht alleine läßt. Gott gewährt uns Ruhe und Heimat in der ewigen Gemeinschaft mit ihm.

Auch die medizinische Erleichterung des Schmerzes soll jedem Sterbenden zuteil werden. Der seelische Beistand durch die liebevolle Pflege seitens seiner Angehörigen und der geistliche Beistand der Seelsorger sind mehr gefragt als eine scheinbare Lösung durch die Technik, indem man dem Sterbenden einfach das Licht des Lebens abschaltet, d. h. ihn bewußt und gezielt tötet. Das ist der schlimmste Angriff auf seine Würde, weil man ihm bedeutet, daß er nicht um seiner selbst willen als Person existiert und von uns geliebt wird, sondern nur soweit er für die Gesellschaft von Nutzen ist. Man gibt ihm zu verstehen, daß er wie verbrauchtes Material entsorgt wird. Und perfide verlangt man von ihm auch noch das suizidale Einverständnis, den Mitmenschen keine unnötige Belastung mehr sein zu wollen.

RILINGER: *Abtreibung wird in den ersten drei Schwangerschaftsmonaten und nach Beratung straflos gestellt. Könnte dies Konsequenzen für die weitere juristische Behandlung des Rechtes auf Leben haben? Mir scheint, es könnte dazu dienen, auch das Lebensrecht geborener Menschen zu beschneiden – schließlich wachsen alle Veränderungen des Rechts aus kleinen Anfängen, aus unbedeutenden Akzentverschiebungen, um dann mitunter bis zu einer völligen Umwertung zu reichen.*

MÜLLER: Die Tötung eines Menschen im Mutterleib ist ein grauenvolles Verbrechen gegen die Würde dieses Menschen in dessen absoluter Einmaligkeit. Die Tatsache, daß er sich in den ersten Phasen seiner leiblichen Entwicklung befindet, ändert nichts an seiner Existenz als individuelles menschliches Wesen. Wenn eine Mehrheit von Abgeordneten im Europäischen Parlament – in diabolischer Pervertierung des Begriffs – ein Menschenrecht auf Abtreibung fordert und die Verteidiger des Lebensrechtes jedes Menschen – gerade auch desjenigen im Mutterleib – kriminalisieren will, dann ist dies nichts anderes als ein offener Rückfall in die Barbarei. Es handelt sich um den schlimmsten suizidalen Anschlag des Rechtsstaates auf sich selbst.

In Deutschland hat man sich der Illusion hingeben, daß der Staat auch ohne das Strafrecht seine Verantwortung für das uneingeschränkte Lebensrecht der Kinder im Mutterleib erfüllen könne. Die Praxis spricht dem Hohn. Vor allem hat sich das falsche Bewußtsein eingeschlichen, daß nur dasjenige Handeln Unrecht ist, das bestraft wird. Was erlaubt ist, scheint auch recht zu sein. Die Rechtsordnung ist zwar nicht identisch mit der Ethik. Beide Ordnungen dürfen aber auch nicht völlig beziehungslos nebeneinanderstehen. Sonst wird aus dem Recht Willkür und aus der Sittlichkeit eine Privatangelegenheit.

RILINGER: *Müssen – wie es der Staatsrechtler Ernst-Wolfgang Böckenförde gefordert hat – in der Diskussion über die Freigabe der »aktiven Sterbehilfe« auch Kräfte berücksichtigt werden, die dem Recht vorausliegen und die wir in der Religion finden?*

MÜLLER: Ohne Zweifel: Der positiven Rechtsetzung in den veränderbaren staatlichen Gesetzen und der entsprechenden Rechtsprechung muß ein sittliches Bewußtsein vorausgehen, das sie trägt. Auch die positiven Gesetze können nicht immer formalistisch angewendet werden. Es gibt nach den Umständen auch Ausnahmen. Wenn ein Fußgänger bei Rot über die Ampel geht, darf der Autofahrer, dem die Ampel grün zeigt, dennoch nicht auf sein Recht pochen und den Fußgänger gefährden. Anders gesagt: Niemand hat das Recht, seine sittliche Vernunft auszuschalten und sich auf sein formales Recht zu berufen oder sogar einen Befehlsnotstand geltend zu machen, um der Verantwortung für die negativen Folgen seiner Handlungen zu entgehen. Auch wenn einem europäischen Arzt eine Abtreibung per Gesetz befohlen wird, ist er für den Tod des Kindes genauso verantwortlich wie sein Kollege in China für staatlich angeordneten Organraub.

RILINGER: *Dürfen utilitaristische Gesichtspunkte – also in erster Linie wohl rein finanzielle Gründe – herangezogen werden, um die »aktive Sterbehilfe« zu rechtfertigen?*

MÜLLER: Gewerbsmäßig betriebene »Sterbehilfe« oder Beihilfe zum Selbstmord ist nichts anderes als ein schweres

Verbrechen gegen die Würde und das Leben einer menschlichen Person, wird sie auch noch so schönfärberisch als eine Wohltat »verkauft« (im schlimmsten Sinne des Wortes).

RILINGER: *In einigen europäischen Staaten ist die »aktive Sterbehilfe« inzwischen freigegeben worden. Teilen Sie die Auffassung des französischen Literaten Michel Houellebecq, daß ein Staat, der die Euthanasie legalisiere, jeden Respekt verloren habe, so daß er aufgelöst werde müsse, um einem anderen System Platz zu machen?*

MÜLLER: Ja. ich kann ihm ohne weiteres zustimmen. Er ist nicht der einzige Denker, der auch ohne explizite Berufung auf Gott im jüdischen und christlichen Sinn die Grundlagen der europäischen Kultur der Vernunft und Humanität gefährdet sieht. Mit ihrem Programm der systematischen Dechristianisierung hat die politisch-mediale Nomenklatura selbst das Todesurteil für das Europa unterschrieben, das sie zu repräsentieren vorgibt.

Nur eine mächtige Renaissance der Wahrheit von der unveräußerlichen Würde, die jedem individuellen Menschen von Natur bedingungslos zukommt, kann uns retten vor den Abgründen einer Orwellschen Diktatur der nackten Macht ohne Geist und des Kalküls der Nützlichkeit ohne Moral, wovon die faschistischen und stalinistischen Systeme im 20. Jahrhundert nur grausame Präludien boten. Aber wie haben unsere von den drei absolutistischen Staaten Rußland, Preußen und Österreich sowie dann von der Sowjetunion und Nazi-Deutschland brutal unterdrückten Nachbarn im Osten gesungen? »Noch ist Polen nicht verloren, solange wir leben ...«

Gläubige Menschen wissen, daß die Feinde des Gottesvolkes seit jeher »ihr Vertrauen setzen auf Wagen und Rosse« (Ps 20,8), also heute auf die Finanzmacht der Eliten und die

Gehirnwäsche für die Massen. Aber gegen alles bloß irdische Kalkül bekennen wir den Namen des Herrn unseres Gottes. Zu ihm ruft der Beter: »Rette mich vor dem Rachen der Löwen und vor den Hörnern der Büffel« (Ps 22,22).[51]

Abtreibung und Menschenrecht auf Leben

Die Abtreibung ist nichts anderes als die Tötung eines Menschen – eines ungeborenen Menschen zwar, aber eines, der nach christlicher Auffassung vom Augenblick der Empfängnis an als »imago Dei«, als Ebenbild Gottes, angesehen wird. Der noch nicht geborene Mensch wird im Rahmen des geltenden staatlichen Rechtes nicht als volles Rechtssubjekt angesehen, obwohl er schon erbberechtigt ist. Anders ist es nicht zu erklären, daß seine Tötung zwar als rechtswidrig angesehen wird, aber gleichwohl in den ersten drei Monaten seiner Existenz – und nach einer obligatorischen Beratung – für straflos erklärt wird. Damit steht fest, daß der ungeborene Mensch, sollten die entsprechenden Voraussetzungen vorliegen, getötet werden darf, ohne daß der Staat diese Tötungshandlung für verwerflich erklärt und sanktioniert. Damit macht der Staat letztlich keinen strafrechtlichen Unterschied mehr zwischen der Zerstörung einer Sache aus eigenem Besitz und der Tötung eines ungeborenen Menschen. Diese Negierung kann nicht ohne Konsequenzen bleiben.

LOTHAR C. RILINGER: *Stimmen Sie zu, daß in der rechtlichen Qualifikation eines menschlichen Lebewesens ein Unterschied zu machen ist, je nachdem, ob es geboren oder noch nicht geboren ist?*

GERHARD LUDWIG KARDINAL MÜLLER: Die Rechtsordnung zielt auf das Zusammenleben der Menschen auf der Basis der Moral, die sich vor allem in der Anerkennung der fundamentalen Menschenrechte ausdrückt. Wir sind überzeugt, daß der wirkliche, leibhaftige und nicht nur der abstrakt gedachte

Mensch niemals als Zweck und Instrument für etwas anderes existiert. Das ist die Grundlage unseres Menschenbildes und das Kriterium für alle Ethik. Das Gegenteil ist der Ausgangspunkt aller Inhumanität. Stalin meinte, daß die Gefangenen des GULAG nur so weit noch ein Recht auf Leben hätten, als sie zum Beispiel für den Bau des Weißmeerkanals von Nutzen seien. Himmler, der Chef der berüchtigten SS, sagte, ihn interessiere »das Leben von tausend russischen Weibern nur so lange, bis sie den Bau eines Panzergrabens für die Wehrmacht fertiggestellt haben«. Und das sind nur zwei besonders drastische Beispiele der abgrundtiefen Menschenverachtung in den Politideologien unserer Zeit. Wenn man der Meinung ist, es gebe zu viele Menschen auf unserem Planeten, die die Ressourcen verbrauchten, kann man deswegen nicht die Tötung von Menschen im Mutterleib propagieren und praktizieren, ohne sich als Menschenverächter zu entlarven. Dies sagt auch Papst Franziskus ganz drastisch, auf den sich die Vertreter einer »Reproduktionsgesundheit« (sprich: Abtreibung) ansonsten sehr gern berufen.

RILINGER: *Wenn sowohl der ungeborene als auch der geborene Mensch als Ebenbild Gottes angesehen werden und deshalb kein Unterschied in der rechtlichen Einstufung als Mensch gemacht werden darf, verfügt deshalb der ungeborene Mensch wie der geborene über das Grund- und Menschenrecht auf Leben?*

MÜLLER: Es gibt viele Menschen, die die Lehre von der Gottebenbildlichkeit des Menschen nicht teilen, weil sie überhaupt nicht an Gott als unseren Schöpfer und Richter glauben. Eine dominante ideologische Richtung denkt sozialdarwinistisch. Das heißt: Wer sich im Lebenskampf durchsetzt, hat Recht und definiert es. Andere halten es sogar für eine Form von höherer Humanität, wenn nur lebenswertes Leben geboren, also krankes Leben beseitigt wird, um zukünftiges Leiden zu vermeiden. Oder im Falle von Mehrlingsschwangerschaften soll nur das Kind überleben, das den Eltern nach den eigenen Bedürfnissen und Vorlieben paßt. In China hat man jahrzehntelang eine brutale, menschenverachtende Ein-Kind-Politik betrieben und Frauen zur Tötung ihres eigenen Kindes gezwungen. Wer nach den in der geistig-sittlichen Natur gelegenen Grundrechten denkt oder die letzten Kriterien für das Menschenbild dem geoffenbarten Wort Gottes entnimmt, kann niemals einen gerechten Grund dafür finden, einen unschuldigen Menschen zu töten.

RILINGER: Wenn der Mensch sowohl im ungeborenen als auch im geborenen Zustand über das Menschenrecht auf Leben verfügt, können Sie sich vorstellen, daß gleichwohl in der Beurteilung bezüglich des Rechtsschutzes ein Unterschied gemacht werden soll?

MÜLLER: Nicht nur an die Christgläubigen, sondern an alle Menschen richtet das Zweite Vatikanische Konzil die Mahnung in seiner Pastorlakonstitution *Gaudium et spes* (Art. 27), die eine Magna Charta des Lebens auf der Grundlage der unveräußerlichen Menschenrechte ist. Wir haben oben schon aus diesem eindrucksvollen Zeugnis zitiert [siehe das Gespräch über »Umgang mit dem ungeborenen Leben«].

Es gibt also kein »Recht«, einen Menschen zu töten, weil dies dem Fünften Gebot widerspricht. Bei der individuellen oder kollektiven Selbstverteidigung muß der Angreifer in Kauf nehmen, durch die gerechten Abwehrmaßnahmen gegen seine Übergriffe auf das Leben anderer selber zu Schaden zu kommen. Wenn der Angreifer außer Gefecht gesetzt ist, gibt es ohnehin kein Recht, ihn dann noch zu töten.

Gefangene zu töten ist ein Verbrechen gegen die Menschlichkeit (wie 1946 das Nürnberger Kriegsverbrechertribunal wegweisend feststellte). Auch aus der umstrittenen Todesstrafe für Schwerverbrecher, die hier nicht diskutiert werden soll, kann auf keinen Fall die Tötung eines unschuldigen Kindes im Mutterleib als Recht abgeleitet werden. Ich wundere mich über den eklatanten Widerspruch der politischen Eliten, die die Todesstrafe für Verbrecher ablehnen und zugleich die Tötung von unschuldigen Kindern mit dem Selbstbestimmungsrecht der Eltern des Kindes oder dem Nutzen für die Gesellschaft rechtfertigen.

RILINGER: *Es wird inzwischen sogar gefordert, das ungeborene Kind bis zu dem Moment unmittelbar vor der Geburt straflos und sogar rechtmäßig töten zu dürfen. Dies wird u. a. mit dem Selbstbestimmungsrecht der Frau begründet.*

MÜLLER: Das ist der Gipfel der Inhumanität, daß der lebende, leibhaftig existierende Mensch zu einer frei verfügbaren Sache gemacht wird. Bei den Sexualdelikten gegen Kinder und Jugendliche haben wir zu Recht (und leider viel zu spät) den Perspektivenwechsel vom Täter zum Opfer vollzogen. Das Lebensrecht des Kindes steht haushoch über dem Selbstbestimmungsrecht der Eltern. Wir müssen vom Leben des Kindes und nicht von den Bedürfnissen und Interessen derer her denken, denen es im Wege steht und die ihm gewaltsam das Leben nehmen wollen. Beim Selbstbestimmungsrecht geht es um die Freiheit von Fremdbestimmung, die ich aber auch einem anderen gewähren muß. Die Kinder sind den Eltern nur zur Erziehung anvertraut. Die Eltern hingegen sind nicht Herr über Leben und Tod ihrer eigenen Kinder. Man könnte sagen, die ungeborenen Kinder können nicht das Unrecht in die Welt hinausschreien, das ihnen durch den Mord an ihrem Leben angetan wird. Sie sind auch nicht in der Lage, später ihre Peiniger zur Rechenschaft zu ziehen. Aber das ist die Aufgabe der Christgläubigen und aller Menschen guten Willens: für die Schwachen einzutreten, auch wenn man dafür verleumdet wird. »Tu deinen Mund auf für die Stummen, für das Recht aller Schwachen.« (Spr 31,8)

Rilinger: Kann die Abtreibung als eine Form der Empfängnisverhütung angesehen werden?

Müller: Empfängnisverhütung bedeutet, daß kein Mensch gezeugt und damit zur Existenz gebracht wird, während Abtreibung die Tötung eines gezeugten und damit bereits existierenden Menschen ist. Die Methoden der Empfängnisverhütung sind ein anders Thema, müssen sich aber auch ethischen Kriterien stellen.

Rilinger: Die Straflosstellung der Abtreibung kann bei uns nur dann erfolgen, wenn die Frau sich zuvor über die Konsequenzen der Abtreibung hat beraten lassen. Halten Sie es für gerechtfertigt, daß sich die Kirche aus der Beratungspraxis zurückgezogen hat, mit der Folge, daß die Beratung jetzt im wesentlichen nur noch als Formsache gehandhabt wird, um die gesetzlichen Voraussetzungen für die Straflosstellung der Tötung zu erfüllen?

Müller: Das Rechtssystem von Pflichtberatung und Freistellung der Abtreibung von rechtlichen Sanktionen gibt es in Deutschland und Österreich sowie in der Schweiz für junge Frauen bis zum Alter von sechzehn Jahren. Die Kirche ist katholisch-universal. Sie vertritt überall auf der ganzen Welt das unbedingte Lebensrecht der ungeborenen, der geborenen, der gesunden und kranken, der jungen und alten Menschen. Sie kann ihren Einsatz für die grundlegenden Menschenrechte nicht abhängig machen von der Gunst und den Rechtsauffassungen der jeweils in den Staaten Herrschenden. Sie muß prophetisch, mutig und frei, aber auch kritisch-konstruktiv auf die Gewissensbildung und Rechtsauffassung einwirken.

RILINGER: *Nach geltendem Recht wird die Abtreibung als rechtswidrige und schuldhafte Straftat angesehen, gleichwohl aber nicht mit einer Strafe bewehrt. Halten Sie es deshalb für gerechtfertigt, die Werbung für eine Straftat zuzulassen?*

MÜLLER: Es ist unlogisch, die Abtreibung moralisch zu verurteilen und als schweres Unrecht abzulehnen und zugleich die Propaganda für die »Tötung des Kindes« (*Gaudium et spes,* 51) zu legalisieren.

RILINGER: *Da die Abtreibung in den ersten drei Monaten zwar für rechtswidrig erklärt wird, aber gleichwohl straflos bleibt, ist das Recht auf Leben aufgeweicht worden. Mir scheint, daß durch diese Straflosstellung der Abtreibung die rechtliche Figur dafür geschaffen wurde, auch das Recht auf Leben geborener Menschen einschränken zu können.*

MÜLLER: Diese Rechtskonstruktion ist unlogisch, aber mit dem politischen Tauziehen zu erklären. Man wollte die Mütter nicht mit dem Strafrecht zur Fortsetzung der Schwangerschaft zwingen. Doch hat man die Begründung des Strafrechts durch die Moral damit nolens volens mit verheerenden Folgen für das öffentliche Moralbewußtsein preisgegeben. Auch ist die Grenze von drei Monaten willkürlich. Entweder ist der Mensch mit dem Beginn seiner leiblichen Existenz vom Augenblick der Empfängnis an eine Person und (nach Immanuel

Kant) somit Zweck an sich, oder er ist und bleibt sein Leben lang eine Sache (also »Menschenmaterial«), über die andere nach willkürlichen Kriterien verfügen können. Wenn man Menschen im Mutterleib, Strafgefangene oder politisch mißliebige Personen zur Organbank herabwürdigt, dann steht grundsätzlich das Leben jedes Menschen zur Disposition.[52]

Seelsorge und Seuchenregime

Kardinal Müller hat sich in einem Gespräch mit dem österreichischen katholischen St. Bonifatius-Institut zum Verhältnis von Eucharistie und medizinischen Hygieneregeln und damit über das Verhältnis von Theologie und Medizin im Zusammenhang mit der COVID-19-Seuche geäußert. Dabei hat er – wie in der »Frankfurter Allgemeinen Zeitung« zu lesen war – die Auffassung vertreten, daß von interessierten Kreisen die Pandemie genutzt werde, um »die Menschen jetzt gleichzuschalten, einer totalen Kontrolle zu unterziehen, einen Überwachungsstaat zu etablieren«. Darüber hinaus hat er ausgeführt, daß bestimmte »Philanthropen« die Seuche nützten, »um ihre Agenda durchzusetzen«, die von ihnen gewollte neue Weltordnung. Kardinal Müller hat den Microsoft-Gründer Bill Gates sowie George Soros und Klaus Schwab als diejenigen bezeichnet, die zwar mit ihren Stiftungen durchaus Gutes tun wollten, aber versuchten, ihr Weltbild, das nicht mehr christlich sei, der Welt aufzuoktroyieren. Dieses völlig verkürzt wiedergegebene Interview hat für heftige Kritik gesorgt. Wir wollen deshalb einige Fragen stellen, um die Hintergründe aufzuzeigen, die Kardinal Müller zu diesen Einschätzungen bewegt haben, und um deutlich zu machen, wie Gläubige, aber auch die Öffentlichkeit insgesamt die Bewertungen zu verstehen haben.

LOTHAR C. RILINGER: *Eminenz, im Interview mit dem St. Bonifatius-Institut warnen Sie davor, Menschen die Sakramente zu verweigern, die nicht geimpft sind. Wie bewerten Sie die staatlichen und kirchlichen Vorschriften zum Besuch von Heiligen Messen in Deutschland? Eine Zeitlang war dieser ja nur noch erlaubt, wenn die »2-G-Regeln« eingehalten wurden.*

GERHARD LUDWIG KARDINAL MÜLLER: Hier wird das theologische Thema des Zugangs zu den Sakramenten mit dem praktisch-medizinischen Thema der Gesundheitsvorsorge verwechselt und vermengt. Den Zugang zu den Sakramenten kann kein Mensch einem anderen verweigern, weil sie Gaben Gottes sind. Die Bischöfe und konkret die Seelsorger vor Ort als verantwortliche Diener Christi müssen nur auf die spirituellen Voraussetzungen, d. h. die geistliche Disposition, auf seiten des Empfängers achten. Um es am Beispiel der Taufe zu verdeutlichen: Nur wer an den dreifaltigen Gott glaubt und sich zu ihm öffentlich bekennt, kann auch gültig getauft werden im Namen des Vaters und des Sohnes und des Heiligen Geistes. Wer die Taufe allerdings nur für einen gesellschaftlichen Aufnahmeritus hält, muß von seinem Seelsorger gütig und geduldig über seinen Irrtum aufgeklärt und zum tieferen Verständnis geführt, aber keineswegs schroff zurückgewiesen werden.

Etwas anderes ist es, die notwendigen Hygienemaßnahmen (Impfung, Maskentragen etc.) zu beachten und praktisch zu gewährleisten, damit eine Gefahr der Ansteckung so weit wie möglich vermindert oder ausgeschlossen wird. Ich selbst bin schon dreimal geimpft und halte natürlich die Sicherheitsregeln ein. Das nur zum Thema »Impfgegner und Coronaleugner«.

Von den zuständigen staatlichen Behörden darf der Bürger durchaus erwarten, daß einander die einzelnen Maßnahmen nicht logisch widersprechen. Die Stringenz ist oft nicht zu erkennen. Niemand weiß nämlich, warum man zum Beispiel im Flughafen »sozialen Abstand« (»social distancing«) – übrigens eine schwer nachvollziehbare Wortverbindung – halten muß, im Flugzeug selbst aber die Fahrgäste auf engstem Raum zusammengepfercht sind.

RILINGER: *Wie sollten sich Katholiken, die Befürchtungen haben, sich in der Kirche mit dem COVID-Virus anzustecken, angesichts dieser nicht vorhandenen Stringenz entscheiden, wenn es um die sonntägliche Teilnahme an der Eucharistiefeier geht?*

MÜLLER: Diese Mitchristen sollen sich bei Fachleuten erkundigen, wie hoch unter den gegebenen Umständen für sie persönlich das Risiko ist, und dann in ihrem Gewissen abwägen, was sie vor Gott und der Gemeinschaft der Mitglaubenden verantworten können. Auf jeden Fall sollten sie dann aber über das Internet wenigstens virtuell mit innerer Andacht an der Eucharistiefeier teilnehmen.

RILINGER: *Angesichts Ihrer Äußerungen in dem Interview mit dem St. Bonifatius-Institut haben deutsche Politiker Unverständnis bis hin zu scharfer Kritik verlauten lassen. Es wurde Ihnen sogar vorgeworfen, »antisemitische Chiffren« zu verwenden. Wie bewerten Sie diese Vorwürfe und die Berichterstattung darüber?*

MÜLLER: Traurig ist es nur, wie sich auch gute Leute von manipulierten Meldungen aufhetzen lassen. Die meisten, die sich empören, kennen weder das Interview – außer in der verfälschten Fassung –, noch geben sie zu erkennen, daß sie auch nur die leiseste Ahnung von Kirche und Theologie haben. Jeder, der eine christliche Bibel mit dem Alten und Neuen Testament in die Hand nimmt, versteht, wie tief Judentum und Christentum im Glauben an Gott, den Schöpfer der Welt und liebenden Vater aller Menschen, innerlich verbunden sind.

Im Interview gibt es überhaupt keine Chiffren. Zitiert wird die Bibel mit dem Hinweis auf die Erschaffung des Menschen nach dem Bild und Gleichnis Gottes. Darüber hinaus wird das Dritte Gebot aus dem Dekalog, das die Heiligung des Sabbats vorschreibt, erwähnt. Der »Tag des Herrn« – der Sonntag, der Tag der Auferstehung des Herrn Jesus Christus – wird christlich gefeiert mit der Eucharistie. Wer einem altgedienten Theologieprofessor wie mir »antisemitische Chiffren« andichten will, sollte das wissenschaftlich belegen und nicht auf den dialektischen Trick verfallen, irgend etwas Nichtvorhandenes aus einem unbekannten »Zoom«-Gespräch herauszulügen.

Die von den Betreffenden getätigte Aussage, daß die furchtbare Corona-Krise eine Chance (!) sei, die am grünen Tisch ausgedachte »Neue Weltordnung« zu etablieren, muß kein vernünftig denkender Mensch als unhinterfragbar hinnehmen. Von wem stammt denn eigentlich die Chiffre von der »Neuen Weltordnung« und – in älterer, marxistischer Formulierung – von dem von Menschen zu machenden »Paradies auf Erden«? Nicht von Christen! Wir glauben, daß nicht Menschen, sondern nur Gott die Welt erlösen und neu machen kann. Wir können aber im Geiste Jesu Christi an einer gerechteren und friedlicheren Welt mitarbeiten.

RILINGER: *Sie erinnern an die Freiheit des Denkens, warnen vor einem Überwachungsstaat im Zuge der Corona-Maßnahmen, einer neuen atheistischen Weltordnung, vor einer »Gleichschaltung« aller Menschen, vor einer Ächtung von Meinungen, die nicht den Mainstream wiedergeben. Wie sollten demokratisch gesinnte Katholiken und katholische Familien mit dieser Situation umgehen?*

MÜLLER: Wer sich mit offenen Augen in der Welt umschaut, kann nicht übersehen, daß die diktatorischen bis totalitären

Staaten auf dem Vormarsch sind, wenn sie die Gefährdung der unveräußerlichen Menschenwürde auch mit schönen Heilsversprechungen verklausulieren. Auch in den freiheitlichen Demokratien des Westens können die Bürger sich nicht auf den Lorbeeren ausruhen und ihre Verantwortung vertrauensselig und staatsgläubig »nach oben« delegieren. Wir müssen schon kritisch mitdenken und angstfrei mitsprechen. Wir können nicht alles bedingungslos denjenigen glauben, die regieren. Diese sind – wie wir selbst – auch nur fehlbare und sündige Menschen. Glauben können wir nur Gott allein, der die volle Wahrheit ist und immer unser Heil will. Selbst der religiöse Gehorsam des Katholiken gegenüber dem Papst und den Bischöfen ist nicht blind und schon gar nicht unterwürfig, weil deren Autorität an die Offenbarung gebunden ist und an deren objektive Vergegenwärtigung in der Heiligen Schrift mittels der lebendigen Apostolischen Tradition, d.h. der Liturgie, der Katechese und der amtlichen Lehrverkündigung.

Rilinger: Sie verurteilen, daß mit Hilfe der Pandemie-Einschränkungen eine »Neue Weltordnung« geschaffen werden soll. Hat Gott in dieser »Neuen Weltordnung« denn noch einen Platz, soll darin zumindest die christliche Ethik berücksichtigt werden?

Müller: Alle Menschen guten Willens wünschen sich eine bessere Welt mit weniger Konflikten, ohne Ausbeutung und ohne die Spaltung in Superreiche und Bitterarme, in Angesehene und Marginalisierte. Ich jedenfalls stehe nicht auf der Seite derer, die mit der Krise reicher, sondern sorge mich um jene, die seither ärmer geworden sind. Aber jeder Humanismus und Posthumanismus ist nach der Erfahrung der »Dialektik der Aufklärung« (Horkheimer/Adorno) und auf Grund unserer christlichen Überzeugung zum Scheitern verurteilt, wenn man einen Staat ohne Gott errichten will und die religiösen Überzeugungen der Bürger eines Staates nur als unmaßgebliche Privatmeinungen an den Rand drängt. Aber kein Arzt kann etwa gezwungen werden, an einer Abtreibung teilzunehmen, nur weil die offizielle Lesart die Abtreibung, die Tötung eines ungeborenen Menschen, als ein Menschenrecht ausgibt.

RILINGER: *Inwieweit können die Pandemie-Regelungen herangezogen werden, um eine neue profane Weltordnung zu konzipieren, und welche Möglichkeiten können finanzielle Eliten nutzen, um ihre Vorstellungen durchzusetzen?*

MÜLLER: »Finanzielle Eliten« ist nicht ein von mir erfundener Ausdruck, aber damit sind in der Gesellschaftskritik jene gemeint, die die Lösung aller Probleme der modernen Welt ausschließlich mit der Strategie von wirtschaftlichen Unternehmen erreichen wollen und damit den »Great Reset« der globalen Welt anstreben. Es schwebt ihnen eine Welt bar der Vielfalt der Religionen, Kulturen, Staaten und Nationen, ja als ein einziger großer Markt vor. Das ist etwas ganz anderes, als wenn Personen, die durch Erbschaft und Fleiß vermögend geworden sind, positive Projekte fördern. Der Mensch ist über die materiellen Bedürfnisse hinaus auch ein moralisches und religiöses Wesen. Er ist transzendental auf Gott und dessen Offenbarung verwiesen und darf auf das ewige Leben hoffen. Darum ist seit jeher das Projekt einer innerweltlichen Definition des Menschen mit großen Verlusten gescheitert. Die Offenheit auf Gott hin bewahrt uns vor einer totalen Vereinnahmung durch jede noch so gut gemeinte innerweltliche Heilslehre.[53]

Die »Neue Weltordnung« – Verschwörungstheorie oder politische Vision?

Der Begriff »Neue Weltordnung« wird als Parole einer Verschwörungstheorie gedeutet. Dabei umschreibt er nur einen Gesellschaftsentwurf, der sich – wie jeder andere auch – dem intellektuellen Diskurs stellen muß. Der Untergang des Kommunismus 1989/90 markiert einen Wendepunkt, den der amerikanische Politikwissenschaftler Francis Fukuyama als Ende der Geschichte bezeichnet hat. Der Kommunismus hat nach dieser Auffassung als Antithese zur liberalen Demokratie ausgedient, so daß eine neue gesellschaftliche Grundlage geschaffen werden müsse. Damit war ein neuer Wettbewerb eröffnet: Es geht um die Zukunft der gesellschaftlichen Entwicklung jenseits des Marxismus. Der Klassenkampf Marxscher Prägung sollte ausgedient haben, was freilich die Marxisten nicht zu akzeptieren bereit sind. Doch in dem Kampf um die Diskursherrschaft über die Gesellschaft und den Staat wurde auch das demokratische Modell nicht mehr als Ideal angesehen. Das Prinzip »one man, one vote« wird mit der Vergangenheit assoziiert. Deshalb soll es überwunden werden, um den Fortschritt der gesellschaftlichen Entwicklung zu gewährleisten. Damit wird auf ein Prinzip abgestellt, wonach der Mensch – losgelöst von Gott, der nicht mehr als existent vorausgesetzt wird – alles machen darf, was er kann. Eine religiöse Selbstbegrenzung steht dem Fortschritt im Wege.

Da Gott als letzte Instanz des Urteilens über menschliches Handeln vom Fortschrittsglauben abgelehnt wird, soll in der »Neuen Weltordnung« eine Gesellschaft konstruiert werden, die keine Grenzen kennt und in der alles erlaubt ist, was Menschen zu entwerfen und zu entwickeln in der Lage sind. Der Ballast des abendländischen Denkens mit all seinen ethischen Errungenschaften und kulturellen Übereinkünften wird bedenkenlos über Bord geworfen. Die Metaphysik wird als »vormodern« aus dem gesellschaftlichen Diskurs verbannt, und damit auch der Glaube an eine Erlösung des Menschen in der Ewigkeit. Nur das soll gelten, was falsifiziert oder verifiziert werden kann. Eine »Erlösung« des Menschen kann man sich nur noch im Hier und Jetzt vorstellen, als das Werk von Sozialingenieuren und Humantechnikern. Was Karl Marx als »Paradies auf Erden« bezeichnet hat, soll also auf andere Weise erreicht werden, nämlich durch den technokratischen Fortschritt, den die »Neue Weltordnung« repräsentiert. Da sie den Rekurs auf Gott negiert und diesen wie Feuerbach für nicht existent erklärt, ist es nicht verwunderlich, daß sich der ehemalige Präfekt der Glaubenskongregation auf den Plan gerufen fühlt. Er geht mit dem Konzept der »Neue Weltordnung« scharf ins Gericht.

LOTHAR C. RILINGER: ***Seit einigen Jahrzehnten geistert wieder die Forderung durch die politische Debatte, daß die bestehende Weltordnung durch eine ersetzt werden müsse, die nicht mehr den Rekurs auf Gott kenne, sondern nur denjenigen auf den unbedingten Fortschritt. Was müssen wir unter dieser »Neuen Weltordnung« verstehen?***

GERHARD LUDWIG KARDINAL MÜLLER: Sowohl nach dem jüdischem als auch nach dem christlichen Glaubensbekenntnis ist es Gott selbst, der in seiner souveränen Güte die Welt aus dem Nichts geschaffen, in seinem ewigen Wort (Logos, Vernunft) und nach seinem ewigen Geist (Kraft, Weisheit) geordnet hat. Die menschliche Vernunft hingegen ist endlich und im Prinzip – auf Grund der Erbsünde – störungsanfällig für egoistische Triebe wie das ungeordnete Begehren nach Macht, Geld, Selbstgenuß und Lust. Der Mensch ist also intellektuell und moralisch fehlbar. Nur wenn wir uns von Gottes Wort ansprechen und von seinem Heiligen Geist erleuchten, leiten und stärken lassen, können wir die Wahrheit erkennen und das Gute freiwillig als Ziel unseres Handelns wählen. Die historische Erfahrung lehrt uns, daß jeder Versuch, der Welt eine Ordnung durch Menschenverstand und durch Menschenmacht zu geben, ausnahmslos in Katastrophen endet. Dazu brauchen wir nicht weit zurückzugehen. Der Kolonialismus und Imperialismus des 19. Jahrhunderts, die totalitären Herrschaftssysteme des Nationalsozialismus, des japanischen Großmachtdenkens und des leninistisch-stalinistischen Kommunismus sowie alle Diktaturen kleinerer Staaten in Südamerika, Asien und Afrika beweisen, daß der Griff nach der Weltmacht, d.h. die Errichtung einer »Neuen Weltordnung«, einem diabolisch-destruktiven und nicht einem theologischen Denken entsprungen ist.

Das Programm einer »Neuen Weltordnung« unter der Voraussetzung einer totalen Ökonomisierung des Menschen, bei dem selbsternannte Finanz- und Politeliten als denkendes und steuerndes Subjekt übrigbleiben, hat den Preis der Entpersonalisierung der Massen zur Folge. Der Mensch ist nur mehr das biologische Rohprodukt, das zu einem Computer in einem totalen Netz von Informationen aufgerüstet wird. Es gibt dann keine Person mehr, keine Unsterblichkeit der Seele, kein Lebewesen mit Herz und Verstand, Gemüt und freiem Willen. Es bleibt ein Konstrukt ohne Heimat und Hoffnung. Das beinhaltet die Reduktion von 99 Prozent der Weltbevölkerung auf eine »verchipte« Biomasse, auf Menschenmaterial oder eine Verbrauchergruppe, auf »Bots«. Der Mensch hat nur in dem Maße »Wert« (»Wert« ist hier ökonomisch, nicht moralisch gemeint), wie er durch seine Leistung zur Aufrechterhaltung dieses Herrschafts- und Ausbeutungssystems beiträgt und darin funktioniert. Die totalitäre

Herrschaft wäre in einer absoluten Bürokratie dann verwirklicht, wenn der Mensch als Mensch abgeschafft wäre. »Handeln würde sich als überflüssig erweisen im Zusammenleben der Menschen, wenn alle Menschen zu einem Menschen, alle Individuen zu Exemplaren der Gattung, alles Tun zu Beschleunigungsbegriffen in der gesetzmäßigen Bewegungsapparatur der Geschichte oder der Natur und alle Taten zu Vollstreckungen der Todesurteile geworden sind, die Geschichte und Natur ohnehin verhängt haben«, so schrieb schon im Jahr 1951 hellsichtig Hannah Arendt.[54]

Der Totalitarismus ist immer Haß auf das Leben, die Bevorzugung des mechanisch Reduzierbaren vor dem Lebendigen und Heiligen. Es wird von der Gruppe der Kontrolleure entschieden, wer leben darf oder sterben muß. Im Angriffskrieg gegen die Ukraine läßt Putin seine Truppen mobile Krematorien mitführen, um seine Macht innenpolitisch nicht durch die Bilder heimkehrender Särge zu gefährden. Biden kündigt in den USA mobile Abtreibungs-Busse inklusive Verbrennung der Kinderkadaver an, um das Urteil des Supreme Court zu unterlaufen. Es geht um die Demonstration von moralisch entbundener Macht und das Recht auf Tötung von Kindern bis kurz vor deren Geburt. Dies ist für das Zeugnis der natürlichen und geoffenbarten Wahrheit Gottes um so schlimmer, als sich beide – Putin und Biden – als Christen ausgeben. Aber vor dem Gericht Gottes gilt: »Die Übeltäter werden das Reich Gottes nicht erben.« (vgl. 1 Kor 6,10)

In Rußland wird bestraft, wer den brutalen Überfall auf die Ukraine nicht »militärische Spezialoperation«, sondern »Krieg« nennt. Im Westen wird der vor Gericht gezerrt, der die Kindstötung im Mutterleib Mord nennt oder vor den Tötungskliniken gegen sie demonstriert. In China wird Organhandel unter grausamer Mißachtung der Selbstbestimmung der Personen, denen die Organe geraubt werden, betrieben.

Mit der Not der Frauen in armen Ländern machen »westliche« Agenturen in reichen Ländern das schmutzige Geschäft mit der »Leihmutterschaft«. Das sind nicht Alpträume, die sich beim Erwachen in der Realität auflösen, sondern die Wirklichkeit, die zum Alptraum geworden ist.

RILINGER: Die Verbannung Gottes aus dem Leben der Staatsbürger ist eine radikalaufklärerische Forderung, die im Nihilismus, den Nietzsche nicht müde wurde zu predigen, die höchste Ausprägung erfahren hat. Hat die Geschichte den Beweis erbracht, daß ein Staat oder eine Gesellschaft ohne Gott gelingen kann?

MÜLLER: Niemand Geringeres als die bedeutende Philosophin und hellwache Analytikerin des modernen Totalitarismus, Hannah Arendt, hat das »nihilistische Credo des 19. Jahrhunderts« mit dem Dostojewski-Wort auf den Punkt gebracht: »Alles ist erlaubt«, dann nämlich, wenn der Mensch nicht an Gott als seinen Schöpfer und seinen Richter glaubt.[55] Es gibt zwar seit dem Frühaufklärer Pierre Bayle (1647–1706) nicht wenige Versuche, eine atheistische oder evolutionär-materialistische Ethik zu entwickeln, mit dem Ziel, die Individual- und Sozialethik von ihrem transzendenten Grund zu lösen. Aber diese vollmundig propagierten Initiativen mußten notwendig scheitern, weil es Moral nur gibt, wenn der Mensch sich nicht vor der bedingten Welt, sondern persönlich vor dem Unbedingten verantworten muß. Das unbedingt geltende Gute bzw. das zu vermeidende Böse kann nicht selbst wieder nur ein Teil dieser Welt sein oder eine Funktion in ihr. Nur das persönliche Verhältnis des Ich zu seinem göttlichen Richter, zu dem er »Du« sagt (»Abba, Vater unser«) und der ihm von Angesicht zu Angesicht begegnet, ermöglicht es, daß die Moral nicht ein Bezug zu sachlichen Werten ist, sondern eine personale Relation zu dem Urheber und Inbegriff des Wahren und Guten.

Als Christen sagen wir auch, daß uns die Forderungen des moralischen Imperativs nicht erst in dem geoffenbarten Dekalog bekannt geworden sind. Denn Gott hat sie schon jedem Menschen in Geist und Herz eingeschrieben. Das hat zur Folge, daß auch der »Heide«, also der Mensch vor der heilsgeschichtlichen Begegnung mit Gott, im Gewissen die unbedingte Geltung der Gebote als göttliches Gesetz erfaßt: Du sollst nicht stehlen, nicht die Ehe brechen, du sollst nicht das Geschöpf anstelle des Schöpfers anbeten (vgl. Röm 2,14–24).

RILINGER: *Wenn sich in der »Neuen Weltordnung« die Macht aus der Wirtschaft herleitet und die Welt als ein einziger Markt gedacht wird, stellt sich die Frage, wie die Macht – so wie es Romano Guardini gefordert hat – gebändigt werde. Kann die globale Macht, die sich aus dem Reichtum ergibt, eingegrenzt werden und, wenn dieses möglich sein sollte, durch wen?*

MÜLLER: Macht und Reichtum bedingen einander. Aber es kommt auf die Menschen an, ob sie die Naturgewalten, das Chaos der Triebe und Interessen bändigen und die durch Arbeit, Fleiß und Intelligenz rechtmäßig erworbenen Güter in den Dienst der Allgemeinheit stellen. Jesus hat auf die Versuchungen der Potentaten, ihre Macht über die Menschen zu mißbrauchen, hingewiesen sowie auf die Schwierigkeiten für die Reichen, in das Reich Gottes zu gelangen, wenn sie ihr Herz an den Reichtum hängen und ihre Augen vor den Armen verschließen.

Der Globalismus ergibt sich aus den Möglichkeiten der modernen Kommunikation, der Verkehrsmittel, die die Entfernungen zusammenschrumpfen lassen, der Technologie, die eine immense Steigerung der Produktion von Gebrauchsgütern und damit eine Erhöhung des Lebensstandards für Milliarden Menschen möglich macht. Aber zu allen Zeiten war die Konzentration der politischen Macht, der Finanzen und der Kommunikationsmittel in den Köpfen und Händen weniger – ob in Gestalt einer Partei, einer Finanzgruppe oder eines Medienmoguls – ein Unglück für den Rest der Menschheit. Globale Macht- und Finanzzentren, die sich als Weltregierung gerieren, globalisieren auch ihre Schattenseiten. Sie funktionieren nur dialektisch mit ihrem Gegenteil. Die »Übermenschen« brauchen ihre »Untermenschen«, die Superreichen ihre abhängige Klientel, die von ihnen auf niedrigem Niveau alimentiert wird. Die absoluten Herrscher brauchen ihre willigen Untertanen und fürchten freie und selbstbewußte Bürger wie der Teufel das Weihwasser. Dem Hohen Rat der absoluten irdischen Macht halten Petrus und der Papst als sein Nachfolger zu allen Zeiten entgegen: »Man muß Gott mehr gehorchen als den Menschen.« (Apg 5,29)

Der säkularisierte und offiziell antichristliche »Westen« läßt das Christentum allenfalls als Zivilreligion zu. Dezidiert sich von der Kirche lossagende Prominente nutzen aber gerne eine kunstgeschichtlich wertvolle Kirche als Kulisse ihrer Hochzeit, obwohl sie die Ehe nicht als göttliche Institution und als Verheißung Seiner Gnade verstehen wollen. In China verfolgt die atheistische Staatspartei die Christen und nutzt ihre Versammlungen als Gelegenheit zur Indoktrination gegen den Glauben an Christus, den wahren Retter der Welt.

Wer aber will noch auf diplomatische Tricks und politische Kompromisse mit dem Teufel, dem »Herrscher dieser Welt« (Joh 12, 31; 2 Kor 4,4), setzen, um etwas Gutes für das Christentum herausholen zu können? Der wesentliche Unterschied ist der, daß Christus sein Leben hingeben hat, damit wir leben, während die Machthaber dieser Welt das Leben ihrer Untertanen verbrauchen, damit sie ein paar Augenblicke länger und üppiger leben, um am Ende in der Hölle zu enden, die sie auf Erden anderen bereitet haben, »wo ihr Wurm (des Gewissens) nicht stirbt und das Feuer (der nicht entzündeten Liebe) nicht erlischt« (Mk 9,48). Mit dieser Metapher meint Jesus Christus, daß das Gewissen wie ein Wurm an diesen Personen nagt. Die Kriegstreiber in der Ukraine, durch die zehntausende Menschen sterben, haben kein Gewissen, was ihnen aber vor dem Gericht Gottes nicht als Ausrede helfen kann.

RILINGER: Auguste Comte hat auf den Fortschritt ohne Gott gesetzt. Dadurch hat er die letzte Instanz, vor der sich Menschen verantworten müssen, für obsolet erklärt. Beobachten wir heute, daß die durch Gott festgelegte, aber vom Menschen aufgehobene Grenze durch eine von Menschen erdachte neue, also künstliche ersetzt wird?

MÜLLER: Wo könnte diese Grenze sein? Wenn in einem Schiff die Grenze zwischen dem Innenraum und dem Meerwasser, das den Schiffskörper umspült, mit dem Durchlöchern der Bordwand aufgehoben ist, können auch der beste Kapitän und die voll eingespielte Mannschaft das Schiff nicht mehr vor dem Untergang und sich vor dem Verderben retten. All die Hoffnungen auf eine glückliche Menschheit durch politische und technische Revolutionen haben sich nicht erfüllt. Den Utopisten geht es wie Sisyphos, der tragischen Symbolfigur aus dem griechischen Mythos, der immer kurz vor dem Erfolg der Selbsterlösung scheitert. Die Träume von der Schönen Neuen Welt sind so erfolglos, wie es dem Starrkopf widerfährt, der sich am eigenen Schopf aus dem Sumpf ziehen will, statt die ausgestreckte Hand seines Retters zu ergreifen.

Rilinger: Ist die durch die Marktmacht fundierte »Neue Weltordnung« demokratisch legitimiert?

Müller: Das ist das Problem, daß die Supermilliardäre über ihre »wohltätigen« Stiftungen und ihren Einfluß in den internationalen Organisationen die nationalen Regierungen, die – wenigstens in einem Drittel der Staaten – demokratisch gewählt sind, von sich abhängig machen. Sie werden wie große Staatsmänner oder Promis und VIPs empfangen und von den lokalen Machthabern in der eitlen Hoffnung, etwas von ihrem Glanz und Glimmer abzubekommen, umschmeichelt. Ein wirtschaftlich erfolgreicher Unternehmer, selbst wenn er ganz legal und moralisch unbeanstandet reich geworden ist, ist noch lange kein Philosoph und schon gar nicht der Messias.

Und wenn schon! Es waren auch Platons Philosophenkönige nicht die Retter der Welt. Nur der Sohn Gottes, der unser Menschsein angenommen hat, konnte die Welt ein für allemal zum Guten wenden, weil er Sünde, Tod und Teufel besiegt und uns die Erkenntnis und das Heil Gottes gebracht hat. Aber jeder kann, wenn er in seinem Beruf und Unternehmen erfolgreich war, zu einer relativen Verbesserung unserer weltlichen Existenz beitragen. Wir Christen haben eine Verantwortung, mit unserer Fachkompetenz und Erfahrung in den verschiedensten Sparten der handwerklichen und kulturschaffenden Gewerbe am Aufbau einer menschenfreundlichen Welt mitzuwirken, ohne uns freilich als ihre Retter und Erlöser aufspielen oder feiern lassen zu dürfen. Es muß dabei bleiben, daß in einer Demokratie jeder erwachsene Bürger eine Stimme hat, mit der er die Abgeordneten und die Regierenden frei wählt. Freie Abstimmung ist etwas ganz anderes als das Erfragen von Stimmungen, die täglich wechseln. Das eine kommt aus der Verantwortung des Bürgers für das

Gemeinwohl, das andere, die Stimmung, gibt nur ein augenblickliches Gefühl wieder.

RILINGER: *Seit einigen Jahren drängt sich der Verdacht auf, daß nicht nur die wissenschaftliche Diskursfreiheit, sondern die Meinungsfreiheit insgesamt dadurch beschnitten werden, daß sofort die Anklage erhoben wird, man leiste einer Verschwörungstheorie Vorschub, wenn man jenseits des Mainstreams argumentiert. Kann man es akzeptiert, daß die Meinungsfreiheit derart beschnitten wird?*

MÜLLER: Stalin und Hitler fürchteten fortwährend Verschwörungen, sei es aus Berechnung, um die Opposition einzuschüchtern und auszuschalten, sei es auf Grund ihrer Paranoia, die der Nährboden ihrer Tyrannei war. Man sah im 18. Jahrhundert an den Bourbonenhöfen die Jesuiten, im 19. Jahrhundert in den liberal-antiklerikalen Kreisen den Vatikan und im 20. Jahrhundert die Juden – gemäß den gefälschten »Protokollen der Weisen von Zion« – als Träger einer Weltverschwörung an. Oder man hielt die Kirche und die Kapitalisten für die Feinde des Fortschritts hin zum Arbeiterparadies, die nur durch die kommunistische Weltrevolution gestoppt werden könnten. In meiner Jugend sprach man von Verschwörungstheorien bei exzentrischen Zeitgenossen, die überall Ufos sahen oder sich aus den Zeitereignissen unüberprüfbare Welterklärungen zusammenbastelten.

Heute ist das Wort »Verschwörungstheoretiker« ein ideologischer Kampfbegriff geistig verarmter Antifaschisten, die ihren »Kampf gegen rechts« mit Nazimethoden führen, d.h. medial einschüchtern, mit Gewalt drohen wie zum Beispiel gegen die Richter des Supreme Court, die das Menschenrecht auf Abtreibung verneint haben, oder gegen eine Dozentin an der Humboldt-Universität – einst der Inbegriff des deutschen

Wissenschaftsstandards –, welche die Zweigeschlechtlichkeit der menschlichen Natur erklären wollte, eine biologisch evidente Tatsache, ohne die es keinen einzelnen Menschen gäbe und nicht einmal die, die dagegen anpöbeln.

RILINGER: Die »Neue Weltordnung« zu kritisieren wird pauschal als verschwörungstheoretisches »Geschwurbel« bezeichnet, um die Diskussion schon im Keim zu ersticken. Was hat es mit diesem Diskussionsverbot auf sich?

MÜLLER: Der Ideologe kennt nur den Freund, der sich ihm wie ein Kretin mit Hurra unterwirft, oder den Feind, den es zu vernichten gilt – am besten physisch, wenn es das System zuläßt, oder etwas gesitteter durch den sozialen Tod via »Shitstorm«, öffentlicher Ächtung, Kündigung oder durch Verschwindenlassen in der Schweigespirale. Wenn sich ein physisch und mit Psychoterror Verfolgter in seiner Not das Leben nimmt, sehen sich seine Peiniger auf perverse Weise noch gerechtfertigt in der Ausschaltung von »Schädlingen«, was genau die Sprechweise in Nazi-Deutschland und Sowjet-Rußland war. Gottlosigkeit und Menschenfeindlichkeit gehen immer Hand in Hand.

RILINGER: Eine andere Form eines Diskussionsverbotes ist auch die Festlegung, daß die eigene Meinung als »alternativlos« anzusehen sei. Steckt dahinter nicht einfach die Forderung, daß der eigene Standpunkt als absolut zu gelten habe – eine Geste der Intoleranz?

MÜLLER: In endlichen Dingen gibt es immer mehrere Aspekte und Perspektiven zu beachten. Nur die Unterscheidung von wahr und falsch und von Gut und Böse ist alternativlos, weil sie aus der Evidenz ihrer Prinzipien hervorgeht.

Gewiß gibt es auch in praktischen Dingen alternativlose Wahrheiten wie die, daß ein Haus zusammenfällt, wenn es nicht auf einem festen Fundament steht. Aber das sind im allgemeinen physische, mathematische oder philosophische Grundprinzipien. Auch in einer sandigen Gegend kann man ein Haus bauen, wenn man nur dazu in der Lage ist, ein gutes Fundament zu erstellen. Deshalb war die Meinung, man könne im märkischen Sand keine Städte errichten, keineswegs alternativlos. Man darf mit dieser Vokabel deswegen nicht berechtigte Diskussion und Kontroversen unterdrücken und sich bequem die besseren Argumente ersparen.

Rilinger: Ist der philosophisch-politische Diskurs über die »Neue Weltordnung« notwendig, um aufzuzeigen, wohin die ungebändigte wirtschaftliche Macht einzelner Personen die Gesellschaften und Staaten führen kann?

Müller: Die moralisch ungebändigte Herrschaft von Ideologen, Politikern und Ökonomen über die Menschen in der einen Welt muß notwendig in Unfreiheit, Unterdrückung und Ausrottung unliebsamer Gegner oder für das System nutzloser Menschen führen. Die Kultur des Todes weht über die ganze Welt mit dem ideologischen Wahn, der sich das Recht auf Abtreibung auf die Fahnen geschrieben hat, ebenso das Recht auf die Selbstverstümmelung (in der irreversiblen Geschlechtsumwandlung), die Euthanasie, den angeblichen Gnadentod für Lebensüberdrüssige, unheilbar Kranke und angeblich sinnlos dahinvegetierende Senioren, die zu töten ein Akt des Mitleides sein soll.

Rilinger: Das christliche Moment soll immer mehr aus dem politischen Diskurs verbannt werden. Wird dadurch nicht auch das Fundament zerstört, auf dem die westliche Welt aufgebaut ist?

MÜLLER: Ohne das Christentum – mit dessen Wurzel in der Offenbarungsgeschichte Gottes in Israel, in die auch das beste Erbe der griechischen und römischen Kultur integriert ist, verbunden mit dem Erbe der ganzen Menschheit – wären Europa und Amerika nur noch leere Territorien, auf denen allein die Märkte herrschten und die bewohnt würden von namenlosen Bewohnern, denen man die Existenzform eines Roboters zugestünde.

RILINGER: Sie haben ins Treffen geführt, daß sehr reiche Personen wie Bill Gates oder der Investor George Soros die »Neue Weltordnung« durchsetzen wollten. Was beabsichtigen gerade diese beiden Personen, und welche Möglichkeiten haben sie, um ihre Vorstellungen durchzusetzen?

MÜLLER: Diese beiden stehen nach ihrem eigenen Bekunden für die »Neue Weltordnung«, die sie nach ihrem Bild und Gleichnis errichten wollen. Über ihre persönlichen Motive kann kein anderer urteilen als Gott. Aber ihr Programm und ihre Aktionen sind jedermann zugänglich, so daß wir diese auch nach ihren positiven oder negativen Wirkungen beurteilen können. Der intellektuelle Gehalt ihrer Beiträge ist, gemessen an der Geistes- und Kulturgeschichte der Menschheit, eher bescheiden und wird von jedem normalen Studenten in den ersten Semestern – in welchem Fach auch immer – leicht erreicht.

Als Reaktion auf meine kritische Bemerkung haben sich in Deutschland einige Wortführer lautstark entblödet, in der Relativierung von Herrn Soros' Äußerungen antisemitische Muster zu brandmarken, nur weil er als Jude geboren ist [siehe das Gespräch »Seelsorge und Seuchenregime«]. Mit Blick auf den in der Wolle antichristlich gefärbten politischen und rassistischen »Antisemitismus« des 19. und 20. Jahrhunderts, wie u. a. von Heinrich Treitschke, Bernhard Förster, dem Ehemann von Nietzsches Schwester, Richard Wagner, Houston Stewart Chamberlain, Alfred Rosenberg und Adolf Hitler vertreten, kann man als Christ nur sagen, daß auch Jesus, auf den wir Christen, aus welcher Nation auch immer, im Leben und Streben unsere ganze Hoffnung setzen, als Jude geboren wurde. In Deutschland ist die geistige Landschaft nicht nur ideologisch kontaminiert, sondern sie seufzt auch unter der geistigen und moralischen Inkompetenz und der totalitären Neigung ihrer lautesten Schreier.

Rilinger: Es hat den Anschein, als würde das Konstrukt der »Neuen Weltordnung« absolut und sakrosankt gesetzt, so daß sich jegliche Kritik verbietet.

Müller: Es ist ein unleugbares Zeichen totalitärer Herrschaft, wenn Kritik kriminalisiert wird. Besser, als es Hannah Arendt 1951 in dem Buch *Elemente und Ursprünge totaler Herrschaft. Antisemitismus, Imperialismus, totale Herrschaft* in bezug auf das »Dritte Reich« und vergleichbar in bezug auf den Stalinismus « herausgearbeitet hat, kann man das kaum beschreiben.[56]

Rilinger: Auch wenn eine neue Weltordnung ohne Gott geschaffen werden soll – Francis Fukuyama hat in seinem Buch »Der große Aufbruch. Wie unsere Gesellschaft eine neue Ordnung erfindet« darauf hingewiesen, daß eine religiöse Erneuerung erfolgen werde. Allerdings nicht deshalb, weil die Personen von der Wahrheit der Offenbarung überzeugt seien, sondern weil sie »angesichts des Mangels an

Gemeinschaftlichkeit und der Auflösung der sozialen Bindungen in der säkularen Welt ein Bedürfnis nach überlieferten Ritualen und kulturellen Traditionen« verspürten.[57] *Teilen Sie diese Auffassung zur Wiederkehr der Religion, und können Sie sich einen künftigen stärkeren Rekurs auf das Christentum vorstellen?*

MÜLLER: Die Religion kehrt nicht zurück wie ein Naturphänomen, das ein anderes nach sich zieht. Religion als geistig-sittliche Anlage und Haltung, das Ganze der Welt auf die höhere Macht des Göttlichen zurückzuführen und Ehrfurcht vor der Heiligkeit des Lebens zu empfinden, ist nicht von der menschlichen Natur ablösbar. Etwas anderes ist der übernatürliche Glaube, der uns vom Heiligen Geist eingegossen wird und uns befähigt, Gott in seinem Wort an uns voll zuzustimmen mit Verstand und Willen. Im Gleichnis vom ungerechten Richter, der einer armen Witwe ihr Recht vorenthält, sagt Jesus seinen Jüngern: »Sollte Gott seinen Auserwählten, die Tag und Nacht zu ihm schreien, nicht zu ihrem Recht verhelfen, sondern bei ihnen zögern? Ich sage euch: er wird ihnen unverzüglich ihr Recht verschaffen. Wird jedoch der Menschensohn, wenn er kommt, den Glauben auf der Erde finden?« (Lk 18,6 ff.)

Den Niedergang der Kirche in Deutschland und in Europa bewirkt nicht die Säkularisierung, der Kirchenkampf der totalitären Regimes und der Kulturkampf von Bismarck bis zur Giordano-Bruno-Stiftung, sondern der Mangel an Glauben, die Schwäche der Hoffnung und die erkaltete Liebe der getauften und gefirmten Katholiken, die sich eher von den Sirenenklängen der Welt betören lassen als auf die Stimme ihres guten Hirten zu hören und ihm zu folgen.

RILINGER: *Eminenz, vielen Dank!*[58]

Schlußbetrachtung

Der Kreis hat sich geschlossen, die Wanderung durch die Geschichte, Gegenwart und Zukunft unserer Gesellschaft. Kardinal Müller und ich haben verschiedene Themen berührt, haben eine Tour de Force über Problemfelder vorgenommen, die hochkontrovers diskutiert werden und dem antwortenden Kardinal so manches Mal den Wind der Kritik heftig ins Gesicht wehen ließen. Doch Kritik wird von ihm nur als berechtigt wahrgenommen, wenn sie mit Substanz vorgetragen wird – wenn sie sich um wissenschaftliche, theologische oder philosophische Begründungen bemüht. Rein emotionalen Vorbringungen, die seine Argumente als solche nicht erschüttern können, begegnet er mit einer gesunden Reserve. Denn Kardinal Müller ist ein Gelehrter, und diesem Habitus ist er trotz seinen kirchlichen Aufgaben als Bischof und Präfekt diverser Kongregationen und Institutionen immer treu geblieben ist. Und deshalb gelten für ihn die Regeln der Vernunft, die die Debatte zu bestimmen haben.

Den Vorwurf, »Verschwörungstheorien« zu vertreten, kann er nicht ernst nehmen, weil eine solche Unterstellung einfach zu billig und zu unsachlich ist. Sie ist aus der Unfähigkeit geboren, sich die Zukunft ohne ideologische Scheuklappen auszumalen und sich den Konsequenzen des eigenen Wunschdenkens zu stellen. Ernstzunehmende Gegenargumente sind hingegen für den Kardinal stets willkommene Gelegenheiten, seine Gedanken auszubreiten und den Diskurs weiter fortzuführen. Es bereitet ihm Freude, angeregt von sachlicher Kritik, seine Argumente zu vertiefen, die Formulierungen zu präzisieren und die Aussage zu schärfen. In diesem Prozeß läßt sich die hohe Bildung erkennen, die sich Kardinal Müller erwerben konnte – eine Bildung, die den Bereich weit überschreitet, den ein Priester üblicherweise im Auge behält.

In meinen Gesprächen mit Kardinal Müller haben rein theologische Fragen nur eine untergeordnete Rolle gespielt, da ich mich als Nichttheologe nicht auf ein Glatteis begeben wollte. Die Fragen gründen zumeist auf einem juristischen und philosophischen Wissen, und damit sind sie eher politischer Natur und entstammen dem allgemeinen gesellschaftlichen Diskurs. Politik und Religion, Staat und Kirche – das sind die Dualismen, die unsere Fragen durchziehen. Wie kann der christliche Faktor im gesellschaftlichen und politischen Diskurs wirken, ohne die die auch verfassungsrechtlich gegebene Trennung des weltlichen Reiches vom göttlichen zu überwinden?

Die Kirche verkörpert keine Staatskirche, die unmittelbar Einfluß auf den Machtapparat nehmen könnte. Die Kirche existiert neben dem Staat, ohne aber vollständig von ihm getrennt zu sein. Diese verbliebene Verbindung ist strenggenommen keine institutionalisierte, obwohl sie rechtlich abgesichert ist. Es ist eine sich aus der Geschichte ergebende Notwendigkeit, da unser Staat und unser Kontinent auf der Lehre des Christentums aufgebaut sind. Selbst wenn inzwischen aus Gründen des Atheismus und des Laizismus vielerorts das Christentum verleugnet wird – das Erbe, das Fundament, auf dem unsere europäischen Staaten und unsere Kultur aufgebaut sind, kann auch aus ideologischen Gründen nicht vollständig eliminiert werden. Das Christentum ist ihnen immanent. Die Trennung von Staat und Kirche, von Religion und

Politik ist deshalb »hinkend«, wie es in der verfassungsrechtlichen Diskussion genannt wird [siehe das Gespräch »Kirche und Politik«]. Die Entitäten sind im Regelfall nur formal getrennt, verbleiben jedoch in gegenseitiger Abhängigkeit. Sie sind nach wie vor verwoben und bedingen einander. Jede Gesellschaft kann nur zusammengehalten werden, wenn ein einigendes Band vorhanden ist, wenn ein Leitgedanke von der überwältigenden Mehrheit des Staatsvolkes akzeptiert wird. Es muß etwas geben, was die Gesellschaft im Innersten zusammenhält, damit die im demokratischen Prozeß unterlegene Minderheit die Entscheidung der Mehrheit auch hinnimmt und befolgt. Ihr eröffnet sich zwar die Möglichkeit, die mißliebige Entscheidung argumentativ anzugreifen und den Versuch zu unternehmen, sie zu revidieren. Doch solange sie Gesetz ist, muß sie befolgt werden.

Über dieses einigende Band haben Kardinal Müller und ich aus verschiedenen Blickwinkeln nachgedacht. Für uns kann es sich nur in der christlichen Tradition zeigen, nur in dem gemeinsamen Erbe vieler Jahrhunderte, da sämtliche Staaten Europas auf diesem Fundament stehen. So wie ein Mensch nicht sein Herkommen abschütteln und vollkommen unbelastet von seiner Vergangenheit und der seiner Familie leben kann, so kann auch ein Staat und eine Gesellschaft nicht ohne das geistige Erbe, als vergangenheitsloses Konstrukt existieren.

Ein Gemeinwesen ist auf einem religiösen und kulturellen Fundament aufgebaut. Sollte dieses abgerissen werden, sollten der Staat und die Gesellschaft ohne dieses Fundament existieren wollen, dürfte der Zusammenbruch eine logische Konsequenz sein. Unser Land hat dieses Phänomen spätestens 1945 kennengelernt, als die Ideologie des Nationalsozialismus entzaubert und ihre nihilistische Zerstörungswut für alle sichtbar geworden war. Deutschland war zerstört – nicht nur rein materiell, sondern vor allem geistig. Die aufgepfropfte Ideologie, die das Christentum überwinden wollte und ohne historische Verankerung in der Geschichte eine Gesellschaft und einen Staat errichten wollte, mußte sterben. Ihr fehlten die Wachstumskräfte aus der Geschichte.

Aber in dem totalen Zusammenbruch wurde das ursprüngliche Fundament wieder sichtbar: Aus den Trümmern der Ideologie ragte zuerst noch zaghaft, dann aber immer deutlicher das eigentliche Fundament unseres Volkes und unseres Staates heraus: das christliche Erbe vieler Jahrhunderte, das religiöse und kulturelle Erbe der Mönche, das in der Einsamkeit von Klosterbibliotheken und an den aufblühenden Universitäten geschaffen wurde und den nationalen Identitäten Europas verantwortungsvolle Tiefe und wahres Transzendenzbewußtsein geschenkt hat. Durch das geistliche Leben vergangener Jahrhunderte, das zugleich eine Überlieferungskontinuität zu den Schätzen antiker Philosophie, Kunst und Wissenschaft stiftete, wurde das Christentum verbreitet, wurden die Errungenschaften der Lehre Jesu Christi der Gesellschaft und damit auch dem Staat eingepflanzt. Durch die Arbeit und durch die Mühen der Diener Gottes wurde nicht nur der pagane Götterglaube unserer Vorfahren aufgehoben, durch das Christentum wurde auch eine neue Gesellschaft begründet – eine christliche, die von der Gleichheit aller Menschen ausgeht und die im Idealfall keinen Mitmenschen im Stich läßt. Der Mensch als Ebenbild Gottes – dieses Menschen- und Weltbild, Quell sowohl des Stolzes als auch der Dankbarkeit und Demut, haben uns die damaligen Mönche und ihre Nachfolger in ihren Schulen gelehrt und zur kollektiven Grundlage unseres Denkens gemacht.

Hierüber haben Kardinal Müller und ich nachgedacht und diese aus der Vergangenheit kommende grundlegende Erkenntnis von vielen Seiten beleuchtet. Wir hoffen, daß wir durch die Fragen und Antworten deutlich gemacht haben, wie eng unser gesellschaftliches und kulturelles Gefüge nach wie vor mit dem Christentum verbunden ist. Es wird zwar versucht, diese Verbindung zu kappen, um ein neues Menschenbild zur Grundlage unseres Staates zu machen. Dieses neue Menschenbild versteht den Menschen nicht mehr im christlichen Sinn als leib-seelische Einheit, sondern glaubt, zwischen dem Bewußtsein und der körperlichen Existenz einen Trennstrich ziehen zu können, ja die letztere ganz in der willkürlichen Verfügungsgewalt des ersteren verorten zu dürfen. Die Überzeugungen des Transhumanismus oder der Genderideologie vertreten einen Konstruktivismus, der die Natur zum Spielball des sich selbst ermächtigenden menschlichen Geistes, der seinerseits materialistisch-naturalistisch gedacht ist, degradiert.

Daraus resultieren schwerwiegende gesellschaftspolitische Verwerfungen, wie zum Beispiel eine Rechtsauffassung, die zwischen dem Menschen als »Rechtsobjekt« und als »Rechtssubjekt« unterscheiden möchte, so daß menschliches Leben, das nicht bei vollem Bewußtsein und bei gesundem Verstand ist, also zum Beispiel das ungeborene, das alte und schwache oder das kranke, hinfällige Leben, den Schutz der Menschenwürde einbüßt. In den verwerflichen Ideologien des 20. Jahrhunderts wurde schon einmal der Versuch gestartet, den Menschen technokratisch »zu verdinglichen«; er endete mit riesigen Leichenbergen.

Unsere Gespräche wollen aber auch Hoffnung geben. Sie wollen aufzeigen, daß dieser erneut eingeschlagene Weg zum Scheitern verurteilt ist. Der Mensch als Geschöpf Gottes hat in jedem Fall ein »Rechtssubjekt« zu sein – ob er gesund oder krank ist, ob geboren oder ungeboren, welche Hautfarbe er auch hat, was er auch fühlt oder denkt. Er hat sein Subjektsein, d. h. seine Personalität und damit seine Würde von Gott;

der Mensch kann sie ihm nicht nehmen. Diese geoffenbarte Wahrheit, die zugleich eine Erkenntnis aus der abendländischen Überlieferung bildet, dieser eigentliche Fortschritt also, den die Menschheit erringen konnte, muß bewahrt werden. Sie ist die Grundlage sowohl unserer Gesellschaft als auch unseres Staates. Sie gilt es zu verteidigen, um nicht in Barbarei zurückzufallen.

Anmerkungen

Die Anmerkungen weisen die Vorveröffentlichungen aus, die einzelne Gespräche bereits in der Presse erfuhren. Außerdem bieten sie Quellenverweise zu Literatur, auf die in den Gesprächen Bezug genommen wird.

1 Peter Seewald: *Benedikt XVI. Ein Leben.* München: Droemer Verlag 2020.

2 George Augustin, Christian Schaller u. Sławomir Śledziewski (Hrsg.): *Der dreifaltige Gott. Christlicher Glaube im säkularen Zeitalter. Für Gerhard Kardinal Müller.* Freiburg i. Br., Basel, Wien: Herder Verlag 2017, das Zitat S. 8 f.

3 Dieses Gespräch erschien erstmalig am 16. April 2021 auf *kath.net* unter der Schlagzeile: »Ich halte Benedikt XVI. für einen Kirchenlehrer der Zukunft«.

4 In Anlehnung an den Asketen und Lehrer Pelagius (350/60 – vor 431), den Gegner des hl. Augustinus im sog. pelagianischen Streit, wird unter dem Pelagianismus eine Art von Selbstgerechtigkeit verstanden, derzufolge die Freiheit des Menschen und dessen sittliches Vermögen die Notwendigkeit einer heilenden und heiligenden Gnade überflüssig machen. Das deutet auf eine von der Kirche letztlich verworfenen Idee der »leistungsethischen« Selbsterlösung des Menschen aus dem Zustand der Erbsünde.

5 Dietrich Bonhoeffer: *Werke.* Hrsg.: Eberhard Bethge. Bd. 16: *Konspiration und Haft 1940 – 1945.* Gütersloh: Gütersloher Verlagshaus 1996, S. 627.

6 Dieses Gespräch erschien erstmalig am 1. Februar 2022 auf *kath.net* unter der Schlagzeile: »Die Rufmordkampagne gegen Benedikt XVI. ist Offenbarungseid der eigenen Absichten«. Die

Einleitung stellt die gekürzte Fassung eines Artikels dar, der am 27. Januar 2022 auf *kath.net* unter dem Titel: »Benedikt XVI. und das Missbrauchsgutachten« erschienen ist.

7 Max Scheler: *Vom Ewigen im Menschen*. 5. Auflage. Bern-München 1968, S. 399.

8 *Die Barmer Theologische Erklärung. Einführung und Dokumentation*. Hrsg: Alfred Burgsmüller u. Rudolf Weth. Mit einem Geleitwort v. Eduard Lohse. 4. Auflage. Neukirchen-Vluyn: Neukirchener Verlag, 1984, S. 30 – 40.

9 *Gegen die Häresien* I, 10, 2.

10 Vgl. Thomas von Aquin: *Summa theologiae*, II – II q. 1 a. 2 ad 2.

11 Dieses Gespräch erschien erstmalig am 18. November 2022 auf *kath.net*.

12 Dieses Gespräch erschien auszugsweise am 27. Juli 2022 bei *CNA deutsch* unter der Schlagzeile: »Kardinal Müller im Gespräch über die Glaubenskongregation und ihre Reform«.

13 Vgl. den Dokumentarfilm von Christoph Röhl: *Verteidiger des Glaubens*, Deutschland 2019.

14 Dieses Gespräch erschien erstmalig am 19. April 2021 bei *CNA deutsch* unter der Schlagzeile: »Das Verhältnis der Weltkirche zur Ortskirche«.

15 Dieses Gespräch erschien erstmalig am 27. April 2021 auf *kath.net* unter der Schlagzeile: »DBK-Vorsitzender ist weder ›oberster Katholik Deutschlands‹ noch Gegengewicht zu Rom«.

16 Dieses Gespräch erschien erstmalig am 6. Mai 2021 auf *kath.net* unter der Schlagzeile: »Kardinal Müller zu Schisma-Möglichkeit: ›Ich fürchte: Ja und hoffe: Nein‹«.

17 Joseph Ratzinger: *Das neue Volk Gottes. Entwürfe zur Ekklesiologie*. Düsseldorf 1972, S. 68.

18 Jürgen Habermas: *Auch eine Geschichte der Philosophie*. Bd. 2. Frankfurt a. M.: Suhrkamp 2019, S. 807.

19 Dieses Gespräch erschien erstmalig am 25. November 2020 auf *kath.net* unter der Schlagzeile: »Ein bloßes Kulturchristentum ohne persönlichen Glauben an den dreifaltigen Gott hat keine Zukunft«.

20 Dieses Gespräch erschien erstmalig am 9. Februar 2021 auf *kath.net* unter der Schlagzeile: »Brüderlichkeit, Flucht und Islam«.

21 Harold Burke-Sivers: *Father Augustus Tolton. The Slave Who Became the First African-American Priest*. Irondale/Alabama: EWTN-Publishing 2018.

22 Dieses Gespräch erschien erstmalig am 9. Juni 2020 auf *kath.net* unter der Schlagzeile: »Rassismus ist ein direkter Widerspruch zu Gott«.

23 Dieses Gespräch erschien erstmalig am 17. April 2020 auf *kath.net* unter der Schlagzeile: »Der Souverän der Kirche ist nicht das Volk, sondern Gott. Kardinal Gerhard Ludwig Müller im Interview zu sogenannten Priesterinnen und zur sogenannten Kommunion für alle«.

24 Plutarch: *Vita Alexandri*, 27.

25 Dieses Gespräch erschien erstmalig in: *Corps. Deutsche Corpszeitung*, Jg. 122 (= Jg. 112. der *WSC-Zeitschriften*), H. 4/2020, S. 18–21.

26 Vgl. Yuval Noah Harari: *Homo Deus. Eine Geschichte von Morgen*. 13. Auflage. München: C. H. Beck 2020.

27 Dieses Gespräch erschien erstmalig am 24. September 2021 auf *kath.net* unter der Schlagzeile: »Diskussion um Menschenrechte ist dringend, weil die globalisierte Welt eine Grundlage braucht«.

28 Walther Hofer (Hrsg.): *Der Nationalsozialismus. Dokumente 1933–1945*. Durchgesehene Auflage. Frankfurt a. M., Hamburg: Fischer-Bücherei 1963, S. 152.

29 Siehe Anm. 26.

30 Vgl. Werner Post: *Kritik der Religion bei Karl Marx*. München: Kösel-Verlag 1969.

31 Dieses Gespräch erschien erstmalig am 12. Januar 2022 auf *kath.net* unter der Schlagzeile: »Hinter den Euthanasiebewegungen steht letztlich die Negation Gottes im biblischen Sinne«.

32 Friedrich Nietzsche: *Also sprach Zarathustra*. Leipzig 1923, S. 418 (Teil IV: *Vom höheren Menschen*, Abschnitt 2).

33 Vgl. Klaus Schwab u. Thierry Malleret: *Das Große Narrativ. Für eine bessere Zukunft*. Cologny/Genf: Forum Publishing 2022.

34 Herfried Münkler: *Marx – Wagner – Nietzsche. Welt im Umbruch*. Berlin: Rowohlt 2021, S. 222.

35 Thomas von Aquin: *Kommentar zum 1. Korintherbrief*, Kap. 7.

36 Dieses Gespräch erschien erstmalig am 16. März 2022 auf *kath.net* unter der Schlagzeile: »Abtreibung als Menschenrecht zu fordern ist im Zynismus nicht zu überbieten«.

37 Dieses Gespräch erschien erstmalig am 12. Mai 2022 auf *kath.net* unter der Schlagzeile: »Wenn das gerade gezeugte Kind sich jetzt noch nicht wehren kann …«.

38 Martin Heidegger: *Nietzsches Wort »Gott ist tot«*. In: Ders.: *Holzwege*. Frankfurt a. M.: Klostermann 1972, S. 201.

39 Vgl. Henri Kardinal de Lubac: *Über Gott hinaus. Tragödie des atheistischen Humanismus.* Einsiedeln: Johannes-Verlag 1984.

40 Klaus Schwab u. Nicholas Davis: *Shaping the Fourth Industrial Revolution.* Cologny/Genf: World Economic Forum 2018, S. 39, 28; vgl. auch Klaus Schwab: *Die Vierte Industrielle Revolution.* 4. Auflage. München: Pantheon 2016.

41 Vgl. Guido Preparata: *Die Ideologie der Tyrannei. Neognostische Mythologie in der amerikanischen Politik.* Berlin: Duncker & Humblot 2015.

42 Vgl. Harari: *Homo Deus* (wie Anm. 26); Zhao Tingyang: *Alles unter dem Himmel. Vergangenheit und Zukunft der Weltordnung,* Berlin: Suhrkamp 2020.

43 Vgl. Susanne Hartfiel: *Die Neuerfindung des Menschen.* Augsburg: Dominus-Verlag 2021.

44 Vgl. Thomas Fuchs: *Verteidigung des Menschen. Grundfragen einer verkörperten Anthropologie.* Berlin: Suhrkamp 2020.

45 Hannah Arendt: *Elemente und Ursprünge totaler Herrschaft. Antisemitismus, Imperialismus, Totalitarismus.* 23. Auflage. München: Piper 2021.

46 Dieses Gespräch erschien erstmalig am 8. Juli 2022 auf *kath.net* unter der Schlagzeile: »Transhumanismus und christliches Menschenbild«.

47 Vgl. Ulrich Stutz: *Das Studium des Kirchenrechts an den deutschen Universitäten,* in: *Deutsche Akademische Rundschau* 6 (1924), Semesterfolge, Nr. 5, 2, S. 12.; ders.: *Die päpstliche Diplomatie unter Leo XIII.* Berlin, 1926 (= *Abhandlungen der Preußischen Akademie der Wissenschaften,* 1925, Phil.-hist. Kl., Nr. 3/4) , Anm. 2, zitiert bei Wolfgang Huber: *Konflikt und Konsens. Studien zur Ethik der Verantwortung.* München 1990, S. 300.

48 Dieses Gespräch erschien erstmalig am 14. Juli 2020 auf *kath.net* unter der Schlagzeile: »Ziel der Geschichte ist nicht Klassenkampf, sondern die Gemeinschaft der Heiligen«.

49 Vgl. Alfred Delp: *Mit gefesselten Händen. Aufzeichnungen aus dem Gefängnis.* 12. Auflage. Frankfurt a. M.: Knecht 2007, S. 226.

50 Dieses Gespräch erschien erstmalig am 24. Juni 2021 auf *kath.net* unter der Schlagzeile: »Kein Mensch darf über Leben und Freiheit des Gewissens und Glaubens anderer entscheiden«.

51 Dieses Gespräch erschien erstmalig am 31. Juli 2021 bei *CNA deutsch* unter der Schlagzeile: »Gibt es ein gutes Töten? Ein Gespräch über die aktive Sterbehilfe«.

52 Dieses Gespräch erschien erstmalig am 23. März 2021 bei *CNA deutsch* unter der Schlagzeile: »Abtreibung und das Menschenrecht auf Leben«.

53 Dieses Gespräch stellt eine Replik auf ein Interview Kardinal Müllers mit dem St. Bonifatius-Institut dar. Es erschien erstmalig am 16. Dezember 2021 bei *CNA deutsch* unter der Schlagzeile: »Nach Empörung über Aussagen: Kardinal Müller bestreitet Vorwurf ›antisemitischer Chiffren‹«.

54 In: Arendt: *Elemente und Ursprünge totaler Herrschaft* (wie Anm. 45), S. 959.

55 Hannah Arendt: *Was heißt persönliche Verantwortung in einer Diktatur?* 5. Auflage. München: Piper 2020, S. 43 (Vortrag, erstmals 1964/65 gehalten).

56 Siehe Anm. 45.

57 Francis Fukuyama: *Der große Aufbruch. Wie unsere Gesellschaft eine neue Ordnung erfindet*. München: Deutscher Taschenbuch-Verlag 2002, S. 367.

58 Dieses Gespräch erschien erstmalig am 13. September 2022 auf *kath.net*.

Die Gesprächspartner

Gerhard Ludwig Kardinal Müller war seit 1986 Inhaber des Lehrstuhls für Dogmatik und Dogmengeschichte an der Universität München, wo er heute noch als Honorarprofessor wirkt. Als Bischof von Regensburg (2002–2012) und Präfekt der päpstlichen Kongregation für die Glaubenslehre (2012–2017) bekleidete er hohe kirchliche Ämter. Papst Franziskus hat ihn 2014 in den Kardinalsstand erhoben und später als Richter an die Apostolische Signatur berufen. Müller ist Autor von über 700 wissenschaftlichen Veröffentlichungen, darunter das Standardwerk *Katholische Dogmatik* (erstmals 1995), und Herausgeber der *Gesammelten Schriften* von Joseph Ratzinger / Benedikt XVI. (JRGS).

LOTHAR C. RILINGER hat nach dem Studium der Staats- und Rechtswissenschaften ein postgraduales Studium der christlichen Philosophie absolviert. Er war als Rechtsanwalt und Fachanwalt für Arbeitsrecht sowie als stellvertretendes Mitglied des Niedersächsischen Staatsgerichtshofes tätig. Außerdem war er Landesvorsitzender des Landesarbeitskreises Christlich-Demokratischer Juristen in Niedersachsen sowie Mitglied des Vorstandes der CDU in Niedersachsen. Als Buchautor veröffentlichte er zuletzt u. a. den Band *Deutschsprachige Theologen in Rom* (2021).

Verzeichnis der Abbildungen